Matthew for Everyone
Part 2
Chapters 16–28

N.T.ライト
新約聖書講解 2

すべての人のための

マタイ福音書 2

16–28章

N.T.ライト［著］　井出 新［訳］

教文館

This translation of Matthew for Everyone: Part 2
first published in 2002 is published by arrangement with
The Society for Promoting Christian Knowledge, London, England
through Japan UNI Agency, Inc., Tokyo

日本語版刊行の言葉

N・T・ライト著*New Testament for Everyone*（すべての人のための新約聖書シリーズ）の日本語版刊行を、動員された多くの翻訳者と共に監修者として心から喜びます。皆さんの中にはご存知の方も多いと思いますが、著者のN・T・ライト教授はおそらく歴史上もっとも多くの読者を得た聖書学者と言えるでしょう。それは彼が第一級の新約聖書学者として認められていること、その聖書解釈がバランスの取れた穏健な英国の解釈伝統を受け継いでいること、さらに現代のキリスト教会と一般社会に対して責任感のある提案を発信し続けておられることが理由として考えられます。世界中の専門家のみならず一般読者のあいだで高い評価を得ているライト教授が、今回は「すべての人のため」に――研究者のみならず一般信徒、一般読者に向けて――新約聖書全書を分かりやすく丁寧に解説する目的で本シリーズを手がけられました。このシリーズが日本語で提供されることは、日本の教会とさらに広くは日本社会にとって、キリスト教信仰の根幹にある新約聖書に改めて親しく接する機会となるに違いありません。

ライト教授は英国オックスフォード大学で一九九〇年代前半まで教鞭を執られたのち、ロンドン中心街にある有名な英国国教会ウェストミンスター・アビーの司教座神学者として、さらにダラム英国国教会の主教として奉仕され、セント・アンドリューズ大学での教授職を経て、現在はオックスフォード大学で再び教鞭を執られています。非常に多作なライト教授の著書は、すでにその多くが日本語でも紹介されています。教授は特に全六巻からなる代表的なシリーズ――「キリスト教の起源と神の問題」――において、キリスト教起源に関わるこの重要な問題を全網羅的に扱っておられます。その中で、イスラエルの救済史の終結部、また創造秩序の回復プロセスとして教会の時代を捉え、新約聖書全体をこの大きな物語に沿った一貫したムーブメントとして理解しておられます。このような大きな枠組みで新約聖書全体を把握されているライト教授は、私たちのために新約聖書全巻の道案内をするもっとも確かな、したがってもっとも相応しいガイド役と言えるでしょう。ある種のグランド・セオリーによって新約聖書全体を俯瞰的に眺める旅においては、ときとして私たちの慣れ親しんだ視野からは気が付かない風景（解釈）に遭遇することもあるでしょう。そのような風景に刺激を受ける能動的な旅が、私たちをより深い新約聖書理解へと向かわせてくれることでしょう。

本シリーズの各巻は聖書テクストのペリコペ（単元）ごとに、ライト教授自身による原語からの翻訳で始まり、各単元の主題と関連する日常生活の逸話が続き、語彙や古代社会・文化の分かりやすい解説を含めたいわゆる「注解」の部分があり、最終的に私たち読者を深い洞察に満ちた現代的な適用へと導いてくれます。その意味で本シリーズは、すべてのレベルの読者に開かれた、もっともかみ砕かれた新約聖書注解書とも言えるでしょう。その読書体験は、現代的な逸話から古代社会の解説へと時間をさかのぼり、古代社会・文化という背景に親しみつつ教会の信仰の営みに触れ、古代のキリスト者のリアリティから現代的な適用へと引き戻されるという仕方で、単元ごとにライト教授の操縦するタイム・マシンに乗って旅をするかのようです。それは聖書知識やキリスト教教義にまつわる私たちの知的関心を満足させるのみならず、この不安な時代に置かれたキリスト者や一般読者に生きる勇気を与えることでしょう。

私たち監修者と翻訳者は、本シリーズが教会の読書会や勉強会の教材として、また個人のデボーションのパートナーとして、長く親しまれることを期待いたします。

二〇二一年早春

日本語版監修者　浅野淳博
遠藤勝信
中野　実

はじめに

イエスについて初めて公に語り始めた人々は、そのメッセージがすべての人のためであることを強調しました。

教会の誕生という記念すべき日、神の霊が力強い風として吹き込まれると、イエスの弟子たちは神の臨在と新たな喜びによって満たされました。つい数週間前にイエスを拒絶する呪いの言葉を吐き、それを悔いて激しく泣き崩れたペトロは、教会を代表する指導者として堂々と立ち上がります。そして彼は、世界を完全に変えてしまった出来事について語り始めました。そう、神がペトロにもたらした変化は、この世界にもたらされた変革の一部でした。新たな命、赦し、希望そして力が、春の気配を感じて芽を吹き出す花々のように地を満たしました。生ける神がこの世界に新たなことを始める時代が訪れました。「この約束はあなたのためです」とペトロは言います。そして「あなたのすべての子孫、また遠くに離れているすべての人々のためです」と続けます（使二・三九）。この約束は特別な人のためではなく、すべての人のためなのです。

すべての人のためという思いのとおり、今生まれたばかりの共同体は、驚くほどのスピードで古代人が知りうる限りの世界にくまなく広がりました。現在の新約聖書を構成する多くの手紙や福音書などからなる文書群は、広く伝播され熱心に読まれました。これらの文書は宗教的あるいは知的エリートたちに向けられたものではありません。初めからその対象はすべての人でした。

その意図は現在も変わりません。もちろん、歴史的証拠が何で、原語であるギリシア語の本来の意味が何で、各著者が神やイエスやこの世や人類に関していかに語っているか、注意深く分析をする専門家がいないわけではありません。本シリーズがそのような研究の成果に立っていることも事実です。それでも本シリーズは、特にギリシア語が散りばめられた脚註付きの本を読み慣れない人を含めたすべての人のために書かれているのです。新約聖書の内容を語る際にどうしても避けられない表現は**太字**で示し、巻末に短い用語解説を付しました。

今日では新約聖書のいろいろな翻訳版が出回っています。本シリーズが採用する翻訳はすべての人のために新たに訳されたもので、形式的で重厚な文章を多用しがちな伝統的な翻訳とは異なります。原文にできる限り忠実であろうとすることは当然ですが、新約聖書の意味がすべての人にストレートに伝わるような翻訳を試みました。

マタイ福音書が描くイエスは豊かで多面的です。イスラエルのメシア、この世を治め、救う王、モーセよりもなお偉大な教師、もちろん、われわれすべてのために自分の命を与える人の子としても描かれます。マタイはこうしたイメージを一つ一つ並べていき、われわれが福音書のメッセージから知恵を学び、新しい生活スタイルを身に付けるようにと招きます。さあ、すべての人のために書かれたマタイ福音書をご覧あれ！

トム・ライト

聖書略号表

旧約聖書

創世記＝創、出エジプト記＝出、レビ記＝レビ、民数記＝民、申命記＝申、ヨシュア記＝ヨシュ、士師記＝士、ルツ記＝ルツ、サムエル記上＝サム上、サムエル記下＝サム下、列王記上＝王上、列王記下＝王下、歴代誌上＝代上、歴代誌下＝代下、エズラ記＝エズ、ネヘミヤ記＝ネヘ、エステル記＝エス、ヨブ記＝ヨブ、詩編＝詩、箴言＝箴、コヘレト書＝コヘ、雅歌＝雅、イザヤ書＝イザ、エレミヤ書＝エレ、哀歌＝哀、エゼキエル書＝エゼ、ダニエル書＝ダニ、ホセア書＝ホセ、ヨエル書＝ヨエ、アモス書＝アモ、オバデヤ書＝オバ、ヨナ書＝ヨナ、ミカ書＝ミカ、ナホム書＝ナホ、ハバクク書＝ハバ、ゼファニヤ書＝ゼファ、ハガイ書＝ハガ、ゼカリヤ書＝ゼカ、マラキ書＝マラ

新約聖書

マタイ福音書＝マタ、マルコ福音書＝マコ、ルカ福音書＝ルカ、ヨハネ福音書＝ヨハ、使徒行伝＝使、ローマ書＝ロマ、第一コリント書＝Ⅰコリ、第二コリント書＝Ⅱコリ、ガラテヤ書＝ガラ、エフェソ書＝エフェ、フィリピ書＝フィリ、コロサイ書＝コロ、第一テサロニケ書＝Ⅰテサ、第二テサロニケ書＝Ⅱテサ、第一テモテ書＝Ⅰテモ、第二テモテ書＝Ⅱテモ、テトス書＝テト、フィレモン書＝フィレ、ヘブライ書＝ヘブ、ヤコブ書＝ヤコ、第一ペトロ書＝Ⅰペト、第二ペトロ書＝Ⅱペト、第一ヨハネ書＝Ⅰヨハ、第二ヨハネ書＝Ⅱヨハ、第三ヨハネ書＝Ⅲヨハ、ユダ書＝ユダ、ヨハネ黙示録＝黙

目次

マタイ福音書

信仰の師クリストファー・フィリップ・アンウィンへ捧ぐ
五〇年を超える愛と支えと祈りに感謝して

一六章一―一二節　ファリサイ派のパン種

1ファリサイ派とサドカイ派がイエスに近寄ってきて、彼を陥れようとして、天からのしるし
を見せてもらいたいと言いました。
2イエスの答えは次のようなものでした。「あなたがたは夕方になると、『夕焼けだから明日は
晴れになる』と言い、3また朝方に『朝焼けでどんよりしているから今日は荒れた天気だ』と言
います。あなたがたは空模様をどうやって見分けるか知っているのに、なぜ時のしるしを見分け
ることができないのですか。4しるしを求める時代は邪悪で腐敗しています！　ヨナのしるしの
他には、どんなしるしも与えられることはないでしょう」。
こう言うと、イエスは彼らをあとに残して立ち去りました。
5弟子たちが湖の向こう岸に渡った時、パンを持っていくことを忘れてしまいました。6「気を
つけなさい」とイエスは彼らに言いました。「ファリサイ派とサドカイ派とのパン種に警戒する
のです」。
7弟子たちはその言葉について互いに論じ合い、言いました。「自分たちがパンを持ってこなか
ったからだ」。
8しかしイエスは彼らが考えていることをよく知っていました。
「あなたがたは本当に信仰の薄い人たちです！」とイエスは言いました。「パンが一つもないか

らだなどと、なんでお互いに論じ合っているのですか。[9]今になってもまだ分からないのですか。
五つのパンと五〇〇〇人を覚えていませんか。そしてその後、いくつのかごをあなたがたが拾い
集めたか。[10]また、七つのパンと四〇〇〇人を覚えていませんか。その後、いくつのかごをあな
たがたが拾い集めたか。[11]私がパンについて語っていたのではないことを、どうしてあなたがた
は分からないのですか。ファリサイ派とサドカイ派のパン種に気をつけなさい！」
[12]その時彼らは、イエスが気をつけなさいと言っているのは、パンの中に入れるパン種のこと
ではなく、ファリサイ派とサドカイ派の教えのことだと分かりました。

現代、私たちの周りはしるしばかり目立ちます。車を運転していると、特に夜には、色々な種類のしるしで目が眩しくなります。そのしるしの中には、行くべきところとそうではないところを教えてくれる必要不可欠なしるしがあります。赤信号や青信号を無視すれば、危険な目に遭います。他のしるしは、個々の建物に注意を向けさせたり、その建物を照らし出したりするための単なる案内板や電飾です。他の多くのしるしは、皆さんの注意――とお金――を引き寄せるためのものです。広告が心をそそるようにチカチカ光り、やがてそのメッセージは皆さんの記憶に入り込んでしまいます。

人が成長するために必要なことの一つは、従わなくてはならない重要なしるしと、無視できる（そしておそらく無視すべき）しるしを見分けられるようになることです。福音書を読む時にも、それとどことなく似た選択の必要性に私たちは直面します。イエスは時々、自分が行ったことを「しるし」だと語ります。とりわけヨハネ福音書ではそうですが、他の福音書でも、イエスの力ある行い、特に

癒しの行為は、彼が誰であるかというしるし、少なくとも弟子たちが、そしておそらく他の人々も同様に、注意し、「読み取り」、理解すべきしるしとみなされています。

ところが、ファリサイ派とサドカイ派がしるしを求めると、いつもとは違うことが起こります（通常彼らは一緒に行動しませんでした。そうしたのは事態が急を要すると考えたからに違いありません）。彼らはイエスを陥れようとしていた、とマタイは言います。それは試験であり、罠だったのです。もしかすると彼らは再度（一二・二四―四五参照）、イエスが悪魔と結託していると訴えるつもりだったのかもしれませんし、彼らはイエスのことを、聖書が警告していたような（申一三・一―五）しるしや奇跡を使ってイスラエルを惑わす偽預言者だと告発しようとしていたのかもしれません。おそらくイエスは彼らの異議申し立てに、荒野をさまようイスラエルが発した皮肉な言葉を重ねていたかもしれません。イスラエルも神に試験を行い、彼らの中に本当に神はおられるのか否か試みたのです（出一七・一―七）。ともあれ、イエスは、何かの試験に合格しなければならないかのような彼らの要求に応じようとはしませんでした。応じていれば、それは神ご自身をサーカス芸人であるかのように扱うことを意味したでしょう。

もちろん、イエスはあらゆる種類の「しるし」を行っていました。福音書の物語はしるしに満ちています。そしてイエスは人々が「時のしるし」を読むことができるよう望みました。イスラエルの国民生活の雲行きが怪しくなっていること、堕落した指導者や偽教師、暴力に傾く民衆たちが国を回避不能な災難へと導いていることを認識し、そういう災難から人々を救うことができるのは、唯一、**悔い改め**と**神の王国**への新たな希望なのだと気づけるようイエスは望んだのです。ところが皮肉なことに、彼らはしるしを求めているにもかかわらず、自分たちの周りにある多くのしるしを見ることができませんでした。

ですからイエスは彼らのためだけに特別なしるしを行おうとしませんでした。その力強い業は愛から出たものであり、自分が世に遣わされたことを検証してもらいたいという願いから出たものではありませんでした。イエスの業はそういう類いのものではなかったのです。イエスがしるしを求める人々に与えた唯一のしるしは、イエス自身が先に語ったように、ヨナのしるしでした（その意味については一二・三八―四二に明確に記されています）。批判したり冷笑したりする気持ちだけでイエスを見ているなら、その人は――彼が死者の中から甦ったという噂が広まって初めて――しるしを見ることでしょう。まさに甦りこそ、神がイエスとずっと共におられるという最終的かつ圧倒的なしるしとなるからです。

実のところ、ファリサイ派もサドカイ派も、もちろんそれぞれ違ったやり方で、イエスが示したものとはかなり異なる目的や信条、希望を持っていました。彼らは、あたかも革新的な政治運動が自分たちへの支持を侵食する脅威だとにわかに気づいた既成政党のように、相手の評判を落とすことができるなら、何でも喜んでやろうとしています。しかしイエスは彼らの策略を見通しているばかりか、彼らに与えるイエスなりの警告を考えていました。

チカチカ光る町の広告に気を取られて道に迷わないよう子供を導く親さながら、イエスはファリサイ派とサドカイ派の「パン種」に気をつけるよう弟子たちに教えます。ところが彼らにはその意味がわかりません。事実、弟子たちはその時パンを忘れて持参していなかったのですが、イエスがそのことを暗にほのめかしているると考えたのです。私たちにとって「パン種」はさらに意味不明ですが、ユダヤ教について少し知識を蓄えれば、パン種が何を意味していたか分かるようになります。

要点はこういうことです。つまり、ユダヤ教の大きな祝祭の一つ、過越の祭りでは、パン種というパン種を家からすべて取り除かなければなりませんでした。これはユダヤ民族がエジプトから急いで出て行く時に、パン種の入ったパンを焼く時間すらなかったため、パン種の入っていないパンを食べたことを記念するためでした。次第に「パン種」はパンをより美味しくするものというより、パンに混ぜものをすることの象徴となりました。ですから、ある人の教えを「パン種」として警戒することは、神の王国に関する真実な教えを腐敗させ、弱め、もしくは（私たちがパンよりむしろ飲み物について言うように）「味を薄め」かねないことを警戒するという意味を持ったのです。

場面設定を二〇〇〇年ほど進めてみると、私たちは自分たちの抱える問題に直面します。私たちの時代における「時のしるし」とは何でしょうか。公認であれ非公認であれ、人々を道に迷わせる指導者や教師たちは、どこにいるのでしょう。私たちのただ中にある神の御業の真実なしるしは何でしょうか。私たちの精神的、霊的な生活において、注目すべきしるしと無視したほうがいいしるしを、どうしたら見分けることができるのでしょうか。

一六章一三―二〇節　イエスのメシア性に関するペトロの告白

[13]イエスはフィリポ・カイサリアに行きました。そこでイエスは弟子たちに次のように尋ねて
言いました。

「人々は人の子が誰だと言っていますか？」
[14]「洗礼者ヨハネです」と彼らは答えました。「他の人たちはエリヤだと言い、エレミヤか、あ
るいは預言者の一人だと言っている者もいます」。
[15]「あなたがたはどうですか」とイエスは彼らに尋ねました。「あなたがたは私を誰だと言いま
すか？」
[16]シモン・ペトロが答えました。「あなたこそメシア、あなたこそ生ける神の御子キリストで
す！」
[17]「ヨハネの子シモン、神の祝福があなたにあるように！」とイエスは言いました。「このこと
をあなたに明らかにしたのは血肉ではありません。天におられる私の父です。[18]私もあなたに言
っておくことがあります。あなたはペトロ、すなわち岩です。この岩の上に私は教会を建てます。
黄泉の門もそれに打ち勝つことはできません。[19]私はあなたに天の王国の鍵を与えます。あなた
が地上でつなぐものは天においてもつながれており、地上で解くものは天においても解かれるで

しょう」。
20 その時、イエスは弟子たちに自分がメシアであることを誰にも言わないよう厳しく戒めました。

チベットの仏教徒は魂の輪廻を信じています。ある人が死ぬと、その人の魂はすぐに違う身体、つまりその時に生まれた子供の身体に入るのだと考えます。

こうした信仰は、仏教徒の霊的指導者であるダライ・ラマが死ぬ時に、極めて重要なものになりました。その偉大な指導者が死んだまさにその時に、生まれた男の子を探し出し、その子供を連れ去って新しい指導者として育てます。その人自身も含めて誰もが初めから、その人は新しいダライ・ラマだと知っているのです。しかし現代の西洋人には、こうした考え方が奇妙に思えます。私たちは、自分の将来を自由に選ぶ権利を大変重んじるからです。世襲君主でさえも王位を放棄できるのです。しかしダライ・ラマには自己決定権がなく、ダライ・ラマが誰であるかについて疑問を呈する余地はありません。

ユダヤ教の場合、状況はまったく違います。イエスの時代、多くのユダヤ人たちが信じていた（そして今日もなお信じている）ことは、神は油注がれた王をこの世に送り、その王がイスラエル民族を圧政から解放し、ついに正義と平和をこの世にもたらす運動の先鋒となる、ということでした。いつ、どこで、その油注がれた王が生まれるのか、誰も知りませんでした。しかし多くの人々は、彼がダビデ王の真の子孫として生まれると信じていたのです。神はダビデの子孫について、素晴らしい約束をされていました。ある人たちは、ミカ書五章一―三節の（マタイが二章で引用している）預言に注目し、来たるべき王はベツレヘムで生まれることが示されていると考えました。そしてユダヤ人の言語、すなわちヘブライ語やアラム語で「油注がれた王」を表す言葉は、私たちが一般に「メシア」と発音する言葉でした。

メシアにはどんな特徴があるのでしょう。どうすればメシアが来たと分かるのでしょう。誰も正確には知りませんでしたが、色々な定説が存在しました。多くの人々はメシアを武勇の王と考え、彼こそ異教徒を打ち倒し、イスラエルの自由を確立してくれると考えました。また多くの人々はメシアが神殿を清めて真の礼拝を確立すると考えました。王の到来を信じていた人々は皆、そのメシアがユダヤ人の聖書の言葉を成就させ、天においてそうであるように、地においても神の王国を実現するであろうと知っていました。しかし実際にそれが起きたらどんなことになるのか、というはっきりとした考えは誰も持っていませんでした。一世紀において、何人かの自称メシアが現れては消え、信奉者たちを起こしましたが、その指導者が権力者によって捕らえられると、信奉者たちもすぐに霧散しました。ただ、一つだけ確かなことがありました。それは、自称メシアとして知られるようになれば、権力者は彼に注意を、そしてほぼ確実に敵意を、向けるようになったということです。

ですからイエスは、弟子たちにメシアは誰かと尋ねたいと思った時、彼らを通常の活動範囲から十分離れたところまで連れて行きました。フィリポ・カイサリアはイスラエル最北部、ヘロデ・アンティパスの支配地域からだいぶ外れた、ガリラヤ湖から歩いて丸二日のところにありました。イエスの質問も、少なくともマタイ福音書では、かなり遠回しな言い方になっています。「人々は人の子が誰だと言っていますか」。つまり「人々はここにいる人物のことを、換言すれば私自身のことを（とはもちろん言っていませんが）、誰だと言っていますか」。イエスは望ましい答えが分かっていたに違いありませんが、弟子たちにはそれを口に出して言うことを求めたのです。

弟子たちは一般人の反応をイエスに報告しています――それは私たちにイエスが社会全般にどう認識されていたかについて多くを教えてくれますが、決して〔チャールズ・ウェスレーの賛美歌のように〕「優しきイエス、おとなしく、おだやか」でもなく、楽しくて心慰められる子供の友でもありませんでした。むしろその認識は、古代イスラエルやイエスの時代の荒々しい預言者、雄々しく立ち上がって恐れることなく、邪悪で不従順な王たちに神の言葉を語った預言者に近いものでした。イエス自身、預言者として行動していました。すなわち、単に「未来を予言する人」としてではなく、神殿で行われる不正や悪を糾弾する神の代弁者として行動していたのです。

しかし預言者としての任務には、もう一つの隠れた面がありました。イエスは弟子たちが自分の内密の任務を良く理解している――そうでなければこのような質問をするはずもないのですが――と考えていました。彼は単なる神の代弁者ではなく、神が油注がれた王、メシアでした。イエスは当時の邪悪な為政者たちに対して神の言葉を語るだけでなく、その為政者に代わる王として神が立てた方でした。それこそ弟子たちが到達した結論だったのです。そこでペトロは自ら進んでイエスの代弁者となり、次のように言うのです。「あなたこそ生ける神の御子メシアです」。

ここで明らかにしておく必要があるのは、この時点で「神の子」という言葉が「三位一体の第二位格」を意味してはいなかったということです。来たるべき王その人が神であるという考えはまだ存在しませんでした——とはいえ、イエスの行動や発言のいくつかは、すでに弟子たちを非常に困惑させ、混乱を生じさせていたに違いなく、その混乱は、イエスの復活のあと、自分たちの想像をはるかに越えてイエスがイスラエルの唯一の神と親しい関係を持っていた、と弟子たちが信じるようになった時に初めて、氷解することになりました。「神の子」という言葉は、ここでは第二位格のことではなくむしろ、神の特別な代理として選ばれ、神と特に親しい関係を持つ王に対して使われる聖書的な言い回しでした（例えばサム下七・一四、詩二・七を参照）。

イエスの復活の直後、弟子たちはこの言葉に、これまで誰一人考えもしなかった、まったく違った意味の階層があると信じるようになりました。ただ重要なのは、もし私たちがこの箇所を理解しようと思うなら、そこにある以上の意味を読み込まないことです。ペトロや他の弟子たちが言わんとしているのは、イエスこそ本当の王であり、イスラエルが待ち望んできた人、そして神に選ばれた独り子、詩編と預言者たちが語ったまさにその人であるということです。

弟子たちはそれがとても危険であることを知っていました。と同時に彼らは、神の名によって現政権に異議申し立てをする預言者的な運動のみならず、王のための戦いに参画するつもりでした。イエスこそ正真正銘の王だからです！　つまり、ヘロデは（そしてその向こうに控えているカエサルも）用心したほうがいいということです。ましてや神殿の権力者たちも同じことでした。

最初イエスはそうした彼らの夢を是認しているかのように見えました。ペトロがイエスこそメシアだと明言したとすれば、イエスにもペトロを言い表す言葉がありました。「ペトロ」もしくは彼の母語アラム語で「ケファ」という名前は、「岩」とか「石」という意味です。イエスこそメシアだと断言する心構えがペトロにあったとすれば、イエスにも、同じ忠実さをもって、ペトロ自身が新しい建物の礎石になると断言する用意がありました。神がアブラムにアブラハムという名前を与えて、多くの国民の父になることを示したように（創一七・五）、イエスも今やシモンにペトロ、すなわち岩という新しい名前を与えたのです。

さらに、山上の説教でイエスが岩の上に家を建てた賢い人の話を語ったと同じように（七・二四）、今度はイエス自身が岩の上に家を建てると宣言されます。ここでも私たちは背景に、山上の説教と同様、エルサレムという大きな町がシオン山の岩の多い高台に建てられていたことを想像する必要があります。いくつかのユダヤ教の言い伝えでは、エルサレムの神殿は天と地が交わるところ、また同様に下界の門が見えるところにあるとされました。つまりイエスは、神が作られた世界の中枢を再建すると宣言しているのです。

しかしイエスは都市や神殿を文字通り建設するつもりはありません。彼が建てあげようとしているのは共同体、神に油注がれた王であるイエスに忠実に従う人たちすべてによって構成される共同体です。そしてこの運動、この共同体は、まさに今、ここフィリポ・カイサリアで、ペトロの告白と共に始まるのです。

とはいえ、このことはしばらくの間極秘にしておかねばなりません。万一漏れれば、それこそ命にかかわります。しかしペトロと同様、ナザレのイエスこそ本当のメシアであると告白する人々には、約束が与えられています。それは、彼らこそ、その忠実さゆえに生ける神の民となり、神は彼らを通して世界を本来の状態に戻し、天と地を正義と平和の新しい国にするという約束です。ペトロは、彼の信仰告白によって、この共同体の出発点となるでしょう。確かにこれからペトロは学ばねばならないことや乗り越えねばならない失敗が——次の節での失敗も含めて——数多くありますが、その失敗でさえも共同体形成のプロセスの一部なのです。イエスの新しい共同体とは、結局のところ、単に罪赦された者たちによって成立するのですから。

一六章二一—二八節　イエスは自分の死を預言する

21その時からイエスは、自分がエルサレムに行き、長老たち、祭司長たち、律法学者たちから
多くの苦しみを受け、殺され、そして三日目に甦らなければならないことを、弟子たちに説明し
始めました。
22すると、ペトロはイエスをわきへ連れて行き、「主よ、そんなことを神がお望みになるはずが
ありません！　決してあなたにそんなことが起こるはずはありません！」と諫め始めたのです。
23イエスは振り向いてペトロに言いました。「サタンよ、引きさがれ！　あなたは私を躓かせよ
うとしています！　あなたは物事を、神がご覧になっているようには見ていません！　人として
しかあなたは物事を見ていないのです！」
24それからイエスは弟子たちに言いました。
「誰でも私についてきたいと思うのであれば、自分を捨て、自分の十字架を負って、私に従っ

てきなさい。[25]誰でも自分の命を救おうとするならそれを失わねばならず、私のために自分の命
を失う者は誰でも、それを見出すことになるでしょう。[26]たとえあなたがたが全世界を勝ち取っ
たとしても、自分の命を失ったら、何の益があるでしょうか。命を買い戻すのに、あなたがたは
何を差し出すつもりですか。[27]人の子はやがて『父の栄光を帯びて御使いたちと共にやってくる』
でしょう。その時『彼はそれぞれの行いに応じて報いるでしょう』。[28]私はあなたがたに真実を語
ります。ここに立っている人たちの中には、『人の子が王国に来る』のを見るまで、決して死を
味わうことのない人たちがいます」。

『不思議の国のアリス』の物語で有名になってから、ルイス・キャロルは作者も読者もあべこべに考える方法を修得しなくてはならないような続編を書こうと決めました。そうして生み出されたのが、『鏡の国のアリス』の鏡像の世界です。この国でどこかへ行こうと思ったら、そこに向かって歩いても無駄だと分かります。というのは、歩いてほどなくしてどこにいるか調べてみると、行き先がずっと遠くなっていることに気がつくからです。そこにたどり着くには、正反対と思えるほうに向かって行かねばなりません。すべての日常生活の営みが、鏡の中にいるように、あべこべの状態になることを想像するには、精神的な努力をかなり重ねる必要があります。鏡を見ながら髪の毛を切ったり、髭を整えたりしたことがある人は、それがどんなに難しいことか分かるはずです。

ここでイエスが弟子たちに求めているのは、あべこべに考えるのと同じような方法を修得することです。最初から彼らはそれがまったく不可能だと分かります。ペトロは、弟子たち全員を代弁して、

少なくとも彼らにとってイエスは単なる預言者ではなく、神の油注がれた王、メシアであると言ったばかりでした。彼らの次の行動は、普通に考えれば、座って自分たちの戦略を練ることでしょう。もしイエスが王なら、そして彼の民が岩の上に建てられた家のようになるのなら、弟子たちは、イスラエルの政治を行う（もっと正確に言えば、悪政を行う）現為政者や祭司たちをどのように排除すべきか、その戦略を策定しなければなりません。

分かりやすい戦略は次のようなことになるでしょう。つまりエルサレムに向かってデモ行進をし、その道すがら賛同者たちを獲得、好機を捕らえて死ぬ覚悟で急襲をしかけ、神殿を占拠、そしてイエスを王に即位させる。こうやって神の王国が到来する！　こうやって「人の子」が神の王国に君臨する！　このようなことを弟子たちは心の中で考えていたのだと思うのです。

イエスが提案したのは鏡の中を覗き込むようにまったく正反対の戦略でした。もちろんエルサレムに向かいましょう。その通り、神の王国は来ます、今すぐに。もちろん人の子は王として君臨し、この世界に正義をもたらします。しかし、この王国を実現する方法は、弟子たち――とりわけペトロ――が思い描いていた方法とはまったく正反対の道筋を辿るものでした。それは苦難と死を伴うものです。イエスはエルサレムでまさに統治者や主権者、祭司長や律法学者たちに立ち向かうことになります。とはいえ、戦いに勝つのはイエスではなく、彼らです。そのあと、自分は死人の中から甦る、とイエスは言いますが、ペトロも他の弟子たちも、イエスが一体何を言わんとしているのか、今のところまったく分かっていません。

彼らが分かっていたことと言えば、イエスがたわごとを、しかも危険なたわごとを語っているということだけでした。ここでペトロは、そしてあとでも（二六・六九―七五参照）、大きなヘマをやらかします。イエスがその上に自分の教会を建てようと言った「岩」は、蓋を開けてみると、今はまだ砂地でしかありません。建て上げられる前に家はグラつき、倒れそうになっている状態だと分かるでしょう。イエスはペトロに対して、かつて大敵サタンに対して使ったのと同じ言葉（四・一〇）を使います。この箇所には、神の教会において何らかの任務や職務に召されたすべての人たちに対する緊急警告が含まれています。すなわち、非常に大きな約束と任務を与えられた立場の者は、同時に非常に厳しい叱責を受ける立場にもあるということです。

書簡でのパウロと同様、イエスも、神は私たち人間が考えるのとは違う方法で考えると主張します。神はすべてをあべこべに見ています。いやむしろこう言うべきでしょう、神はすべてを正しい仕方で見ておられるが、それに反して私たちはすべてをあべこべに見ていると。パウロも言っています。私たちは目下、鏡にあべこべに映るものを見ているが、やがて神が見るような仕方で見ることになるだろう、と（Ⅰコリ一三・一二）。

ひとたびそれがはっきりすれば、イエスに従うよう促す呼びかけが広がります。それはまるで遠くの教会の大きな鐘の響きのように、世紀を超えて鳴り響き、私たちが何をしていようとも、そこから私たちを招くのです。十字架を負って私に従いなさい、十字架を負って私に従いなさい、そんなふうに街角で響き渡る鐘の音を想像してみてください。その響きは店や会社、学校の教室や病院の病棟、騒がしい共同住宅や人里離れた高級住宅にも鳴り響きます。十字架を負って私に従いなさい、と。この音がどこから来るのか確かめ、大きな鐘の音に耳を傾けようと戸口から出てくる人々を想像してみてください。するとそこに、先頭を進むイエスが、人を引きつけてやまない不可解な人物イエスがいるのです。十字架を負って私に従いなさい、と。

イエスに従うにはすべてを費やしすべてを献げる必要があります。この旅に妥協はありません。泳ぎを学ぶのに似ているかもしれません。プールの底に足がついているようでは、泳ぎ方は決して分からないでしょう。命を見つけるために、命を失わねばなりません。水が深くなるところでは、底に足をつけることができません。そこで選択肢は二つ、泳ぐか、溺れるかです。底に足をつけて安全を確保する選択肢はもはやありません。

イエスは自分に従ってきた当時の人々に対して、彼らの時代にどんなことが起きるかについて、驚くような主張をしました。多くの人々はそうした主張に困惑しました。その理由は簡単です。物語の最後に起こることの重要性を彼らが理解できなかったからです。「人の子が彼の王国に来る」や、それに類似する言い回しは、いわゆるイエスの「再臨」を指しているわけではありません。それが示しているのは受難に引き続いてイエスの正当性が証明されることです。彼が死者の中から甦り、「天においても地においても一切の権威」（二八・一八）を与えられた時に、それが成就するのです。

今日イエスに従う人に、イエスは同じくらい大きな約束をしています。彼はすでに甦り、高く上げられた世界の主です。私たちは当時の人々とは違って、正当性が証明されるのを待つ必要はありません。それはもうすでに起きた出来事だからです。しかしイエスに従うためには、鏡を覗き込むやり方で、裏返しの思考を身につけなければなりません。すなわち、この世が重大だと考えることは実は馬鹿げたことであり、この世が愚かだと考えることは実は本当の知恵です。自分の命にしがみつけば、それを失い、自分の命も含め、得たものすべてを与えてイエスに従えば、それを得ることになるでしょう。どんな時代でも、イエスの言葉を額面通りに進んで行う人々はわずかながらいるように思えます。もし皆さんがその一人だとしたら、どんなふうに従いますか。

一七章一―八節　キリストの変容

[1]それから六日後に、イエスはペトロ、ヤコブ、ヤコブの兄弟ヨハネだけを連れて、高い山に
登りました。[2]すると彼らの目の前でイエスの姿が変えられました。顔は太陽のように輝き、衣
は光のように白くなりました。[3]そして、驚くべきことに、モーセとエリヤが彼らに現れて、イ
エスと語り合っていたのです。
[4]ペトロは思わず口出しをして、イエスに言いました。「主よ、私たちがここにいるのは、素晴
らしいことです！　もしよろしければ、私がここに小屋を三つ作りましょう。一つはあなたのた
めに、一つはモーセのために、一つはエリヤのために！」
[5]彼がまだ話している間に、輝く雲が彼らをおおい、そして雲の中から声がしました。「これは
私の愛する子、私は彼を喜ぶ。彼に目を留めなさい」。
[6]弟子たちはこの声を聞いて、顔を地に伏せ、ひどく恐れました。[7]イエスは近づいてきて、彼
らに触れて言いました。「起きなさい、恐れることはありません」。

8 彼らが目を上げると、イエス一人の他には誰も見えませんでした。

タボル山はガリラヤ地方中央の大きいお椀型の丘陵です。現在、そこに行くのであれば、巡礼者の集団と一緒にバスから降りて、頂上まで今度はタクシーに乗らねばなりません。神はとりわけタボル山のタクシー運転手をお喜びになっているのだとか。なぜなら狭い山道の上り下りをタクシーが暴走する数分間、旅行者たちが多くの祈りを献げるからで、旅行客はその日に祈るよりも、いや、もしかすると一週間で祈るよりも多くの祈りを献げるのだそうです（他の場所でもそういう話を聞いたことがありますが、タボル山であれば、かなり信憑性があります）。

山上での変容は、マタイ、マルコ、ルカのすべてが記したイエスに関する驚くべき出来事ですが、伝統的にタボル山がその場所とされています。実際はそれがタボル山でのことかどうかは分かりません。同じぐらい可能性があるのは、イエスがペトロとヤコブ、ヨハネ——最も近しい者たち——を連れて、フィリポ・カイサリアに近いヘルモン山に登り、そこで前章のやりとりが行われたという見方です。しかしヘルモン山はタボル山よりもさらに辺鄙なところにあり、登るのが容易ではないため、当然のことながら、長い間、タボル山が巡礼者集団には好まれてきました。どちらの山からも、眼前に広がるガリラヤ地方の印象的な景色が眺められます。

しかしイエスと彼の三人の連れは、山からの景色を見てはいませんでした。彼らにはもっと注意を集中すべき特別なものがありました——実際、とても特別だったので、多くの人たちがそれを信じることができませんでした。ただ、この記事の特異性ゆえに——とりわけ三つの天幕を建てるというペトロの訳の分からない提案がそうですが――多くの学者たちは現在、この種の歴史的出来事が本当にあったに違いないと考えています。そして事実、古今の記録に残されたいくつかの例が示すのは、人は歓喜の祈りの中で神に近づく時に、同じような経験をするということです。

この出来事は私たちに重要なことを思い出させてくれます。ここでよく言われるのは、イエスは神だったからこそ明るく輝いていたのであり、この変容は、ともすれば知られないままだったかもしれない彼の神性を示す幻だった、ということです。そうでなければ、幻のことは知られないままだったから、と。しかしルカの記事では、モーセとエリヤも同様に輝いているため、その解釈は当たりません。モーセとエリヤは神性を持たないからです。いずれにせよイエス自身、マタイ福音書の前半で、神の民は皆神の王国においては星々のように輝くであろうと言っています（一三・四三、ダニ一二・三の引用）。実際、新約聖書のどの記者にとっても、人間であることそれ自体が栄光であり、イエスの完全なる人間性は、やがて彼の民すべてが共有することになる栄光の雛形だと考えています。もし皆さんがイエスの神性を目撃したいのなら、初代教会のキリスト者はきっと次のように言うでしょう。たとえそれがどんなに不可解だとしても、イエスの苦しみと恥辱の死を目撃しなければならない、と。なぜそうなのか訳が分からなくとも、その不可解さと私たちは共存すべきなのだと、初代キリスト者たちは主張したのです。

事実、キリストの変容（と一般に呼ばれていますが）の場面は、キリストの磔刑の場面と（マタ二七・三三―五四）奇妙に平行し、かつ対照的でもあります。もし一方について思い巡らすと、その舞台の背景画を見るように、もう一方も心に留めていたいと思うでしょう。この箇所では、イエスが山の上で栄光のうちに現れますが、あとの箇所では、エルサレム郊外の丘の上で恥辱のうちに現れます。この箇所でイエスの衣は白く輝いていますが、もう一方では衣は剝ぎ取られ、兵士たちがそれを自分のものにしようとくじを引いています。この箇所でイエスが肩を並べているのは、モーセとエリヤというイスラエルの二大偉人であり、律法と預言者を象徴する人物たちですが、あとの箇所でイエスが肩を並べているのは二人の盗賊であり、イスラエルが堕落して神への反逆者となった、その凋落ぶりを象徴する人物たちです。ここでは、光り輝く雲があたりを覆いますが、あとのほうでは闇がその場所を覆います。この箇所でペトロはつい口出しをして、その素晴らしさを絶賛しますが、あとのほうでペトロは、イエスを知っていることすら否定して、恥辱のあまり身を潜めます。ここでは神ご自身の声が、イエスこそ神の素晴らしい御子であると言明しますが、あとのほうでは異教徒の軍人が、驚きに満たされて、この人こそ本当の神の子であったと言明します。

　山の上が丘の上を説明し、逆に丘の上が山の上を説明します。二つを並べて見比べた時に初めて、私たちはおそらく両方を明確に理解できるのです。十字架の中に栄光を見、栄光の中に十字架を見ることができれば、雲の中に隠れている神の喜びと悲しみとを結びつけて考え始めることでしょう。その神こそ、やがてイエス自身の不思議な人格において知られることになるお方です。この記事はもちろん、神の力と愛と美しさに驚嘆することについての記事ですが、大事なのは私たちがそうした力と愛、美しさをイエスの中に認識できるようになること、そして神の声がイエスの言葉の中に――特に十字架を負って従いなさいとイエスが私たちに語る言葉の中に――聞こえはしないかと耳を澄ますことです。

マタイは他と同様この箇所でも、イエスとモーセを重ねて描こうとしています。モーセはエジプトからイスラエル民族を導き出し、その任務を完了する前に、シナイ山に登って律法を受け取りました。それから彼は、イスラエルが律法を甚だしく破ったあとも、山に登り、彼らのために祈って、神の慈悲を乞いました（エリヤもまたシナイ山において特別な仕方で神と会いましたが、マタイの関心は、福音書を通して、イエスがエリヤ以上にモーセに似ているという点にありました）。モーセの人生が終焉に向かう時、神は彼と同じような預言者を人々に遣わすと約束され（申一八章）、あなたがたは彼の言うことを聞きなさいという命令を与えたのです。そして今、もう一度モーセが山で神と会う時に、雲からの声がイエスに注目するよう促し、ペトロが前章で語ったことに確証を与えるのです。すなわち、イエスは単なる預言者ではなく、神の独り子、**メシア**であり、イエスのすることを神は喜ばれるのだ、と。ですから**弟子**たちへの声は、まさに私たちへの声でもあるのです。もし道を――神への道を、約束の土地への道を――見出したいのなら、イエスの言うことを聞きなさい、と。

一七章九―一三節　エリヤに関する質問

9彼らが山から下りてくる時、イエスは彼らに厳しく命じて言いました。「人の子が死者の中から甦るまでは、今見たことを誰にも話してはいけません」。

10弟子たちはイエスに尋ねて言いました。「そうすると、なぜ律法学者たちは『まずエリヤが来なければならない』と言っているのですか」。
11イエスは答えて言いました。「確かにエリヤが来て、すべてを回復させます。
12しかし、あなたがたに言っておきます。エリヤはすでに来たのに、人々は彼を認めようとしませんでした！彼らはエリヤに自分の好き勝手をしたのです。人の子もまた、彼らの手によって同じような苦しみを受けることになります」。
13その時、弟子たちは、イエスが洗礼者ヨハネのことを話しているのだと気づきました。

講義のあと、若い学生は緊張して教授のところへと行きました。彼は学位取得後に大学院で勉強しようとずっと考えており、この教授の一連の講義にとても興味を持っていたのです。もしかすると、ちょっとお話をさせていただけるかもしれない、と彼は思いました。

近づきがたい雰囲気の研究室に教授は座っていました。書籍が壁に並び、机も書類で一杯です。無力感に苛まれながら、学生はぎこちなく彼が何に興味を持っているか、講義でどういう点に興味をそそられたかを話し、大学院に進学してうまくやっていけるかどうかについてアドバイスをもらいたいと言いました。教授はいくつかの質問をして、示唆を与え、それから学生に、大学事務局へ行き、書類に必要事項を書き込むよう言いました。

その学生は友人たちから、普通どんなふうに進学手続きが進むかをすでに聞いていたので、不安そうにしながら、自分が入学の基準に達しているかを調べる面接試験のような、何らかの審査が行われるのかどうか尋ねました。

「それはもう終わったよ」と教授は答え、それとなく微笑んで出口のほうへと学生を案内したのでした。

これは実際にあった話です。私がその学生だったからです。

突然、世界が違った場所のように思えました。私は審査手続きがもっと先にあると思っていましたが、気がついてみると、それはすでに終わっていて、向こう側の世界へと通り抜けていたのです。その世界とは、私の場合、長い時間を図書館で過ごし、博士論文を苦労して書き上げる大学院での学びという世界のことですが、気がついてみると、想像していた以上に、ずっと先の段階に来ていたという感覚はまさに、キリストの変容のすぐあとに来る、この短くて奇妙なイエスとの会話にうかがえる弟子たちの感覚なのです。

「なぜ律法学者たちは、まずエリヤが来なければならないと言っているのですか」。とても変わった質問だと私たちは考えますが、決してそうではありません。彼らの頭の中には鉄道時刻表のような固定観念がありました。例えば、私たちは駅のプラットフォームに立って、主要都市に向かう特急電車が轟々《ごうごう》と音を立てながら通過するのを待っているとします。私たちの乗る電車は各駅停車で、数分後に到着予定です。すると驚いたことに、私たちの乗る普通電車が先にやってきます。一体何が起こったのでしょう。時刻掲示版には特急電車が先に通過と表示されているのに。

ああ、それはね、と駅員が説明してくれます。あっという間に通過したから気がつかなかったんだ。君が反対のほうを向いてコーヒーを買いに行った隙に、特急電車が通過したんだよ。ああ、それはね、とイエスも言います。確かにエリヤはメシアの前に出現することになっています。まさにその通り。でもエリヤはもう出現して、行ってしまいました。あなたがたは正しい場所、もしくは正しい仕方で、見ていなかったのです。エリヤの働きはもう終わりました。だから（言外の意味は）、そう、これがまさにあなたがたの乗るべき電車です。この私こそ、まさにメシアなのです。

それでは彼らの時刻表はどこから来たのでしょうか。ユダヤ教ではほとんどすべて同じことですが、それは旧約聖書から来ています。預言者マラキの言葉によれば、神は「主の大いなる恐ろしい日が来る前に」（四・五〔三・二三〕）、人々に心の準備をさせるため、預言者エリヤを送ることになっていました。山上で神と対面するという恐ろしい経験（王上一九章）の前に、エリヤは大変厳しく人々を訓練していました。そして最後は、竜巻で天に連れて行かれました。ですからエリヤは死んではいない、きっといつか戻ってくるはずだ、という噂が広がりました。

その期待を具体的に示したのがマラキであり、後のいくつかのユダヤ文書もその期待を繰り返しています。その中の一つ、以前は「集会の書」（紀元前二〇〇年頃執筆）と呼ばれていた「シラ書」は、エリヤが「ヤコブの氏族を回復させる」と語っています。「ヤコブの氏族」は当時のユダヤ人たちが自分たちの国を指す時に使った言い回しです。「イスラエル」は神が先祖ヤコブに与えた特別な名前だったからです。

こうした聖書の文言を研究し、教えていた人々（すなわち律法学者）は、そこから行事予定表のようなものをつくり出しました。状況が非常に悪くなったら神はエリヤを送り、イスラエルに備えをさせるだろう。それからメシアがやってきて、その仕事を受け継ぐはずだ、と。

使徒たちは明らかに困惑しています。彼らはイエスがメシアだと告白したばかりでした。そして今、イエスがモーセやエリヤと話しているのを見たのです。もしイエスがメシアだとしたら、間違いなく、エリヤの出現はメシアより前にやってくるのであって、メシアの仕事の途中に来るわけではないはずです。イエスの示した答えは、予定表が彼らの気づかぬうちにどんどん進んでいるということでした。予定表は正確でした。しかし彼らは、洗礼者ヨハネこそエリヤなのだということを見過ごしていたのです。ヨハネはその務めを果たし、今やイエスがそれを完成しようとしています。ヨハネへの秘められた言及は、実はイエス自身へのさらに秘められた言及でもあるのですが、それはこの箇所で初めて出てきたわけでも、これで最後というわけでもありません（一一・二―一九、二一・二三―二七を参照）。

なぜ使徒たちはヨハネをエリヤだと認識していなかったのでしょうか。それは彼らが見当違いの人を捜していたからです。彼らがイエスの語ることを、すなわちイエス自身が苦しみを受け、死んで神の召しを完成させるということを、前章でもまたこの箇所でも理解できなかった理由はまったく同じところにありました。

洗礼者ヨハネが来たのは、天からの一撃で人々をあっという間にまとめ上げるためではありませんでした。彼はやがて起こることについて警告する声でしたが、彼が弾劾した悪からの重圧を受けて死にました。イエスが来たのは、目の前にあるすべての悪を、権能の輝きで一掃するためではありませんでした。愛と力による神の王国をもたらすためであり、その国に至る道は受難の向こう側にありました。イエスが山上で光り輝く栄光の中に現れたのは、彼が受難の道に進む決意を明言して、一緒にその道を歩むよう弟子たちに求めた、まさにその直後だったことを見過ごしてはなりません。

あなたは神の予定表のどのあたりにいますか。信仰が危機をむかえる原因の一端は、私たちが日常生活の中で、この質問に対する答えを見つけていないことにあります。実際、人生を振り返った時にようやく、神が私たちに、そして私たちを通して、何をなさろうとしていたか認識するということもよくあります。しかし私たちの目の前に広がる神の大きなご計画に目を留めれば、その質問に対する答えが分かるのです。

神の予定表通りにこの世界は今も着々と進んでいます。もし私たちがその計画に参与したいのであれば、イエス自身が進むほうへと従わねばなりません。十字架の道を通り、自己放棄と奉仕の道へと赴くのです。結局のところ、予定表において最も重要な出来事はもうすでに終わっています。イエス自身が死人の中から甦り、隠れていた奥義が明らかにされ、今や歴史全体に復活という出来事の光が降り注いでいます。私たちの仕事は、自分の役割と使命を見つけてイエスに従い、その光が世界中に輝くよう手助けをすることなのです。

一七章一四―二一節　山をも動かす信仰

[14]彼らが群衆の近くに来ると、一人の人が近寄ってきてイエスの前にひざまずき、
[15]こう言いました。「主よ、私の息子を憐れんでください。重い病で、とてもひどい目にあって
おります。何度も火の中に倒れ、また何度も水の中に倒れました。[16]お弟子さんたちのところに
息子を連れてきましたが、治すことができませんでした」。

[17]イエスは答えました。「なんと不信仰で歪んだ時代でしょう。いつまであなたがたと一緒にいなければならないのでしょう。いつまであなたがたに我慢しなければならないのでしょう。その子を私のところに連れてきなさい」。
[18]そしてイエスが悪霊を叱ると、悪霊はその子から出て行きました。その時からその子は良くなりました。
[19]弟子たちはひそかにイエスのもとに来て言いました。「なぜ私たちは悪霊を追い出せなかったのでしょうか」。
[20]「信仰が欠けているからです」とイエスは答えました。「あなたがたによく言っておきますが、もしあなたがたにからし種一粒ほどの信仰があるなら、この山に向かって『ここからあそこに移れ』と言えば、移るでしょう。あなたがたに不可能なことは一つもありません。[21]しかしこの種の悪霊は、祈りと断食によらなければ、出て行きません」。

体力のある水泳選手がいました。彼女はもう十分、海での泳ぎに挑戦できるほどでした。最初のうちはプールでもいいのですが、海の大波とくらべるとプールは少々退屈になるものです。しばらく海で泳ぐと、それはとても刺激的でした。巨大な波が自分を運んだり呑み込んだりするままにさせました。彼女がたまらなく好きになったのは、海水のうねりや流れが行き来する時に感じるエネルギーでした。彼女は大きな弧を描く長い湾の一方の側から泳ぎ始め、もう一方の側へと泳ぎ切り、それからまた戻ってきました。それをやり遂げることができたのです。彼女は午後の日を浴びながら、満足げに座り、身体を拭き、心地よい疲れを感じながら、よくぞ果敢に海に挑んだと思いました。

翌日、この経験を再び味わいたくなって、彼女は早朝に浜に下っていきました。波やうねりは再び彼女の心を動かし興奮させました。しかしこの時は、長い湾口を横断して泳ぎ始めると、奇妙なことに、とても疲れを感じました。それほど前に進んでいるようには思えませんでした。波と戦いながら泳ぎましたが、今回の波は、親しみやすい怪物というより、威嚇的な怪物という感じでした。段々と心が折れて、恐ろしくなり、そしてパニック状態になりました。体力が奪われていくように感じました。とうとう彼女は一度、二度、そしてもう一度、助けを求めて叫びました。何時間も経ったように思えました。その間に彼女の身体はとても冷たくなり、恐怖と極度の疲労を感じました。ようやく水難監視員のボートが到着し、彼らの強く優しい手が彼女を水から救い出したのです。しばらくして彼女は最初の浜に戻り、熱いコーヒーが入ったマグカップを手に、タオルにくるまれ、だんだんと回復してきました。

彼女は寒さと疲労に歯をガタガタと鳴らしながら言いました。「昨日はあんなに簡単だったのに、なぜ今日は駄目だったのか、それが分からなくて」。

「同じことを言う人がよくいるよ」と水難監視員が答えました。「日によって潮の流れは変わるものさ。同じように見えるけど、大きな底引き流があってね。ある日はそれが君に味方するけど、別の日は不利に働く。それだから、毎日ここで泳ぐには、人一倍体力が必要になる。実際、挑戦すると言って聞かない人には本当に手がやけるんだ、助けてもらうことになるなんて考えもしないんだから」。

イエスの弟子たちも同じように、ただ途方に暮れていたに違いありません。公に宣教活動を始めたばかりの頃、イエスは自分のしてきたことを、弟子たちにも行うよう命じました。弟子たちは二人一組になって、イエス自身の立ち会いもないまま、病人を癒し、死者を甦らせ、悪霊を追い払わねばならなくなったのです（一〇・八）。彼らは言われた通りにしました。彼らは思ったより簡単だと感じたに違いありません。もちろん、それは一見簡単そうに見えただけだとやがて分かるようになりました。イエスの初期の活動は、ガリラヤ湖畔の地域に神の王国の到来を告げて人目を引くものでしたから、その働きを止めるものなど何もないかのように最初弟子たちは感じたことでしょう。

ところが、丸一日もしくは二日間、イエスと一緒に山に登ったあと、弟子たちは新たな課題に直面し、それを解決することができなくなりました。モーセが山から下りてきて目の当たりにしたのも、モーセ不在に業を煮やした民が、金の仔牛を作り、律法の禁を犯した姿でした。モーセが激怒したことは言うまでもありません。弟子たちは、正確にはイスラエルのように反逆的ではありませんでしたが、にもかかわらずイエスは怒っていました。そろそろ信仰を持ってもよさそうなものなのに！　何かしらの教訓を学んだはずではないのか。真実の神を信じる本当の信仰があったなら、こうした問題でも処理することができただろうに。イエスはペトロを叱りつけたばかりでしたし、自分が召されてどこにいくことになるかを弟子たちに話すと、鳩が豆鉄砲を食ったような顔をする弟子たちを見たばかりでしたから、イエスは自分の語ることを彼らが分かるかどうか訝しく思ったことでしょう。あの水泳選手が二日目に手強い課題に直面したように、弟子たちも予想以上に手強い課題に直面してしまい、それを乗り越えることができませんでした。彼らが持っていた信仰は、ここぞという時に、跡形もなく消えてしまったのです。おそらく彼らは自分たちには力がある、神様に面倒をかけなくとも自分たちで乗り切れると考えていたのでしょう。

この課題解決の困難さは、その時にイエスがした驚くべき約束と同じくらいに大きなものです。当の少年は私たちなら癲癇《てんかん》と考えたであろう病気を患っていたように見えます。しかし、一見そのように見えても実は状況の異なる多くの事柄が存在するものですし、これまでも存在してきました。ここで肝心なのは、少年の病気が単に発作を起こしやすかったというだけではなく、少年が自らを故意に傷つけるもののように思えたということです。単に引きつけを起こすのではなく、火や水の中に自分を放り込んでしまう病だったのです。

この病気が正確に何の病気なのかはさておき、少年を癒したあとのイエスの言葉は、励ましに満ちていると同時に挑発的でもあります。もしからし種のような（一三・三一—三二を連想させる、小さいけれど実り多い）信仰さえあるなら、あなたがたに不可能なことはありません、とイエスは言うのです。一三章では神の王国の譬えとして語ったことが、ここでは個人の信仰に関することとして語られています。

この箇所が言わんとしているのは、信仰の大きさが重要ということではもちろんありません。重要なのは皆さんの信じている神です。もし月を見たいと思ったら、月を眺める窓の大きさが重要なのではありません。正しい方向を向いているかどうかが重要です。壁に空いた小さな隙間であっても、壁が月のほうを向いているなら、月を見ることができます。たとえ窓が大きくても、月とは別の方向を向いていると、その窓は何の役にも立ちません。信仰もまさにそれと同じことです。唯一真実な神に向かって献げられる小さな祈りは、とても大きな結果を生み出します。自分や他の誰かが作り上げた神に対して、どんなに労を惜しまず献身したとしても、それは無駄になるか、ひどい結果をもたらすことでしょう。

弟子たちの失敗を見たイエスには分かっていました。真実の神は、イエスと同様、弟子たちを従順と十字架の道に召しておられるのに、彼らはまだ神と歩調を合わせることができないでいるのだ、と。ですから、この箇所の最後の節において（信頼性の高いいくつかのギリシア語の写本にはこの節が存在せず、そのため、聖書によってはこの箇所が収録されていないものもあります）、イエスは弟子たちに、そして私たちに、もっと信仰を働かせるよう求めているのです。正しい窓から月を見さえすれば、望遠鏡を取り出して、もっと詳しく月を観察することもできるようになります。同じように、唯一真実な神が分かるようにさえなれば、今度はもっと祈りに専念し、断食の訓練も取り入れて、精神も心も神に集中させることができるようになるでしょう。イエス自身ですらそうした訓練を必要としたのですから、ましてや私たちにそうした訓練が不要だとは到底思えないのですが、いかがでしょうか。

一七章二二―二七節　神殿税

22彼らがガリラヤに再び集まった時、イエスは彼らに言いました。「人の子は罪人たちの手に渡
されようとしています。23人の子は彼らに殺され、そして三日目に甦ります」。それで弟子たちは

とても心を痛めました。
[24]彼らがカファルナウムに来ると、そこで神殿税を集める役人たちがペトロに近づいてきて言いました。「あなたがたの先生は神殿税を納めないのですか」。
[25]「納めます」とペトロは答えました。
ペトロが家に入ると、イエスは彼に言いました。「あなたはどう思いますか、シモン。この世の王たちは、誰から税金や貢ぎ物を集めますか。自分の家族からでしょうか、それともよそ者からでしょうか」。
[26]「よそ者からです」とペトロは答えました。
「ということは」とイエスは言いました。「家族は支払う必要がないということです。[27]ただ、彼らを不快にさせたいとは思わないでしょう？　ですから湖に行って、釣り糸を垂れなさい。最初に釣れた魚の口を開けば、そこに硬貨が見つかります。それを取って私たち二人分として彼らに支払いなさい」。

イエスは弟子たちに、彼らは人間を取る漁師になると言ったのに（四・一九）、これではお金を取る漁師ですね。新約聖書の中にはいくつか、とても奇妙な短い物語があります。この箇所はその一つです。この話は何を意味しているのでしょうか。
ある日、主教はいつものように家の外に車を止めました。路上の駐車スペースに車を止める場合は駐車料金を支払わねばならないという条例が市議会で可決したことを主教は知っていました。そして条例が可決されたのは、市議会が教会を困らせたいからだということも知っていました。が、ともあれ主教はそこに車を止めました。

予想通り、数分も経つと駐車監視員が呼び鈴を鳴らし、主教邸勤務のチャプレンが応対しました。「ここに駐車するには駐車料金を払わなきゃならないことは知ってますね」と駐車監視員。チャプレンが主教の部屋にやってきました。主教は、教会がそこにあるのは市民のためであり、駐車料金の支払い請求は不当だと考えていましたから、遅かれ早かれ、そのことをはっきりと言わねばならないと思っていました。しかしそれは今ではありませんでした。下っ端の役人に抗議して時間とエネルギーを浪費するのは得策ではありません。

「いいかい、ジョン」と主教はチャプレンに言いました。「ゴミ収集車がもうすぐやってくるだろう。収集車が止まったら、後ろのゴミ荷の中に手を入れてくれ。そうするとタバコの空箱が見つかるだろう。その中にコインが入っている。それを監視員に与えなさい。そうすれば監視員も満足だろう」。

この聖書箇所の記事を正確になぞっているとはとても言えないと思いますが、主教の話はそのニュアンスを幾分かは伝えてくれるかもしれません。イエスは神殿税が妥当であるとは考えていませんでした。ユダヤ人ならば誰であってもどこにいても、毎年（ディドラクマ〔二ドラクメに相当する古代ギリシアの銀貨〕という小さな硬貨で）少額の神殿税を払って、エルサレムの神殿を支援することになっていたのです。神殿税は当時、ユダヤ人の数ある小さな不平不満の一つで、何人かのユダヤ人は神殿税が原因で神殿による統治体制を嫌悪し、神殿の破壊を願うほどだったようです。イエスが神殿に反感を抱いた理由のひとつも神殿税だったのかもしれません。神殿は砂の上に建てられた家であり、やがては壊れてしまうものでした（七・二六―二七）。神殿は下界へと下る門が存在するところであり、イエスが建てようとしている新しい「教会」（一六・一八）と真っ向から対立する場所でした。美しく神聖ではありますが、すでに強盗の巣（二一・一三）となり、神の裁きが間もなくその上に下ろうとしていたのです。

しかしその時はまだ来てはいませんでした。イエスが異議申し立てをするのはガリラヤにおいてでもなければ、下級徴税人に対してでもありませんでした。イエスはやがてその神殿で両替人の台をひっくり返し、硬貨を右や左に撒き散らすことになります（二一・一二）。しかし、今の時点では、神の王国の運動の目的が神殿とその支配者たちの権威に対する異議申し立てだと警告したり公言したりすることは、得策ではありませんでした。ですから、税金を支払っておいたほうがよいのです。

しかし問題はその支払い方です。マタイが（他のどの福音書も記していない）この話を語る時に面白いのは、「こうしてペトロは行って魚を捕り、イエスがおっしゃった通り硬貨を見つけた」と書くことができたはずなのに、書かなかったことです。ペトロが本当にそうしたのか、それともこれは、捕った魚を売って税金を払うようペトロに命じた、いわば内輪の冗談だったのか、私たちは想像するしかありません。

考え方はさまざまですが、話全体の論調が示唆しているのは、これが社会制度全体を軽んじるだけでなく、おそらく皮肉さえ言うイエスのやり方だったということです。「ああ、彼らは神殿税がほしいのでしょう。じゃあ、魚を捕りに行くのはどうだろう。きっと神殿税分ぐらいにはなると思うが」。つまりこれは、「ええ、もちろん確かに払いますよ――ほら、私の財布から硬貨をお取りください」

とか、逆に「いや、払いません。体制が腐敗していますから——行ってあいつの顔に一発食らわしてやれ」とか言わないための方法だったのです。時が満ちるのを待つというやり方でした。

別の見方をすると、奇妙な譬え話をしても、いちいちその意味を群衆に解説しないというイエスの行動様式と重ね合わせることができるでしょう。彼がもっと公然と、もっと直接的に、もっと迫力をもって語る時がやってくる。そう、まさに彼がエルサレムで両替商の台をひっくり返し、商売人を追い出す、その時がやってきます。この話は、やがて来るその瞬間に私たちの目を向けさせるのですが、しかし同時にここではその瞬間がまだ来ていないと語るのです。

ですから、この話の要点は、イエスには口に硬貨をくわえた魚を出現させる力がある——確かにそのことはほのめかされているとはいえ——ということではありません。同様に、イエスが善良な市民であり、税金の納め方を見出している、ということでもありません。要点はイエスが優れた戦略家だったということです。弟子たちに命じた通り、イエス自身も鳩のように無垢でありながら蛇のように賢かった（一〇・一六）のです。おそらくここに、イエスに従う者すべての手本があります。祈り深く待ち望み、神の王国の転覆的な使信を用いてこの世の権力に対抗する計画を立てる、そのような時の手本があるのです。

一八章一―七節　へりくだりと危険

1その時、弟子たちがイエスのところに来て言いました。
「それでは、天の王国では誰が一番偉いのですか」。
2イエスは一人の子供を呼び寄せ、彼女を弟子たちの真ん中に立たせて言いました。
3「いいですか、よく聞きなさい。あなたがたが考え方をひっくり返して子供のようにならなけ
れば、決して天の王国に入ることはできません。4ですから、この子供のように自分を低くする
なら、その人は天の王国で偉くなるでしょう。5また誰でも、私の名前においてこのような一人
の子供を受け入れるなら、その人は私を受け入れることになります」。
6イエスは続けて言いました。「私を信じるこれらの小さい者の一人をつまずかせる者は誰でも、
大きな石臼を首にかけられて、海の沖の深みに沈められたほうがよっぽどいいのです。7人々を
つまずかせるこの世はわざわいです。障害物は必ず現れ、人々をつまずかせるものですが、つま
ずきをもたらす人はわざわいです」。

この世の中には悲惨な光景がいくつもありますが、貧しい子供を目の当たりにした時ほど悲惨さを痛感することはないと思います。

ある南米の町のはずれ、悪臭を放ち、もうもうと煙の立ちのぼるゴミの山で、あたりを掘り返している三人の子供が目に浮かびます。彼らはようやく学校に行けるぐらいの年頃ですが、そこで生きていくための知恵をすでに身につけています。探すべきものはよく分かっています。わずかな食べ物と飲み物を買う小銭がほしいので、売って金になりそうなものを探します。彼らの童顔が物語るのは、年端もいかない子供たちが順応した大人の世界です。

またウガンダの学校を思い出します。エイズの流行により、学校に集う生徒たちのほぼ全員が孤児となっています。そのために教師は一クラス一〇〇人を超える子供たちを一人で担当しています。

そして西欧世界で育てられた豊かで甘やかされた子供たちのことを考えます。電子玩具や機器を次から次に与えられないとうんざりしてしまう彼らには、本や音楽を紹介してくれたり、郊外の散策へと連れ出してくれたりする人がいません。

私たちが子供とどう接するか――そして子供に対して何をするか――によって、世界や神、自分自身に関する私たちの認識が如実に明らかになってしまいます。多くの大人にとって、子供は単に迷惑な存在でしかありません。しかし迷惑な存在（だとすればの話ですが）になるのは、子供がとても重要だからだということを忘れてはなりません。子供は私たち大人の整理整頓された世界を乱しますが、それはなぜかと言えば、彼らが実在する人間だからです。もし子供が玩具や機械なら、私たちは彼らを戸棚にでも片付けておくことができるでしょう。しかしそれはできません。子供たちには子供たちなりの威厳や問題、未来、そして独特の個性があるのです。

そのことを多くの社会は全力を尽くして無視してきましたし、古代世界はしばしばそのことをまったく省みませんでした。往々にして子供たちは年頃になるまで単なる半人前の人間とみなされたのです。おそらくその憂慮すべき理由は、子供が性交渉の相手として一人前にならないと大人たちは彼らのことを知ろうとは思わないからでした。特に苦しんだのは女の子たちです。養育にお金がかかる娘を望まない家庭では、生まれたばかりの女の子はしばしば捨てられ——飢えるにまかされるか、肉食動物によって食べられるか、あるいは年端もいかないうちに売られて売春を強要され——ました。いくつかの言語では、聖書が記されているギリシア語もそうですが、「子供」という言葉はほとんど男性名詞でも女性名詞でもなく中性名詞なのです。子供は「彼」や「彼女」ではなく、単に「それ」でした。

この箇所に登場する子供はギリシア語で「それ」(二節)と記されています。ただ、この「それ」は女の子の言い換えだったように思われます。というのは、この子供が女の子であれば、イエスが弟子たちの心に留めさせたかった要点を少なからずはっきりと示すことができるからです。つまり最も弱く、害を受けやすく、考えうるかぎり最も取るに足らない存在こそ、神の王国がどのような場所になるかを知るための非常に明確な手懸かりになるからです。神の王国——「天」が地を治めることになる未来——は適者生存の世界にはならないでしょうし、ある程度の長期的な進化プロセスの結果、最も強く俊敏で、声が大きく、怒りに満ちた人々が他の人を差し置いて重要な地位を占めるような世界にもならないでしょう。

天の王国で一番偉くなれるのは誰かと弟子たちが尋ねた時、彼らが念頭に置いていたのは、まさにそうした人々だったと考えて差し支えないでしょう。彼らは昔の英雄たちについてよく知っていました。英雄列伝があったからです。英雄の大事な特性は、信仰や希望もさることながら、もっぱら軍人らしい勇気と立身出世でした。しかしイエスはそれらすべてを窓から投げ捨て、代わりに小さな子供を呼び寄せるのです。恥ずかしがり屋で、弱く、危なっかしいけれども、人を信頼し、澄んだ瞳を持ち、進んで人の話に耳を傾け、進んで愛し愛され、喜んで学び成長する子供。彼らこそ偉い人物が本当はどのような人なのかを教えてくれるとイエスは言うのです。行って子供について学んで来なさい、と。

もっと突っ込んで言うなら、行って子供を模範にしなさい、イエスの言葉を借りれば、考え方をひっくり返す、あるいは、あとのものを先にするべきだというのです。望遠鏡を逆さまにして、人生や世界、神、そして自分自身の見方を学ぶのです。弱さや無防備さが恥ずべきことではないと考えるのは、私たちすべてにとって（とりわけ弟子たちのようにまだ若い人々には）とても困難なことでしょう。しかし神の王国では謙虚さこそ価値があります。高慢や尊大さは、神の世界に存在する他の何ものにもまして、人間の生活――彼ら自身の生活や彼らが愛する人々の生活――を歪め、やがては破壊するものだからです。

しかしながら、この箇所と次の箇所におけるイエスの関心事は、単に弟子たちがこの教訓を学ぶよう手助けすることではありません。つまり子供のようになることが、徳と知恵において成長するために、そして神の王国で一番偉くなるために、必要不可欠なのだと彼らに理解させたいだけではないのです。当然のことながら、イエスの関心は子供たち自身に向けられています。でもイエスが思い描くのは、子供たちがただ幸せに遊べるロマンティックで居心地の良い世界ではありません。子供たちは人を疑うことなく、熱心だからこそ、誰よりも危険にさらされやすいのです。その点では今も昔も何一つ変わることがありません。

ですからイエスは、いつもの誇張表現を使いながら、厳しい警告を発します。誰かを水に溺れさせるにはもっと簡単な方法があったでしょうに、よりによって大きな石臼を首にかけて運ばせ、さらには海の深みに沈めるために船に乗せて沖まで行くというのですから。でもそれがイエスの思い描いたイメージであり、それはあたかも鮮やかな色彩の、ひどく誇張された諷刺漫画のようです。大きな円形の臼は、構造上真ん中に穴が空いているのですが、穀物をひいて粉にするために使われました。一番大きな石臼はロバを使って動かすほどの大きさです。イエスがここで言及しているのは、そんな巨大な石臼であり、それを首輪にしている人の姿を想像するようイエスは促すのです。しかもイエスはそういう人が「海に投げ込まれる」と言うだけではありません。海の深みで、つまり岸から離れた沖で、投げ込まれるのだと言うのです。

もしこの表現があまりにも乱暴で極端だと思うなら、おそらくそれは私たち自身もイエスの言っている「小さな者たち」を――子供たちはもちろん、無力で傷つきやすく、危険にさらされているこの世界のすべての人々をも――軽視しているからに他なりません。現在の世界のあり方を肯定すれば、こうした人々を食いものにすることは避けられません。イエスはこれまで殺人や姦淫、窃盗など、私たちが「大罪」とみなすような罪について厳しい警告を語ってきましたが、小さい者たちをほしいままに食いものにする者たちには、それよりもはるかに厳しい警告が与えられているのです。確かに殺人や姦淫などの罪は重大ですが、小さい者たちの一人を「つまずかせる」すなわち「足をすくってひっくり返す」ことは、それら以上にずっと重大な罪だと言うのです。厳しい現実には厳しい言葉が必要です。神の王国について学ぶとは、この世の現実的な害悪と対峙すること、そしてそのような害悪を、私たち以上に神ご自身が憎んでおられることをはっきりと自覚することなのです。

一八章八―一四節 「小さな者」についてもっと

8イエスは続けて言いました。「もしあなたの手または足があなたをつまずかせるなら、それを
切って捨てなさい。両手両足が揃ったまま永遠の火に投げ込まれるよりは、手足が不自由になっ
て命に入るほうがよいからです。9そしてもしあなたの目があなたをつまずかせるなら、それを
えぐり出して捨てなさい。両眼揃ったまま地獄に投げ込まれるより、片目だけで命に入るほうが
よいからです。
10これらの小さい者たちの一人をも軽んじないように気をつけなさい。あなたがたに言ってお
きますが、天において、彼らの御使いたちは天におられる私の父の御顔をいつも見つめているの
です。
12あなたがたはどのように思いますか。もしある人が一〇〇匹の羊を持っていて、その中の一
匹が迷い出てしまったとしたら、その人はどうするでしょう。九九匹を山腹に残して、いなくな
った一匹の羊を捜しに出かけるのではないでしょうか。13やっとのことで一匹を見つけた時には、

いいですか、よく聞きなさい、迷い出なかった九九匹以上に、その一匹を喜んで大騒ぎすることでしょう。[14]天におられるあなたがたの父も同じです。これら小さい者たちが一人でも失われることを父は望んでおられません」。

ある日、近所の知り合いの女性が海岸を犬と散歩をしていました。その時、急に犬が立ち止まって鼻をくんくんさせ、当惑し、警戒するような仕草をみせました。彼女も足を止めましたが、何も発見することはできませんでした。そこで、犬の前方にある岩の、水位よりも少し上のところをよく見てみました。

するとそこに見えたのは、岩と海の色にまぎれて見分けのつきにくい小さな赤ちゃんアザラシでした。打ち上げられて、岩から離れられずにいます。犬がアザラシを怖がるよりもずっと、アザラシのほうが犬と人間を怖がっていたのですが、その反応はとても興味深くて、実に可愛いものでした。足ヒレを持ち上げて自分の顔を隠すのですが中途半端な隠し方でした。足ヒレは顔を隠すためのものではありませんが、それが赤ちゃんアザラシにできる精一杯のことでした。もし顔を隠せたなら、危険も少なくなるだろうと考えたのでしょう。

私がこの話を聞いた時、すぐに思い浮かんだ聖書箇所は（神学者だったら当然だろうと皆さんご推察の通り）、イザヤ書六章の素晴らしい叙述です。その箇所では生ける神、イスラエルの恐るべき聖なる方が、神殿でイザヤに現れ、彼を預言者に任じますが、預言者は神を直接見たため、それが彼の死を意味すると思い込みます。当時は、神を見たにもかかわらず生きることができる者は一人もいないと誰もが考えていました。しかし預言者イザヤは「セラフィム」と呼ばれる天使たちも、すなわち天の玉座がある場所で神に仕える天使たちも目撃します。彼らは神の周りを飛んでいますから、飛ぶためには、お察しの通り、二つの翼がどの天使にも必要です。ところが天使は二つではなく、六つの翼を持っているのです。天使は、飛ぶのに使わない予備の翼二つで足を覆っています。足を覆う理由は分かりません。そして残りの二つの翼では、あの赤ちゃんアザラシが海岸でしたと同じことをしています。つまり、生ける神の栄光と美と尊厳の前で恐れおののきつつ、翼で顔を覆っているのです。

実際、ユダヤ人が思い描く天の領域や法廷では、天使たちはいつもこんな様子です。今日の多くのキリスト者とは違って、古代のユダヤ人は生ける神がどれほどの怖れを起こさせるか決して忘れることはありませんでしたし、彼らが語る天使たちは――神の玉座を囲み、神に仕え、素早く飛んでいって命令を遂行する時に――ほとんどいつも自分の顔を隠して、直接に神を見ないようにしているのです。

ところが肝心な点は、「小さな者たち」を世話する天使は自分の顔を隠す必要がないということです。その天使は神を直接見ることを許され、そのことが歓迎されてさえいるのです。これこそ、その天使がいかに大切であるか、いやむしろ「小さな者たち」がいかに大切であるかを示す証拠なのです。

それではこの「小さな者たち」とは誰のことでしょう。前節で考察したように、もちろん弱く傷つきやすい子供たちがそこには含まれます。ただ、年齢層の違う、弱く傷つきやすい人々もそこには含まれています。すなわち、手足の不自由な人、慢性疾患をわずらっている人、年配の人や衰弱している人、難民や（多くの文化圏における）女性たち、気がつくと自分がゴミ溜めに、世界が持てあまして見捨てた人間のゴミ溜めに、捨てられていた人など。
その中には、昨日、街の道端で皆さんが避けて通った汚い物乞いも、面と向かって（もしくは本人のいないところで）乱暴な言葉を使いたくなった女性店員も含まれるでしょう。所持品すべて（と思えるほど）の荷物を高々と積み上げてスーパーの手押し車をガラガラと押して通りを進んでいく老女も、職にも就けぬままズルズルと麻薬にのめり込み、今はヘロインが原因で死にかけている一〇代の少年も含まれます。

　現代の文化がこうした人々を、いわば「ふるい落とす」傾向があることは注目すべき点です。私たちは自分の顔を彼らから隠すのです。このことは、小さな者たちを守る天使たちが神から顔を隠す必要がない数少ない存在であることを考えると、私たちへの一風変わった諷刺になっています。私たちは小さな者たちを恥じていますが、神はそうではありません。私たちは彼らについて知りたいとは思いませんが、神は彼らをご自分に最も近い場所へ、くつろげる場所へと連れて行きます。私たちは彼らを不快に思いますが、神は彼らが幸福に生きることのみならず、一緒にいることを望みます。小さな者たちは常に**神の王国**を思い出させてくれる存在であり、私たちの社会が彼らから目を背けるのは、社会が神から目を背けているからなのです。

　もう一方の話はよく知られていますが、印象的であることには変わりありません。羊飼いが、九九匹の羊を残して、失われた一匹を捜しに行く場面は、キリスト教諸派で絵画や歌の主題となっていますが、その主張はどれも同じです。天の神が「まだ九九匹いるから、群れからはぐれた変な馬鹿羊のことでくよくよするのはやめよう。どのみち、そんなに価値のある羊じゃないだろうから」などと言うことは決してありません。もちろんです。重要なのはそのはぐれた一匹なのですから。

この箇所を八―九節の厄介な命令と平行して読んでみると、何が分かるでしょうか。文字通り手足を切り捨てて目をえぐり出せという意味でないことはもちろん分かります。そういう類いの自傷行為は、本当の清さの証しではなく、精神疾患の兆候です。むしろここでは、二トンの石臼を首にかけるのと同じように、大袈裟な表現を使って、言いたいことを強調しているのです。

だからといって、容易にその命令を実行できるものではないことに変わりありません。不道徳な習慣を終わらせようとした経験のある人なら、それがあたかも手足を切り捨てるかのようにつらく感じることはしばしばあったはずです。他の人に対して不適切な態度をとらないように努めている人なら、それが目をえぐり出すほどの難しさであることが分かるはずです。この箇所でイエスが照準を絞っている習慣や態度は、終わらせるのが何よりも難しいものです。貧しい人たちに与えようとしない「手」を切り捨てること。援助のための炊き出しに向かわない「足」を切り捨てること。さらに、私たちの町や通りや周囲の世界の弱い人、傷つきやすい人、困っている人を無視する「目」をえぐり捨てること。最初にイエスが提起した容赦のない問いかけを、今日、これらすべての小さな者たちが、同じように私たちに突きつけているのです。

一八章一五—二〇節　共同体における和解と祈り

[15]イエスはさらに言いました。「もう一人の弟子があなたに罪を犯すなら、行って、彼と二人だ
けでとことん話をつけなさい。もしあなたの言うことを聞いてくれるのなら、兄弟もしくは姉
妹を取り戻したのです。[16]もし聞いてくれないなら、他の一人、二人を一緒に連れて行きなさい。
二人または三人の証言により、すべてのことが立証されるようにするためです。[17]もし彼らの言
うことも聞き入れないなら、集会に申し出なさい。もし集会の言うことも聞こうとしないなら、
そのような人は異邦人か取税人と同じように扱いなさい。[18]よく言っておきます。何でもあなた
がたが地上でつなぐことは、天でもつながれ、何でもあなたがたが地上で解くことは、天でも解
かれるでしょう。
[19]もう一度、よく言っておきます。もしあなたがたのうちの二人が、どんな願いごとでも地上
で心をあわせて求めるなら、天におられる私の父は、あなたがたのためにそれをかなえてくださ
います。[20]確かにそうです。なぜなら二人でも三人でも、私の名において集まるところには、私
も彼らのただ中にいるからです」。

メロドラマは現代文化を理解するための良い手懸かりです。メロドラマに対する私たちの態度は二

つに分かれます。好きか、嫌いかです。多くの人々はそれにハマり、隅から隅まで登場人物を熟知し、解説本を読み、（架空の人物であるにもかかわらず）登場人物にファンレターを送り、登場人物の誰それは次にどうすべきか、すべきでないか家族や友人たちと議論します。その一方で、同じく多くの人々がメロドラマをおぞましいと感じ、五分でもメロドラマを見るくらいだったら、まだ何も映っていない黒い画面を見ていたほうがいいと思っています。

正直言うと、私はどちらかと言えば後者のタイプです（そう聞いて前者タイプの読者の方々がこの本を放り出さないようお願いいたします。というのは、この箇所の肝心な点は、違う見方をする人々がお互いを受け入れ合うことにあるのですから）。ただ、最近になって、なぜ私の家族の若干名がメロドラマを見るのか、その理由が少し分かってきました。それはメロドラマでよく描かれる場面が人と人との対立だからです。両親や子供たち、一〇代の兄弟や姉妹たち、青年たちなど、違う考え方を持った人々が起こす面倒くさい揉め事が描かれているからです。

そして登場人物たちは時折、どのように対立や不和と向き合えばよいかというロールモデルを明快かつ有り体に示してくれます。また彼らは時折、争点の核心にしっかりと触れ、どのように問題を隠しだてせず誠実に明らかにするか、またどのように他人の考え方に理解を示しつつ、自分の怒りや困惑、精神的苦痛を表現するかについて教えてくれます。

実際思うに、メロドラマでは和解が――問題が起こるとすぐに分裂するような、一時的に繕った和解ではなく、本当の和解が――しばしば現実の世界で起こる以上に頻繁に起こります。そこがいいところです。私たちは皆、どのように和解すればいいかを学ぶ必要があります。ですから、架空の登場人物であったとしても、彼らが難しい問題を克服する様子を見れば、視聴者は自分たちも同じことをしてみようかと考える可能性があるのです。

こうした現代社会だからこそ、和解という問題を私たちは真剣に考えるべきであり、マタイ福音書一八章の当該箇所は、そのための主な基本原則を教えてくれます。家族やキリスト者との交わりの中で厄介な問題に向き合った時、私はいつもこの箇所を心に留めるようにしています。その教えは残酷なほど高い理想を追い求めると同時に徹頭徹尾実践的で、その組み合わせは決して悪いものではありません。

現代において和解は最も大きな問題です。和解しないことの結果ははっきりしています。すなわち自爆テロやテロ活動、占領軍による暴力的な圧政です。これらは規模の大きなものですが、小規模なものとしては、婚姻関係の破綻や家族崩壊、隣人との反目、教会の分裂などが挙げられます。

私たちの多くが好むのは、問題が何もないふりをすることです。現実に向き合うことを避け、怒りや憤りを飲み込み、亀裂を取り繕い、はらわたが煮えくりかえっているのに、あたかもすべてがいつもと同じであるかのように私たちは暮らすことができます。あるいは単に他の人や集団を避けて無視し、彼らが存在しないかのように振る舞うこともできます。それがしばしば私たちの取りうる唯一の方法かもしれません（例えば、赤の他人にムカッときても、注意して話をつけることができない場合などはそうです）。でもそれは大抵の場合、人を幸福にはしません。

多くのキリスト者は亀裂を取り繕うという選択肢を選び、それが聖書で言われている「赦し」なのだと考えます――すべては順調で、他人様に落ち度はありませんという顔をしながら。しかしそれではまったく駄目です。もし誰かが——特に他のキリスト者が——無礼な人だったり、攻撃的、横暴、不誠実、不道徳な人だったりした場合、その人が実際に行った悪事と対峙しなければ、「和解」を創り出そうと努力しても、まったく何も得られません。赦しは「実際には起こらなかったことだ」とか「全然たいしたことはない」とか言うことではありません。なぜなら、何も起こらなかったり、たいしたことがなかったりする場合、必要なのは赦すことではなく、誤解を解くことだからです。赦しが必要になるのは、事が実際に起きて、たいしたことになり、それに向き合い、もう一度お互いを愛し、なんとか受け入れようとする時です。この聖書箇所で推奨される物事の順番は、まさにそのために重要なのです。

まず行って罪を犯した人と一対一で会いなさい。これには勇気が必要です。そして祈りと謙遜も必要でしょう。相手が逆告訴で応じてきてもおかしくはありませんし、その訴えには真実があるかもしれないと認識しておく必要もあるでしょう——もちろんいつも両方が同罪というわけではないのですが。

もしそのやり方がうまくいけば——私の場合、あることが原因で正当な非難を受けたことが何度かありましたし、同様に相手と対決しなければならないことも何度かあって、どちらの場合においても和解の喜びを度々味わいましたが——それは素晴らしい経験になります。「あなたは兄弟もしくは姉妹を得たのです」とイエスは言いますが、その時の喜びはまさにそんな感じです。和解は往々にして、最初に結ばれていた絆をもっと強く結んでくれるものなのです。

しかしそれがうまく行かない場合、そしてよく考えて祈ったあともなお、解決すべき悪があると確信を持てるのであれば、他の一人か二人を一緒に連れて行きます。これはもちろん自分の判断が合っているか間違っているかをチェックするためです。ですから、あなたにとって不愉快な真実でも、必要ならば教えてくれる覚悟のある人を選ぶべきでしょう。そしてもしあなたの言い分が正しく、相手がそれを認めようとしないのであれば、一緒に連れて行った人が証人となり、あなたが話をでっちあげているわけではないことを証言してくれるでしょう（「二人か三人」の証人の必要性に関する聖句は、証言に関する旧約聖書の律法に基づくものです）。

最後のステップはキリスト者の地域集会に報告することです。「集会」という言葉は、のちに「教会」と訳されるようになる言葉と同じですが、イエスの時代とそのあとしばらくの間、イエスの弟子たちは地域のシナゴーグで集会を続けていましたので、そのために同じ言葉が使われるのです。しかしイエス自身はおそらく心に描いていたことでしょう、彼に従う者たちの小さなグループもしくは組織が共に集まり、イエスが彼らに与えた特別な祈りを唱え、お互いにイエスの教えを思い起こし、それを（特にイエスが強調したのは和解と負債の免除ですが）生活において実践しようと努め、新しく生まれた神の民が小規模で地域に根ざした集団として活動することを。そうすればその時に、どんな未解決の対立であっても、それを報告できるような集団が形成されているだろうと。

そして次にこの箇所で一番つらい部分がやってきます。もし誰かが頑なに和解を拒否するようなら、そうした人々は集会から追放されねばなりません（パウロはIコリ五章で同じような問題と格闘しています）。これは私たちには耳障りかもしれませんが、他にどのような選択肢があるかを自問自答してみる必要があります。もし実際に悪事が行われたのであれば、それと対峙せずにいることは交わりを破壊することに必然的につながります。問題と対峙して初めて和解がやってくるのです。

　困難かつ崇高な和解を目指す者には、劇的な約束が与えられています。イエスの示す共同体や家族、教会の姿に近づこうと苦闘する時、私たちは孤立無援ではありません。神が私たちと共におられます。この世における私たちの働きは、特別な、目に見えない面が存在します。それは、この世における私たちの働きに対応する天における神の働きです。ですから、私たちがキリスト者の交わりにおいて一緒に祈る時、私たちはそれが神に聞き入れられ、答えられると確信します。なぜなら、キリスト者が共に働きを担う上で常に必要不可欠な約束として、「二人か三人が」（あるいはついでに二〇〇人でも三〇〇人でも構いませんが、こうした励ましを一番必要としているのはしばしば小さなグループなのです）「イエスの名において集まるところには、イエス自身もそのただ中にいる」と語られているからです。これは単に、私たちがイエスの臨在を感じられるだろうという約束ではありません。イエスはすべての人の内なる真実を知り、見通しているという約束――そして警告――なのです。この約束を私たちが本気で受け止めたとしても、和解に着手するには絶えず大きな犠牲を伴うことでしょう。しかし和解が行われるところにはいつも真の希望があり、和解にこだわる人々にはやがて喜びが訪れるのです。

一八章二一―三五節　和解という難題

21 その時、ペトロがイエスのもとに来て言いました。

「主よ、兄弟が私に対して罪を犯した場合、何回赦さなければなりませんか。七回まででしょ
うか」。
[22]イエスは答えました。「私は七回までとは言いません。七回を七〇倍するまで赦してはどうで
すか」。
[23]「ですから、いいですか」とイエスは続けました。「天の王国は、自分の家来たちと清算した
いと思った王に似ています。[24]清算が始まると、一万タラントンの負債のある者が、王のところ
に連れてこられました。[25]返済することができなかったので、主君は彼に、自分自身や妻子、そ
して持ち物すべてを売って返済するよう命じました。
[26]それで家来は倒れ込み、主君の前でひれ伏して言いました。
『どうかご猶予ください。そうすればすべてお返しいたしますから』。
[27]主君はその家来をとても哀れに思い、彼を赦し、負債を免じてやりました。
[28]ところが、その家来は出て行くと、一〇〇デナリオンの貸しがある一人の仲間に出会いまし
た。彼は仲間を捕まえて首を絞め、『借金を返せ！』と言いました。
[29]この仲間はひれ伏して、『どうかご猶予ください。そうすればお支払いしますから』と嘆願し
ました。
[30]しかし彼はそれを拒否し、行って、借金を返すまで仲間を牢に投げ込みました。
[31]その人の仲間たちは事の成り行きを見て、非常に心を痛め、行って一部始終を主君に報告し
ました。[32]するとこの主君は彼を呼びつけて言いました。

『けしからん家来だ！　お前が私に嘆願したから、負債全部を免除してやったのに。[33]私がお前を哀れんでやったように、お前も自分の仲間を哀れんでやるべきではなかったのか』。[34]主君は怒り、負債全部を返済するまで、彼を獄吏たちに引き渡しました。[35]あなたがたもそれぞれ、心から兄弟もしくは姉妹を赦さないなら、私の天の父もあなたがたにこのようになさるでしょう」。

もう何年も前のこと、私は学生たちの集会で奉仕をしていました。ある学生たちの集会で時々、礼拝での司会や説教のお手伝いをしていました。学生たちは神学生で、聖職に就く訓練をしていましたが、学生寮には幅の広いさまざまな学科の――それこそ理想も価値観もかなり違う――他の学生たちもいて、皆一緒に生活をしていました。私は週の半ばの礼拝で説教の奉仕を引き受けていましたが、その礼拝で指定され、前々から知らされていた聖書箇所が、今私たちの読んだこの箇所でした。その時はまだ、この箇所が驚くほど私たちにふさわしいものになろうとは、私を含め、誰もが知るよしもありませんでした。

その説教の週になって、暴動のような騒ぎが持ち上がりました。学生寮に住む他学科の学生たち数人が、とげとげしい振る舞いを繰り返していたためです。そのため、同寮生たちは夜もほとんど寝ることができず、昼間は勉強もできず、平穏で静かな環境が失われていました。学生たちのほとんどは、寮が不快な場所になっていたので、友だちをそこへ招くことすら嫌になりました。不穏な空気が漂い始めたきっかけは、キリスト者の学生何人かが、問題の学生たちをただ「赦して」あげるだけ、別の表現をすれば、その問題と向き合おうとしない一方で、他の学生たちは激しく抗議して平穏な生活の権利を主張し、騒動を起こす学生の放逐か、少なくとも寮生資格の一時停止を主張したためでした。

　そしてその週のお昼休み、通常の礼拝で、針の落ちる音も聞こえそうな静けさの中、マタイ福音書一八章二一―三五節――読者の皆さんの前にある聖書箇所――が説教聖句として読まれました。その箇所から説教をするために立ち上がった私の心臓はドキドキしていました。

　かなり前に起きた出来事なので、残念ながら私が話した内容のメモを見つけることはできません。ただ、この箇所の教えは骨太で明瞭なので、何を話したか調べるには及びません。要点の論じ方はいくつかあります。例えば、他人の罪を告発するたびに、自分自身の罪が告発されることになる。しかし他人の罪を赦すたびに、私たちは神が与えてくださったバケツ一杯の水から一滴の水を与えることになる、とか。あるいは、神の視点から見れば、（私たちの誰もがそうであるように）普通に罪深い状況と、（私たちの苦手な人たちがそうであるように思える）非常に罪深い状況との距離は、太陽の視点から見たロンドンとパリの距離のようなものだ、などなど。誰もが心当たりのある話です。

　大事なのは、すでに述べたように、怒りをぜんぶ飲み込んで、あたかも何も起こらなかったかのように「赦して忘れる」ことではありません。むしろ、赦しと和解を最終的な目標として持ち続け、決してあきらめないことです。対立が避けられないという事態はよくあることですが、もしそうであったとしても、常に復讐ではなく和解をもって当たらねばなりません。

　しかしこの教えの背後には、おそらくもっと微妙な、でも同じくらい重要な別の教えが隠れています。最後の節で、なぜイエスは、他人を赦さない者は、その人自身も赦しを拒否されるだろうと厳しく言うのでしょうか。有り体に言えば、この教えはあまりにも過酷で、福音書の他の教えと釣り合っていないように思えます。神はそうした点での私たちの弱さを見過ごすことはできないのでしょうか。どうもできないように思えます。「できない」かどうかは私には分かりませんが、少なくとも、神はそれを望んでおられないように思えます。新約聖書はこの問題について異口同音に語っています。たとえば、他人のためにクリスマス・プレゼントを買ったためしのない不機嫌な孫にさえ、優しいおじいちゃんなら進んでクリスマス・プレゼントを与えるでしょうが、赦しとはそういうプレゼントとは違います。たとえば、皆さんは通りの物乞いにチーズ・サンドイッチと紅茶一杯を買ってやることもしないのに、帰宅すると夕食が皆さんに差し出されるでしょうが、赦しとはそういう食事とも違います。赦しはまったく違う種類のものなのです。

赦しとはむしろ、肺を満たす空気に似ています。肺一杯に空気を吸い込むことができるのは、今、肺に入っている空気を吐いた時だけです。それをせずにずっと息を止めたまま、口移し式人工呼吸を必要としている人に息を吹き込まなかったとしたら、自分で空気を吸い込むことができないばかりか、あっという間に自分が窒息してしまいます。ここで肺に相当するものが、どんな霊的、精神的、そして情緒的な器官であろうとも（私たちはそれをしばしば「心」と呼びますが、これももちろん一つの比喩です）、それは開きもするし、閉じもします。もしそれが開いて、喜んで他の人を赦すことができるなら、それは同じように開いて神の愛と赦しを受けることができます。しかし人に対して閉じられたままなら、神に対してもそれは閉じられたままなのです。

思考だけでなく行動においても人を赦すことは、習得するのが難しい課題です。だから私たちは、マタイ福音書一八章の他の箇所と同様、子供に関する叙述へと立ち戻ることになります。私たちに「ごめんなさい」や「あなたを赦します」と言えなくさせているものは何でしょうか。それを邪魔しているのは単に、子供のようになれない自分、「社会的立場上そんなことはできない」自分ではないでしょうか。もしそうだとしたら、私たちは、天の王国で最も偉大な人は物事をひっくり返す人、小さな子供のようになった人だということを忘れている、いや、ひょっとすると全然学べていない、ということになります。

この章は、マタイがイエスの教えを集大成した全体からすると（五章から七章、一〇章、そして一三章に次ぐ）、その第四番目にあたります。そして五番目があと（二三章から二五章）にやってきます。この箇所の教えは、他と教えと同様、どこを取っても挑発的です。その核心をなす痛烈な教えはすなわち、イエスは神による新しい契約をイスラエルとの間に、そして世界との間にうち立てるであろうという教えであり、預言者エレミヤが五〇〇年前に理解していたように（エレ三一・三四）、その新しい契約を特徴づける生き方こそが赦しだったのです。イエスは弟子たちにその赦しを求めて祈るよう教えていますし（六・一二）、もし自分が赦されたいのであれば、他人を赦す用意がなければならない（六・一四―一五）と明言しています。今やイエスはその主題に戻ってきているのです。

そのすべてを物語っているのが、ペトロの質問とイエスの回答（二一―二二節）です。もし他の人を赦した回数を数えているようであれば、それはまだその人を本当に赦していない証拠であり、単に復讐を先延ばしにしているだけです。「七〇回を七倍」はイエスの典型的な皮肉をこめた言い回しの一つです。もちろんその意味するところは「数えようとは考えずに、ただ赦しなさい」ということに他なりません。

一九章一―九節　離婚の問題

[1]そのあと起きたことは次の通りです。イエスはこれらのことを語り終わると、ガリラヤを去
ってヨルダン川周辺のユダヤ地方へ行きました。[2]大勢の群衆がついてきたので、イエスはそこ
で彼らを癒しました。
[3]するとファリサイ派の人たちがイエスを陥れようと近づいてきて質問しました。
「夫が、何らかの理由により、妻と離婚するのは法にかなっているでしょうか」。
[4]イエスは答えて言いました。「初めから創造者は『人を男と女とに造られた』と書かれている
のを、あなたがたは読んだことがないのですか。[5]そして創造者はこう仰いました。『それゆえ、
人は父母を離れ、その妻と結ばれ、二人は一心同体となる』。[6]その結果、彼らはもはや二人では
なく一体なのです。ですから、神が結び合わせられたものを、人が引き裂くべきではありませ
ん」。
[7]彼らはイエスに尋ねました。「それでは、なぜモーセは、妻に離縁状を渡して、離婚を合法と
するよう命じたのですか?」
[8]イエスは答えて言いました。「モーセがあなたがたに妻との離婚手続きについての戒めを与え

えたのは、あなたがたの心が頑なだからです。しかし初めからそうだったわけではありません。
9「あなたがたに言っておきますが、不品行以外の理由で自分の妻と離婚し、他の女性をめとる者は誰でも、姦淫を行うのです」。

先日、車を購入した時、取扱説明書の中に、事故に巻き込まれた時すべきことの一覧表を見てびっくりしました。警察を呼び、どこで何がどのように起きたかを正確に書き留め、事故に巻き込まれた他の車の車両番号を書き記す、などなど。そして他にも、車が横滑りを始めたら、あるいは危険な状況に陥ったら、いかに対処するかという項目もありました。

こうした項目が存在するのは驚きでした。まさか自動車メーカーが、事故を起こしたり、横滑りしたり、危険運転したりする私たちを想定しているとは思ってもみなかったからです（私たちがいつも車を乗り回してぶつけまくっていれば、自動車メーカーはもっと車を売ることができると思いますが、それを狙ってはいないと思います）。そしてもちろん、メーカーがそうしてほしいと思っているわけでもありません。メーカーとしては私たちに、トラブルや不安や危険とは無縁の安全運転をしてほしいのです。しかし人はしばしば困難な状況にはまり込んでしまうものですから、そんなことが起きた場合にどうするかを知っておくことは大切です。取扱説明書を作った人が事故発生を望んでいたのだとか、事故発生を人々に促したのだとか言うとしたら、その発想は馬鹿げているとしか思えません。

離婚に関する規定がモーセの律法の中にあるということは、モーセが離婚の発生を喜んでいた証拠だと、ファリサイ派は考えていたようです。どのようにして離婚するかを教えてくれる規定があるのだから、離婚しても問題ないに違いないとファリサイ派は理詰めで考えていたように思えます。イエスは律法の最初の意図にファリサイ派を立ち戻らせることにより、彼らの考え方に欠陥があることを示しました。車が道路で横滑りをして他の車と衝突しながら走るのではなく、むしろ安全に走るよう作られているのと同様、結婚も一人の女性と一人の男性が一生協働するためにあるものです。ある人が離婚したくなったからといって（当時は、そして私たちの世界でも、いつもそうと決まっているわけではありませんが、離婚を言い出すのは往々にして男性でした）、好きな時に別れたり、一緒になったりできるようなものでは決してありません。いわばモーセは、「車を運転する時に、こうすれば事故に遭えます」とは教えていないのです。むしろ「車を運転する時には、事故に遭わないように気をつけなさい。しかし不幸にも事故が起きたら、こうすれば対処できます」と言っているのです。

ですから、イエスは聖書が離婚を奨励していないとはっきり明言しています――車の取扱説明書は危険運転を奨励していないと私たちが明言するのと同じように。しかしイエスはさらにもう一歩、先を行くのです。イエスは彼自身の業により神の計画全体はさらに一段階先に進んだのだと主張します。言うならば、イエスは事故に遭わない車を設計するのです。もう危険な運転をすることはありません。イエスは神とその民の物語を新しい次元へと移します。そこではモーセの律法が必ずしも神の民を導く唯一の規範ではありません。今や神は、民を心の内側から新しく創りかえる御業に取り組まれるのです。

この主張はほとんど同じぐらいに衝撃的であり、ともすればありえないことのように思えます。イエスは、モーセがその戒律を与えたのはイスラエルの心の頑なさゆえだったと言うのです。新約聖書の至るところに次のような考え方がうかがえます。すなわち、旧約聖書はまさしく神の御言葉ではあるけれども、それは神の新しい御業がイエス自身において、そしてイエス自身を通して行われる前の時代の人々のためのものだった、という考え方です。また同様に、イエスは至るところで（例えば一五・一五―二〇）、人類の根源的な問題、心の邪悪さの問題そのものが、この新しい御業を通して取り扱われるであろうと、主張しているように思えます。もしそうなら、あたかも車に搭載された自動運転や保護機能が横滑りや事故を事前に防ぐように、神の御業も全自動で私たちを助けてくれそうです。

しかし残念ながら、問題なのは、それが全自動ではないことです。イエスに従う約束をしたからといって、多くの過ちを犯す誘惑がなくなるわけではありません。むしろ実際は、誘惑の度合いがほぼ確実に増えてくるでしょう。それはあたかも車の流れに逆行して運転するようなものですから、事故が起きるのはほとんど不可避であるかのようにも思えます。ただ、なぜ全自動ではないのかと言えば、それは、神が皆さんの心を生まれつきの不従順から救い出した時に、そして皆さんが神に信頼し、洗礼を受け、イエスに従うことで心を新しくした時に、その新しい自分が作動するのは、皆さん自身が決断し、皆さん自身が物事を考え抜き、皆さん自身が意志を働かせること（もちろんキリスト者が言うように、あらゆる面で聖霊が、イエス自身の霊が、もちろん助けて強めてくださるのですが）を通してでなければならないからです。

神は人形ではなく、生きた人間を必要とされています。神がもたらす命の再生とは、他のすべての領域においてと同様、結婚の領域においても、誠実な男女の自発的で理知的な従順さを通して与えられるのです。神と人に対して、そしてとりわけ配偶者に対して忠実であるとはどういうことかを考え抜き、それを実行しようと進んでいく従順さを通してそれは与えられるのです。

マタイの福音書において離婚の教えは、マルコやルカの黒か白かの割り切った教え（すなわちイエスの弟子たちの中では離婚はあってはならないという教え）とは異なり、微妙なニュアンスを持たされています。もし配偶者の一方が不貞を働いた場合、それは離婚成立の根拠となりえますし、離婚は再婚する自由を意味します。第一コリント書七章一五節でパウロはさらに突っ込んだ離婚の条件を示しています。もし未信者の配偶者がキリスト者と離婚することを望むのであれば、キリスト者は最終的にそれを拒否すべきではありません。しかしいずれの場合も、終生の伴侶でいることがキリスト者の基本的行動様式であることに変わりはありません。

結婚とは、結局、一つの真実なる神のかたちがこの世に反映される最も重要な方法の一つなのです。四節でイエスが引用している聖書箇所、すなわち創世記一章二七節（「彼らを男と女とに創造された」）は、私たちが神のかたちに造られたという箇所と同じところに記されています。ですから当然、結婚生活を営み、「一つの身体」となることは、難しくて犠牲は多いけれども素晴らしいことなのです。イエスが全力で目指しているのは、世界を刷新させることであり、それによって創造主である神の意志が最終的に成就されることでした。ですから当然、ベストより低い目標で満足することをイエスは私たちに望んではいないのです。

一九章一〇―一五節　結婚、独身、子供たち

[10]弟子たちはイエスに言いました。「もし妻に対する夫の立場がそうだとすれば、結婚しないほうがましです」。
[11]「必ずしもすべての人がこの言葉を受け入れることができるわけではありません」とイエスは答えました。「できるのは、その言葉が与えられている人々だけです。[12]というのは、生まれた時から宦官の人々がおり、また他の人から宦官にされた人もいます。また天の王国のために、自ら進んで宦官になった人もいます。この言葉を受け入れることができる人には、そのようにさせなさい」。
[13]その時、イエスに手をおいて祈ってもらおうと、人々が子供たちを彼のもとに連れてきました。弟子たちは彼らをたしなめました。[14]しかしイエスは言いました。「子供たちを私のところに来させなさい！　彼らを止めてはなりません！　天の王国に属しているのは、このような者たちなのです！」[15]そしてイエスは手を子供たちの上に置いてから、他の場所へと移って行きました。

最近私たち夫婦は、初めておじいちゃんおばあちゃんになった友人夫婦と一緒に過ごしました。彼らは私たちに、小さな孫娘が両親の留守の間、一晩お泊まりに来た時のことを話してくれました。

「とても神経過敏になってね」と友人夫婦は言いました。「全部ちゃんとやりたかったんだ。孫娘が寝ている時に少しでも動こうものなら、飛び起きて大丈夫かどうかチェックしてさ。おまけに昼間はあたりを這い回るから、邪魔になりそうなものは全部どけてあげて、危ないものに手を出さないように注意しなけりゃならないし。四六時中ずっと警戒体制だよ！ 本当に疲れちゃった！」

「じゃあもう当分孫娘を預かろうとは思わないだろう？」と私は尋ねました。もっとも返ってくる答えは分かっていましたが。

「とんでもない！ 預かってくれと言うならすぐにでも預かるさ！ 孫娘といると幸せだったんだ！ 来週にでも来ないかな」と彼らは答えました。小さな孫娘が自分たちの家に新しい命を吹き込んでくれる喜びは、彼らにとって、彼女の面倒を見なければならない緊張感や不安感よりも勝っていたのです。

しかしすべての社会のすべての大人たちが同じ見方をしているわけではありません。大多数は文字通り、あるいは比喩的な意味で、彼らを片隅に追いやっています。大人が自分たちのために創り上げた小綺麗で整頓された世界を、子供によって混乱させられないように。私の田舎ではよくこう言われたものです、「小さな子供は目の届くところで静かに」と。もちろん様変わりはしましたが、それでもまだ多くの大人たちや大人のための組織や生活習慣が、子供たちを締め出し、無視しようとしたり、厄介者とみなしたり、「実」生活はある年齢以上の人々だけのものだと思い込んでいます。

イエスはこうした考え方にまっすぐに切り込んでいきます。彼のところに連れてこられた子供たちの何人かが礼儀正しい口の利き方ができなくても、汚れていて臭くても、誰も見ていない隙にすぐに悪さを企んでも、イエスはそんなことはお構いなしです。泉から湧き出て枯れることがない水のような若者たちをイエスは好みます。生き生きとしていて何をしでかすか予想もできない生命力に満ちあふれている——神の王国はまさにそんな若者たちにそっくりです。信じやすく冒険心豊かで、熱心で、物語や劇に夢中になる小さな子供たちこそ、神の王国にふさわしい者たちなのです。九章においてと同様、この箇所は弟子たちに対する叱責です。もし弟子たちが子供たちをイエスから追い払おうとするなら、それは弟子たちが優先順位をあべこべにしている証拠なのです。

子供たちとのささやかな場面が、結婚すべきか否かに関する議論のすぐあとに置かれていることは重要です。弟子たちは離婚についての非常に厳しいイエスの教えに驚いています。もし結婚に一生縛られるのであれば、そんな危険は冒さないほうが得策かもしれないと弟子たちは（何人かはすでに手遅れでしたが）考えました。現代の人々も同じような反応をしたかもしれません——イエスの教えはどうしようもなく非現実的だという結論を引き出すために。

それに対してイエスは、結婚しないと決めている人々、もしくは結婚できない人々について、不思議な言葉を語ります。当時の社会ではほとんどの人々が、現代の西欧と比べると、とても低い年齢で結婚していました。特に女の子は往々にして思春期を過ぎるとすぐに結婚しました。寿命が短い時代は、妊娠可能な時期を十分に活用することが重要でした。多くの青年も二〇歳前には結婚していました。

しかし身体的に性的関係を持つことが生まれつき不可能な人々が常に存在していました。また意図的にそれを不可能にさせられた人々もいました。古代世界のいくつかの地域では、若い奴隷が去勢されることは日常茶飯事でした。彼らが王室や裕福な世帯で仕えるためには、女性構成員と不品行な行いに及ぶ心配をかけないことが重要だったのです。ある人々はもっぱら神の仕事に専念できるよう結婚しない選択をするのだと認識されていました――もちろん疑念をもたれないわけではありませんでしたが。洗礼者ヨハネはそのような人物でしたし、むろんイエス自身もそうでした。

こうした発言は確かに謎めいていたかもしれません。なぜなら、イエスは自分自身の配偶者の有無について、人々から尋ねられるかもしれないと気がついていたからです。イエスは自分に与えられた特別な召命と、それが要請する事柄に気づいていたので、独身の道を選んだことをほのめかしました。そういう意味で「自ら進んで宦官になった人もいます」とイエスが言う場合、それは一八章八―九節の発言と同じ言い方をしているのです。つまり手足を切り落とし、目をえぐり出すという表現と同様、飽くまでも大袈裟な言い回しということになります。もちろん、ある人々にとっては、結婚を先延ばしにしたり断念したりする決断は、手足を切断することほど非常につらいことのように思えますが、神がすべてのしもべに同じような自制を求めているわけではないことをイエスは知っています。招きの声を聞き、それに従うことができると思った人はそうすべきですが、それ以上の事は言えません。

マタイ福音書一九章三―一五節全体の議論は、現代において大いに参考になります。私たちが生きている時代は、これまで結婚や家族の領域で「キリスト者的」振る舞いと考えられていたことが――もちろんいくつかの非キリスト教の文化を含む、多くの伝統的な文化においてはまだ支持されているものの――西欧社会の大部分から受け入れられなくなった時代です。過去数百年にわたり西欧では個人主義の風が吹きまくり、それにより家族や子供たちはひどい状態に置かれるようになりました。なぜなら人々の行動基準が、誠実さや誓約の遵守よりも、またこの世に生まれてきた子供たちを愛情込めて育てる義務よりも、何よりも個々人の「幸福になる権利」を優先すべきだというものになったからです。

誰一人――イエス自身ですら――結婚や家族の問題に関して、イエスに従い神の王国への道を見出すことが容易だとは言わないでしょう。しかしそれを単にどうでもよい問題だと考えるべきではありません。イエスがエルサレムに近づき、自己否定と自己犠牲の驚くべき行いへと進んでいくように、イエスに従うという召しは、私生活のこまごました個人的な事柄にまで及ぶのだということを、私たちは心に留めておきましょう。

一九章一六―二二節　金持ちの若者

16 突然、ある人がイエスに近づいてきて尋ねました。「先生、永遠の命を得るためには、どんな
良いことをしなければなりませんか」。
17 イエスは切り返して言いました。「なぜ良いことについて質問をしようと私のところに来るのですか。良い方は一人しかおられません。もし命に入りたいと思うなら、戒めを守りなさい」。
18 「どの戒めですか?」と彼は尋ねました。
イエスは答えて言いました。「これらの戒めです。すなわち『殺してはならない、姦淫してては

ならない、盗んではならない、偽証を立ててはならない。[19]あなたの父と母とを敬いなさい』。そ
して『自分を愛するように、あなたの隣人を愛しなさい』」。
[20]この青年は言いました。「それらは全部守ってきました。私にまだ足りないのは何でしょう
か」。
[21]イエスは答えて言いました。「もしすべてを完全にしたいと思うなら、行ってあなたの持ち物
をすべて売り払い、それを貧しい人々に与えなさい。そうすれば、天に宝を持つようになりま
す！　それから私に従ってきなさい」。
[22]イエスの言葉を聞いて、青年は悲しみながら立ち去りました。たくさんの資産を持っていた
からです。

猿を捕まえたかったら、うまく捕まえられる特別な方法があるという話を聞いたことがあります。まず、猿が指を伸ばして手を入れられるぐらいの壺を用意します。その壺の中に猿が欲しがりそうなもの、例えば果物か何かを入れ、猿の興味を引くために、その壺を猿が見つけやすい場所に置きます。猿は果物を取るために壺に手を差し込み、果物を摑んで握るでしょう。しかしもちろん、手を握っていると、しかも手に何かを持っていればなおさら、手を壺から出すことはできません。猿は果物を手放そうとはしませんが、手放さないことには、手を壺から出すことができないのです。

イエスと熱心な若者とのやり取りを猿の話と並列させると、その箇所の意味がはっきりと分かります。その青年は莫大な財産を所有していました。おそらく有名だったのでしょう。イエスが生きた世

界において、富裕層は決して多くはありませんでした。もし金持ちだったら、地元では有名人になったことでしょう。裕福ではない多くの人々が、何とかして彼と友だちになったり、彼のために働いたりして、彼の財産の幾分かが自分たちの懐を潤してくれればと思ったことでしょう（蛇足ですが、そうやって富が人間関係を腐敗させるというのはよくある話です）。ところが、若者は壺の中に手を入れた猿のようでした。財産をしっかりと握っていたので、摑んだ手を緩めて彼の財産を手放さなければ、自由になることはできません。彼は自由になってイエスが先導している神の王国の運動に、神が与える未来への行軍に、加わろうとは思わなかったのです。

若者が尋ねたのは単に、死んだあとどうすれば天国に行けるかということではありませんでした。これまで何度も見てきたように、「天の王国」という言葉の意味は、そういうことではありません。むしろ神の統治、すなわちすべてを一変させ、すべての被造物を新しい状態へと、悪や腐敗、そして死そのものが廃棄される新しい命へと、移行させる救いの支配を意味しています。イエスの時代の多くの、おそらくほとんどのユダヤ人は、イスラエルの神がそれを、しかもすぐに行うであろうと信じていました。表現の仕方はそれぞれ異なりますが、彼らが問うていたのは次のことでした。すなわち、天の王国が現実となった時に、その恩恵を被るのは誰になるのか。誰が来たるべき時代を受け継ぐことになるのか。誰が「新しい時代の命」、もしくは多くの翻訳で使われている訳語だと「永遠の命」、を得ることになるのか。

この問いに対する平均的なユダヤ人の回答は、神がモーセに与えた戒律――ユダヤ人の律法――を守ることと関係していました。当時、もっとも厳格なユダヤ人は、この律法が要求していることについて、彼らなりの見解を持っていました。誰もが基本的な要件項目である十戒を知っていましたが、重要なのは十戒が実際問題として具体的に何を意味しているのかはっきりさせることだったのです。その人が属する集団によって検討すべき項目も違いました。ファリサイ派にはいくつかの非常に詳細な規則があり、エッセネ派には別の規則体系が存在するという具合です。

イエスは単に、それらと同じレベルの律法解釈体系をもう一つ提案したというわけではありません。イエスの目指すところは異次元でした。良い行いという点に関してイエスは基本的な戒めを進んで受け入れ、それを単に繰り返すだけでした（が、最初の四つの戒め、すなわち神を第一とすること、偶像を除くこと、神の名をみだりに唱えないこと、安息日を守ること、について言及しないのは興味深い点です）。それらの戒めに若者が精通していることをイエスは知っており、一方、若者もイエスが知っていることをよく分かっています。二人が共通して了解しているのは、対話を別の次元へと、真に問うべき問題の出発点へと、移さなければならないということです。

まさにこの点で、イエスの方法論と他のユダヤ教諸派のそれとは違っていました。複雑な律法規則の代わりに、イエスが提示するのは戒めの中でも最も単純なものです。すなわち、すべて売り払い、私に従いなさい、と。「もしすべてを完全にしたいと思うなら」というイエスの言い回しには、どことなく皮肉が感じられます。マタイ福音書の山上の説教（五・四八）では、「完全」であること――実際、この言葉は「完全無欠」という意味にも使われます！――が求められています。換言すれば「神がご自分の民に求めておられるのは、完全であること、自らのすべてを献げて仕えることであり、片方の足を神の王国に置き、もう一方をこの世に置くような、どっちつかずの状態ではない」ということです。この若者は、あたかもコインや蝶やアンティークの家具を収集するかのように、自分が守っている戒めを一つ一つ収集したがっているようにすら思えます。よろしい、とイエスは言います。君のコレクションが完成するのに必要なのはこれ、つまり、すべてを売り払え、という戒めだ。完全になるには、君自身が空っぽにならないといけない。すべてを手に入れるために、すべてを失わねばならない。神に対して完全な奉仕を行うために、他のすべてを完全に放棄しなければならない。

独身生活に関する上述の見解と同様、この戒めはすべての人に与えられたものではありません。イエスは、すべてを売り払って自分に従いなさいと、あらゆる人に命じたわけではないように思えます。イエスがそう命じる時には、一二弟子の場合のように、いつも一緒にいて仕事を分かちあえるよう彼らを自由にしておきたいと思っていたり、あるいはこの若者の場合のように、持ち物が偶像、すなわち神の代替物となり、それを放棄しなければ必ずその人に苦痛を与える魔物となるとイエスが感じていたり、という理由があるのです。

私たちは皆、自らの生活において、これに似たような経験をすることがあります。それは物質的な所有物の話ではないかもしれません。なぜならイエスの世界と同様、私たちの世界でも金持ちは（そのほとんどが特定の場所に集中しているとはいえ）それほど多くはありませんから。私たち一人一人に求められているのは、自分自身の心や生活を吟味して、何が私たちの妨げとなってイエスの要求するような「完璧さ」で神に仕えることができないのかを理解することなのです。

一九章二三―三〇節　最初と最後

[23]イエスは弟子たちに言いました。「よく聞きなさい。裕福な人が天の王国に入るのはとても難
しいことです。[24]もう一度言いますが、裕福な人が神の王国に入るより、駱駝が針の穴を通り抜
けるほうが、ずっと簡単です」。
[25]弟子たちはこれを聞き、完全に面食らって尋ねました。「では、誰が救われることができるの
でしょう?」
[26]イエスは彼らを見回して答えました。「人間的に言えば、それは不可能です。しかし神にはす
べてのことが可能なのです」。
[27]その時、ペトロがはっきりと答えて言いました。「ご覧ください、私たちはすべてを捨ててあ
なたに従ってきました。私たちは何を期待できるでしょうか?」
[28]イエスは答えて言いました。「よく聞いておきなさい。神の偉大な新世界において人の子がそ
の栄光の位につく時、私に従ってきたあなたがたすべては、一二の玉座について――そう、あ
なたがたが!――イスラエルの一二部族を治めることになるでしょう。[29]そして私の名のゆえに、
家、兄弟、姉妹、父、母、子、もしくは財産を捨てる人は誰でも、その何百倍も受け、また新し
い時代の命を受け継ぐことになるでしょう。[30]しかし先頭を行く多くの人々は、気がついてみる
と最後尾になり、最後尾の人々は先頭を行くことになるでしょう」。

かつて私が子供だった頃、馬に乗った狩猟隊の一団が、狐を追って広い平原を行くのを見たことがあります。読者の皆さんは、多くの方々と同様、狐狩りには反対かもしれませんが、冬の寒い日のその光景たるや素晴らしいものでした。一団は丘陵の斜面を駆け下りてきました。先頭にはお揃いの赤い狩猟服を着たリーダーたちが見事な馬にまたがっています。角笛を吹き、狩猟犬をすぐ前に走らせながら、いかにも地主の地方郷士、裕福な名士らしい出で立ちでした。彼らの背後には、上質な馬に乗った他の立派な騎手たちが続き、茶色と黒の狩猟服に身を包んでいます。さらにその後ろには、色々な種類や大きさの馬に乗り、田園風の普段着に身を包んでいるという共通点の他にはさしたる統一感のない寄せ集めの集団が、少々雑然とした様子でついてきます。楽しげではありますが、前の集団ほどの立派な見かけではありません。

しかしその時、一団の追っている狐が、いかにも狐らしく狡猾に、薮の中に身を隠してから踵を返して隣接する牧草地を駆け上りました。そして狐が最初に現れた丘の上近くに、またひょっこりと姿を見せるのでした。一団の後ろ近くにいた騎手の一人がそれに気がつき、角笛を吹くと、狩猟隊も全員ぐるりと旋回して、来た道を戻る羽目になりました。

そこで思い出すのは次の光景です。つまり今度は先頭を行くのが、かろうじて調達した思い思いの老馬にまたがる寄せ集めの集団になった、ということです。真ん中には茶色と黒の服を着た一団。そして最後尾が、丘の長い斜面をふもとまで下ったかと思ったらぐるっと回って引き返さなければならない赤い服の一隊でした。狐狩りでも社会でも、彼らはしんがりをつとめることに慣れていないわけですから、いかにも機嫌を損ない、とても決まり悪そうな様子でした。

最後の者たちが、気づいてみると一番前におり、最前列にいた者たちが最後尾になる、とイエスは言いました。驚きと困惑、喜びと落胆が生じることでしょう。神はすべてのことを根本から覆します。人間は長らく、真実や正義、救いを、狩りのように追い求めてきましたが、そうした素晴らしい獲物は突然身をかわして逃げ去り、思いもしなかったような場所に顔を出すでしょう。そうすると今度は、取るに足らない者たちが先頭になり、偉大で善良な者たちがしんがりになるのです。

裕福な青年の残念な話についてイエスが下した結論はそのようなものでした。ところが、弟子たちはその結論を巡ってイエスと議論を始めます。ここで注目したいのは、金持ちが神の王国に入るのは難しいと教えられた時の弟子たちの驚きようです。もし神が王国を完成し、他でもないイスラエル人がその継承者となるなら、イスラエルの中でも裕福で著名な人々にこそ居場所が約束されているはずだと、彼らは当たり前のように考えていたのです。

私たちの世界では、テレビや雑誌が、ほとんど何の根拠もなく、人々を「セレブ」に仕立て上げることができます。かつては君主に、あるいは他ならぬ神に抱いていた畏敬の念を、人々はしばしば、ロック歌手やファッション・モデル、映画俳優や英雄的スポーツ選手に向けます。しかしそういう人々も結局のところ、普通の人間としての生活や感情があって、名声のもたらす重みに耐え切れないものなのだと分かった時、その結果は火を見るよりも明らかです。イエスの時代の多くの人々は、旧約聖書における神の祝福の約束がどういうことかを考える際、最も大きな祝福を現世で得ているように思える人々に、換言すれば裕福で肩書きや土地を持っている人々にこそ、神の祝福を見ることができるのだと、当然のように考えていました。ですから、それとまったく反対のことが語られることに大きな衝撃を受けたのです。目下「最前線」に位置するそのような人々が、やがては「最後尾」になってしまうかもしれないのですから。

針の穴を通る駱駝ですが、実際は「針の穴」と呼ばれていたエルサレムの城門への言及だと考える人々もいます。その門を通るには、駱駝の背中に載せてある荷物をすべて降ろさねばなりませんでした。また他の人々は、「駱駝」に似た言葉がロープのようなものを意味することに着目し、おそらくイエスがここで言っているのは、お針子さんの針の穴に船乗りのロープを通すことだと考えます。しかしどちらの指摘も的外れです。本章や前のいくつかの章で見てきたように、イエスはしばしば要点をはっきりさせるために、とても大袈裟な表現をすることがあります。「マッチ箱の中にロールス・ロイスを入れることはできない」と言うのと同じことです。肝心なのは、一生懸命頑張ればそれができるかもしれないとか、「マッチ箱」と呼ばれる独特な形の小さなガレージが存在した、ということではありません。肝心なのはまさに、それがまったくありえないということです。ありえないからこそ、その時、人間の側の予測や可能性はすべて棚上げされ、神の新しい可能性が動き始めるのです。人には不可能なことでも神には可能なのだということを、イエスの弟子たちは驚きと共に発見することになるのです（二六節）。

イエスがそこで提示する未来像は、すべてがあべこべで逆転しているまったく新しい神の国です。イエスは、すでに私たちが福音書で馴染んできた描写を使います。栄光の玉座に座る人の子という叙述は、ダニエル書の七章、すなわち悪が打ち倒され、神の民が罪赦されて、神の王国がついに打ち建てられる預言へと私たちを連れ戻します。その時、神の王国で、すべてを放棄してイエスに従った人々が見出すのは、自分が永遠の死から救われただけでなく、イエス自身と共に新しい世界を統治しているという事実です。

イエスは一二弟子と一二の玉座について語ります。おそらく一二弟子たち自身はイエスの言うことを額面通りに受け取ったことでしょう。しかし彼らはやがて、そのうちの一人が自ら進んで裏切り者になること、そして全体像の中心にある玉座が普通に思い浮かべるようなものではなく、二本の厚い木材と四本の釘からできていることに気づくことになります。エルサレムでイエスを待ち構えていた運命がこの上もなく赤裸々な形で示すことになったのは、新しい神の国が、王権や現世的栄光についての常識的な考え方とはまったく正反対のところから立ち現れるのだ、ということだったのです。

二〇章一―一六節　ぶどう畑の労働者たち

1イエスは続けて言いました。「そういうわけで、神の王国は、自分のぶどう園に労働者を雇う
ため、朝早く出かけた主人のようなものです。2彼は労働者たちと、一日一ポンドを支払うこと
で同意して、彼らをぶどう園に送りました。
3彼はまた九時ごろに出かけて行き、他の人々が市場で何もしないで立っているのを見ました。
4『あなたがたも、ぶどう園に行くことができます』と彼は言いました。『相当の賃金を払いま
すから』。5そこで、彼らは出かけて行きました。

主人はまた一二時ごろと三時ごろに出かけて行き、同じようにしました。6それから彼は、一
日の終わりまであと一時間というところで出かけて行き、そこで立っている人々を見つけて尋ね
ました。
『なぜ、一日中何もしないで、ここに立っているのですか』。
7『誰も私たちを雇ってくれないからです』と彼らが答えたので、彼はその人々に言いました。
『それでは、あなたがたも、ぶどう園に行くことができます』。
8夕方になって、ぶどう園の主人は召使いに言いました。『労働者たちを呼んで、賃金を払って
やりなさい。最後に来た人々から始めて、最初に来た人々にまで払いなさい』。
9そこで、一時間働いた人々が来て、それぞれ一ポンドを受け取りました。10最初の人々が来た
時、彼らはもっと多くもらえるだろうと思っていましたが、彼らが受け取ったのもそれぞれ一ポ
ンドでした。
11彼らはそれを受け取ると、ぶどう園の主人に不平を言いました。12『最後に来た人々は一時間
しか働きませんでした――なのに彼らは私たちと同じ水準で扱われています！　私たちは一日中、
きつい仕事を、しかも焼けるような炎天下でやったのに！』
13彼はその中の一人に答えて言いました。『友よ、私はあなたに不当なことは何一つしていませ
ん。あなたは私と一ポンドで同意しましたよね。14さあ、あなたの賃金です！　受け取って帰り
なさい。私は、最後にやってきたこの人にも、あなたと同じだけ払いたいのです。15私のお金で
私のしたいことをするのは許されないとあなたは言っているのですか。それとも、私が善良なの

で、邪険にするのですか』。

16 このように、最後尾にいた人が先頭になり、先頭の人が最後尾になるのです」。

西欧の近代社会における偉大な発明の一つは労働組合です。お金や土地、特権を享受してきた人々は、厚かましいことに、非常に長い間、持たざる者たちを食いものにしてきました。しかし労働する他に何の力もない労働者たちは、長年の努力を経てようやく一致団結して権力者や富裕層に向かい、強引に問題を解決して自由と正義を謳歌する日を迎えました。

ところが二〇世紀のうちに情勢が一変しました。搾取と不正はしばしば続き、その度に組合はそれを抑止し、状況を好転させて、良い役割を果たしました。しかしそこに別の問題が出てきて、それが暮らし方の複雑化と倫理的多様化を促しました。現在、西欧諸国の大半において、労働組合の役割は創設者たちが思い描いたそれとはまったく違うものになりました。この変化は良かった点もいくつかありますが、その他の点では、私見に過ぎませんが、悪い方向性を持つものです。

いくつかの労働組合が、本来の目的から外れた点の一つは、組合がしばしば労働者同士を反目させたことです。彼らは仕事が違えば賃金も違ってしかるべきだと一貫して主張してきました。たとえ雇用主が別の考え方を持っていたとしてもです。そのような組合ならばイエスの語った話、すなわち雇用主と一日中仕事をした労働者、半日仕事をした労働者、そして最後の一時間だけしか仕事をしなかった労働者の話にゾッとしたことでしょう。実際、この話に登場する労働者自身が文句を言ったというくだりに、私たちが驚きを感じることはありません。最初から仕事をした労働者と同じ賃金を最後に来た労働者にも支払うということに、どんな公平性や妥当性があるというのでしょうか。

ここで注意すべきことは、イエスがこの物語を用いて、当時の社会的正義について論評しようとしているわけではない、ということです。こうした出来事がどのくらい頻繁に起こりえたかは想像するしかありませんが、この時代について研究しているほとんどの人々は、このような支払いはありえないと考えています。物語を成立させるために、イエスは土地所有者が持つ社会的・経済的な権力を前提として受け入れた上で、神に関することを語ろうとしています。裕福な土地所有者たちに関することなら、今も昔も、イエスが言いたかったことは、一九章から推測することができます。

ところで神についてイエスが言わんとしているのはどんなことでしょうか。そしてなぜそれをこの箇所で言おうとするのでしょうか。その問いに答えるためには、最後の労働者の集団、つまり一日の終わりまであと一時間しか残っていない時に雇われた人々について、もっと詳しく見る必要があります。私たちにとって奇妙に思えるのは、最後の労働者たちがそれ以前に見つからなかったことです。もっと早い時間帯に彼らは市場にいなかったのでしょうか？　ぶどう畑の所有者は彼らになぜ仕事をしていないのかと尋ねますが、彼らの回答にはハッとさせられます。誰も自分たちを雇ってはくれないし、仕事を与えてもくれないのだと。換言するなら、誰も彼らを必要としてはいなかった、ということです。おそらく彼らは、誰も雇おうと思わない種類の人々だったのでしょう。

しかしぶどう畑の所有者は彼らを雇い、照りつける太陽の暑さに耐えて一日中あくせく働いた人々と同じ賃金を払いました。ここで所有者は、イエスの多くの話に見られるように、明らかに神を意味しており、労働者たちはイスラエルを意味しています。とすると、それぞれ違う種類の労働者たちは誰を表しているのでしょうか。

イエスはこの譬え話を、弟子たちに対して、彼ら自身の姿勢を戒めるために語っているのかもしれません。前章の最後で、先頭の人々が最後尾となり、最後尾の人々が先頭になると彼が語った時、「先頭の人々」は裕福で力のある者たちに言及し、「最後尾の人々」は弟子たち自身を意味しているように思えたことでしょう。しかし実のところ、その戒めは、ペトロが一九章二七節で発した少々自己中心的な問い（「私たちはすべてを捨ててあなたに従ってきました。私たちは何を期待できるでしょうか」）に対する答えの一部だったのです。ですからイエスはすでに一九章から、最初と最後、先頭と最後尾に関する謎めいた戒めを、弟子たち自身に対する注意として語っていた、と考えることができます。これまで私と親しい関係にあったからといって、ずっとこれからも数少ないお気に入りでいられると思ってはならない、と。

これが二〇章における譬え話の主旨だと思います。そのようにこの箇所を読むと、この章の残りの部分が弟子たちへの警告としてピッタリとはまります。弟子たちは、イエスが天の王国を実現する時、今度はうってかわって自分たちが裕福で有名になるだろうと考えていましたが、そのような弟子たちが陥っている危険な状況についてイエスは警告するのです。神の王国とはそういう類いのものではない、と。弟子たちはイエスと一緒に最初の一歩を踏み出したかもしれないが、おそらく他の者たちがずっとあとになって加わり、結局は、弟子たちと同じ約束通りの日当（私はここで「デナリオン」に「ポンド」という訳語を当てましたが、一デナリオンは労働者に日当として通常支払われた額）が支払われるだろう、と警告するのです。

簡潔に言うなら、神の恵みは取引したり蓄えたりできるようなものではないということです。ある人がたくさんもらえて、他の人が少ししかもらえないようなものでもありません。この譬え話の要点は、神と神の王国に仕えたことから得られるものは、実のところ「労働賃金」ではまったくないということです。厳密に言うと、行われた仕事に対する報酬ではないのです。私たちがいかにも自分に益するような取引や交渉が可能であるかのように、神は私たちと仕事の請負をしようとはなさいません。神がなさるのは契約であり、その契約とは、すべてを私たちに与える代わりに、私たちからすべてを求めるという約束なのです。神がその契約を果たされる時、それは私たちの労苦に報いようとしているのではなく、あふれるばかりに寛大な神のご性質にふさわしいことを行おうとされているのです。

そのような神のご性質に対して、腹を立てる危険が私たちには常にあります。キリスト教界で働く人々は、自分たちが特別な存在であると考えてしまいがちです。ところが実際は、神が自ら市場に出かけて行き、誰もが無視した人々を捜し出して同じ条件で彼らを迎え入れ、寛大な好意で彼ら（と他の人すべて）を驚かせるのです。明らかに初代教会はこの教えを学ぶ必要がありました。現代のすべての教会も同様に、この教訓をしっかり心に留める必要があるのではないでしょうか。

二〇章一七―二八節　飲まねばならない杯

17エルサレムへの途上、イエスは一二弟子をひそかに呼んで、道々彼らに次のように話しました。
[18]「ご覧なさい、私たちはエルサレムへ上って行きます。人の子は祭司長たちや律法学者たちに
引き渡され、彼らは人の子に死刑を宣告するでしょう。[19]そして彼を異邦人に引き渡し、彼らは
彼を嘲り、拷問にかけ、十字架につけます。しかし人の子は三日目に甦ります」。
[20]その時、ゼベダイの息子たちの母が、息子たちと一緒にイエスの前に来てひざまずき、特別
なお願いをしたいと言いました。
[21]イエスは「どんな願いですか」と彼女に尋ねました。
「私のこの二人の息子のことです」と彼女は答えました。「お願いですから、あなたが王になら
れる時、一人はあなたの右手に、もう一人は左手に座ることができる、と仰ってください」。
[22]イエスは答えて言いました。「あなたがたは自分たちが何を求めているか分かっていません。
あなたがた二人は私が飲もうとしている杯を飲むことができますか」。
彼らは「ええ、できます」と答えました。
[23]イエスは彼らに言いました。「そうですか。であれば、あなたがたは私の杯を飲むことになる
でしょう！　しかし、私の右と左に座ることは、私が許すことではありません。誰にお許しにな
るかは父の御心次第なのです」。
[24]他の一〇人の者はこれを聞いて、この二人の兄弟に腹を立てました。[25]そこで、イエスは彼ら
を呼び寄せて言いました。

「異邦人の支配者たちがどうであるかはあなたがたも知っての通りです。彼らは人々に対して

ふんぞり返っています。彼らはつけあがり、それを皆に知らしめています。[26]しかしあなたがたに関しては、そのようであってはいけません。もしあなたがたの間で偉くなりたいと思う人は、皆に仕える人にならねばなりません。[27]あなたがたの間で先頭に立ちたいと思う人は、皆の奴隷とならねばなりません。[28]人の子はまさにそのようだからです。つまり人の子は、仕えられるためではなく、仕えるために来たからです――そして『多くの人々のための贖いの代価』として自分の命を与えるために」。

私が少年だった時、いにしえの英雄たちについての本を熱心に読んだものです。最も有名なものの一つは六世紀のブリテン王アーサーでした。アーサー王物語について書かれている本は多くありますし、コーンウォールにある壮観なティンタジェル城のように、アーサー王にまつわる数々の城を見物することもできます。しかし、史実としてのアーサー王については、実際のところ、ほとんど何も知られてはいません。私たちに知られている多くは、伝説や詩、歌、そして（有り体に言えば）ロマンティックな希望的観測によるものです。

しかしながら、アーサー王や有名な円卓の騎士たちにまつわる最も重要な物語の中でも、いまだ今日まで力を持ち続けている話があります。それは彼らが聖杯――最後の晩餐でイエスが使ったと考えられている杯――を探す話です。その伝説によれば、この杯の中にアリマタヤのヨセフ（この人物はマタ二七・五七に登場します）が、十字架に架けられたイエスの身体から滴り落ちる血を受けたと言われます。別の伝説では、ヨセフがイギリスまでその杯を運んできたことになっています。どういうわけかその杯は失われていたのですが、円卓の騎士たちはその発見を決意し、彼らの探求の旅はやがて、献身と忠節と勇気の偉業となりました。

聖杯探求の旅という発想は、新約聖書のこうした箇所――王侯貴族などに関する常識をイエスがひっくり返してしまうような箇所――に遡ることができます。イエスが飲まなければならない「杯」という考え方はあとにも出てきますので、その意味についてここで明らかにしておくことが重要です。

この話の本質にあるのは（これまでの章と、とりわけこの箇所に顕著ですが）真っ向からの食い違い、すなわち、イエスが弟子たちに説明しようとしていることと、彼らがエルサレム行きについて考えていることとの食い違いです。弟子たちは自分たちの思い描いているような予想図をイエスも描くに違いないと確信するあまり、イエスが繰り返し、彼らの思いとはまったく違う展開になることを警告しても、それを心に銘記することができません。イエスは自分のおぞましい死について話しているのに、弟子たちはそれが来たるべき大勝利を表す絵画的表現に過ぎないと思っているようです（ある意味、確かにそれは大勝利なのですが、弟子たちの思い描くような大勝利ではありません）。

ヤコブとヨハネがイエスのところへ母と一緒にやってきます。母には名案がありました（もしくは初めから息子二人が考えた案だったのかもしれません）。弟子たちが皆そう信じているように、イエスはやがて王座につくだろう、その時に、息子二人をイエスの両脇に鎮座させてはどうか、と。

この願いは、権力者の浅ましい有り様について知る機会を私たちに与えてくれます。若い政治家は、誰が権力者になるかを予想して、その人に与しようとします。もし予想が当たれば、早くから忠節を尽くすことで、気前よく報いられることでしょう。人は皆、いつでも同じような駆け引きをします。

それによって生み出されるのは、価値のない安っぽい「忠義」や愛想笑い程度にしか深みのない「友情」、そして物事がうまく行かなくなった時のたやすい裏切りです。二人の兄弟が目指していたのは、その程度のものでした。他の弟子たちが二人に腹を立てたのは、おそらく、彼らが清廉潔白なあまりそんなことを考えてもいなかったからではなく、単にヤコブとヨハネが自分たちを出し抜いたからでした。

弟子たちに対するイエスの奇妙な答えは、彼が全うしようとしていた召命の聖書的根拠について、これまでとは違う地平を私たちに見せてくれます。旧約聖書には、預言者たちが「ヤハウェの怒りの杯」についてほのめかしている箇所がいくつかあります（イザ五一・一七、二二、エレ二五・一五―二九など）。これらの箇所が語るのは、唯一の神がこの世のひどい悪を悲しみ、ついに自ら介入して、暴虐的で血に飢えた傲慢な圧政者に対してその行いや振る舞いに報復すると、どういうことが起きるのか、ということです。それは、神の聖なる怒りがぶどう酒、どす黒く酸いぶどう酒となり、圧政者たちを酔わせ無力にしてしまう、という比喩で語られます。彼らは「その杯を飲む」ことを強要され、弱者を愛し無力な者を守る神の怒りを、最後の一滴まで飲み干さねばなりません。

この箇所で衝撃的なのは――もっと先に進むにつれて、さらに衝撃的になるのですが――イエス自身がその杯を飲むと言っていることです。弟子たちがこの考え方を理解できなくても不思議ではありません。彼らがご執心なのは、自分たちが金持ちや有名になることだったからです。権力や地位、名声こそ彼らの目指すものでした。福音が打倒しようとする人々、すなわち傲慢な者たちやこの世の支配者たち、そう、そういう人々に弟子たちはそこはかとなく似てきているのです。こんなにも早く弟子たちは、山上の説教を忘れてしまったのでしょうか。

イエスはさらにイザヤ書五一章の二章先からも聖書を引用（五三・一〇―一二）して、その教えを反復して聞かせ、理解させようとしています。イエスが念頭に置いている王の役割は聖書の中にその雛形があり、それは、「多くの人たちのための贖いの代価」として命を差し出すしもべとして王をみなすものです。

当時の世界で「贖いの代価」とは、奴隷に自由を与えるために支払われるべきもののことです。イエスは自分の迫り来る最期を代償とみなしていました。罪と悪の奴隷となっている人々、とりわけ権力欲や出世欲に取りつかれている人々――まさにヤコブやヨハネのような人々――を自由にするための代償として。

そういうわけで、そもそもの聖杯探求とは、イエス自身が受けた召しのことでした。つまり聖書に示されている通り、死に至るまで神の導きに従うことだったのです。確かにヤコブとヨハネは、自分の番になればイエスと同じ運命をたどるかもしれません（使一二・二によれば、ヤコブはキリスト教宣教のかなり早い段階で殺されています）。そしてイエスがイスラエルの王位についた時、確かにイエスの右に一人、左にも一人、位につくことになりました（二七・三八）。しかしその二人が分かち合うのは、権力と栄光ではなく、恥辱と死だったのです。

二〇章二九―三四節　二人の盲人の癒し

29彼らがエリコを出て行くと、大勢の群衆がイエスについてきました。30ちょうどその時、目の
見えない二人の人が道端に座っていましたが、イエスが通り過ぎていると聞いて、叫んで言いま
した。「主よ、ダビデの子よ、私たちを憐れんでください！」
31群衆は彼らを叱って黙るように言いましたが、彼らはますます大声で叫んで言いました。「主
よ、ダビデの子よ、私たちを憐れんでください！」
32イエスは立ち止まり、彼らを呼んで言いました。
「私に何をしてほしいのですか」。
33彼らは答えて言いました。「主よ、私たちは目を開けていただきたいのです」。
34イエスは深く心を動かされて、彼らの目に触れました。すると彼らは再び見えるようになり、
イエスについて行きました。

その人は朝早く私に会いにやってきました。彼は自分がどんなことを感じているか牧師に話すため、少々緊張していましたが、なんとか話そうと決心していました。

彼は私に、このところ数日、夜よく眠ることができないと話してくれました。自分の勉強がうま

く行っておらず、勉強への熱意も持てないように感じていました。心が落ち着かず、なぜそうなのか分からずにいました。ここ数年間、彼は自分が練り上げた壮大な計画に一意専心取り組んできました。学位を得て、経営学修士号の勉強をし、ちゃんとした会社を見つけて、出世の階段を上ろうと思っていました。目下、成功への道半ばだったのですが、何かが違っていたのです。

ちょっと馬鹿げた質問かなと思いながら、私はこう言いました。「リチャード、本当は何がしたいの？」

彼は恐れと驚きが入り交じったような面持ちで、私をしばらくじっと見つめました。あたかもダムの決壊を見ているように、彼の心の中に蓄積された感情とエネルギーが一気にあふれ出てきました。「私が本当にしたいのは、牧師になって人々にイエス様について語ることです！」まるでそのことが経営学修士課程の学生が口にしうる最も馬鹿げたことであるかのように、耳の付け根まで真っ赤にして、彼は言いました。彼は出世街道をひた走っていたのです。それなのになぜ進路を変え、未知の世界に飛び込むのでしょう？　聖職を生業とする種類の人になるつもりはなかったし、あきらめさえしなければ、ビジネスマンとして神様に用いられることもできたのに。

しかし彼は本心を語り、私たちは二人とも納得しました。それが彼の本当に望んでいたことだったのです。大変なことではありますが、進むべき道は明らかになりました。

イエスは、エリコ城外にいた目の見えない二人に、私と同じ質問をしています。この質問の答えは明らかなように私たちには思えますが、彼らにとって、もしくは群衆にとっては、必ずしも明らかではありませんでした。

考えてみましょう。今日、世界中の多くの町で、道路脇に座って通行人に同じ言葉をかける人々がいます。「どうか老婆にお恵みを！」「お金を少しくださいませんか」「退役軍人に哀れみを！」「旦那さん、小銭を恵んでくれませんか」いつもずっと毎日毎日。

彼らの目を通して世界を見てみましょう。自分を無視する人々や薄ら笑いを浮かべる人々には慣れっこです。立ち止まっておしゃべりをし、決まり悪さと哀れみの入り交じった面持ちでまた歩き始める人にも慣れています。同じような立場の友人、親戚さえも数人ほどいて、一日二日、路上で得たなけなしのものを持って集まることもあるでしょう。たいした暮らしではありませんが、それが慣れ親しんだ暮らしなのです。

この二人の盲人が慣れ親しんでいたのもそういう暮らしです。彼らはお互いに仲間同士で、エリコへと入る旅行者は誰もが何度となく二人を見かけたことがあったに違いありません。おそらく彼らは町に家族がいて、辛うじて生計を立てていたのでしょう。そこが彼らの暮らしていたところでした。

ですから、イエスがエリコにやってくると聞いた時、彼らは聞き耳を立てました。前の箇所で登場したヤコブやヨハネにとって、イエスが王になるということは、イエスの両脇に彼らが座るチャンスの到来を意味しました。エリコ城外にいる二人の物乞いにとって、ダビデの子が町にやってくることは、金を意味しました。王族のいるところに金はつきものです。しばらくの間、暮らすのに十分な金を与えることのできる人が誰かいるとしたら、王様こそその人です。そうすれば毎日物乞いを続ける必要もなくなるでしょう。

そこで彼らは、群衆が彼らを黙らせようとしたにもかかわらず、さらに声を張り上げて叫びます。

「ダビデの子よ、私たちを憐れんでください！」「盲人にお慈悲を！」「ダビデの子よ、情けをかけてください！」イエスを王と呼べば、きっとまんざらでもない気持ちになり、自分の寛大さを人々に示そうとするだろう——金持ちというのは、多くの人々が見ていると、金を恵みたがるものだ。

おそらく彼らが期待したのは、せいぜいイエスが子分の一人を送ってよこし、硬貨を恵んでくれることぐらいでした。まさか彼らはイエスが自分たちを呼ぶとは思ってもいなかったのです。彼らはいつも座っているところから腰を上げ、イエスのところまでやってこなければなりませんでした。二人は騒がしい群衆が突然静まりかえるのが分かりました。彼らはその場に立ったのです。誰もが彼らを見ているに違いありません。すると、彼らを呼んだ声が、イエスとおぼしき声が、これまで何年もの間、誰からも尋ねられたことのない質問を彼らにしたのです。

「私に何をしてほしいのですか」。

さて、皆さんはどう思いますか。物乞いがいつもしてほしいことって何でしょう？　でも、なんでそんなことを尋ねるのでしょうか。イエスはどういうつもりなのでしょう？　言わんとしていることはなんでしょう？　彼らがしてほしいことを言っても、イエスが叶えられなかったり、叶えようとは思わなかったりしたら、彼らは馬鹿を見るだけです。そうなればお金だってもらえないわけですし、多分、無理をしないで、いつもの通り商売をしていたほうがいいのでは。

エリコで灼熱の太陽に照らされながら、私たちは目の見えない物乞いたちを眺めています。数秒が数時間に思えたことでしょう。そしてダムが決壊します。

「先生——私たちの目を開けてください！　それが私たちのしてほしいことです！　目を開けてく

ださい！」

マタイはイエスが深く心動かされたと言っています。イエスは一瞬のうちに彼らに起きた人間ドラマを推察したのです。金の施しを求めるというこれまでの人生の殻を突き破り、その代わりに本当に重要なものを一つ求めるために、どんな犠牲を彼らが払ってきたか、そしてこれからも払うことになるか、イエスはよく分かっていました。イエスは彼らに触れ、彼らは見えるようになったのです。

彼らはイエスに従ったとマタイは言います。そう、彼らはそれを望んだのではないでしょうか。私たちはそれがどういうことを意味するか分かっていますが、彼らはまだそれを知りません。彼らは一つの人生を置き去りにして、新しい人生を始めたのです。誰であれイエスに何かを請えば、心を探るような質問が跳ね返ってきて、それが外側の殻を突き破り、その下にあった本当の願いを湧き立たせることは珍しくありません。

まさにその本当の願いが叶えられた時、そこから生じる結果はただ一つ、それは本当の弟子になるということです。イエスに従うことは多くの犠牲を伴うでしょう。しかし、もしイエスが本当に必要なものをすべてあなたに与えてくれたのだとすれば、弟子になる他に、なすべきことが何かあるでしょうか。

二一章一―一一節　イエスのエルサレム入城

1彼らがエルサレムに近づき、オリーブ山のふもとのベトファゲに着いた時、イエスは二人の
弟子たちを遣わしました。
2イエスは言いました。「向こうの村へ行きなさい。そうすればすぐに、ロバがつながれていて、
そのそばに子ロバがいるのに気づくでしょう。ロバの親子を解いて私のところに連れてきなさい。
3もし誰かがあなたに何か言ったら、『主がロバを必要としておられます。すぐにお戻しになりま
す』と言いなさい」。イエスは弟子たちをすぐに送り出しました。
4このことが起きたのは、預言者を通して語られたことが成就するためでした。

5シオンの娘にこう告げよ
見よ、あなたの王がおいでになる
柔和なお方で、ロバに乗って、
それも、ロバの子である子ロバに乗って。

6そこで弟子たちは行って、イエスが命じた通りにしました。7彼らはロバと子ロバとを引いて
きて、その上に自分たちの上着を掛けると、イエスはその上に乗りました。
8群衆は自分たちの上着を道に敷き、また、他の者たちは木の枝を切って、それを道に撒きま
した。9群衆は、イエスの前を行く人々も、あとに続く人々も、こう言って叫びました。

ダビデの子に、ホサナ！
来られる方に神の祝福あれ――
主の御名によって来られる方に！
ホサナ、いと高き所に！

10彼らがエルサレムに入って行く時、町中が大騒ぎになり、「この人は誰なのか？」と言いました。
11群衆は「この人はガリラヤのナザレから出た預言者イエスだ」と答えました。

ウォルター・ローリー卿は、イギリスのエリザベス一世とジェイムズ一世の治世に活躍した偉大な探検家や旅行家たちの一人ですが、彼にまつわる有名な話が残っています。ある時、エリザベス女王がロンドンの町を歩いて通ろうとした時に、雨水で地面がぬかるんだ場所にさしかかりました。女王に同行していたローリーはさっと自分のマントを脱ぎ、地面の上にマントを敷いて、女王が足を泥で汚すことなく歩けるようにしたと言います。

この話が本当かどうかは分かりませんが――ローリーが数年間エリザベスの寵臣であったことは確かです――この出来事が伝えたいことはよく分かります。マントを脱いだローリーの物語が有名になったのは、まずその行動が日常的に起こる類いのことではないからです。私の経験からしても、そんな出来事が君主や大統領、首相に起きたなどという話は聞いたためしがありません。もしマントが一張羅であれば（ローリーの場合はそんなことはなかったでしょうが）なおさら、それは非常に特別な意思表示ということになります。つまりこの行為が明らかに語っているのは、相手に対する心からの尊敬と最高の評価です。もし必要とあれば、持っている他のものまで相手に差し出すつもりがあることも示唆しています。

イエスの周囲にいた群衆のほとんどは、替えの上着など持ち合わせていなかったでしょうが、自分たちの着ているものを思い思いに道端に広げました。聖書に親しんでいる人々であれば、かつてイスラエルの名高い王の一人が現王に反旗を翻して自分こそ王であると宣言した時、彼の追従者たちが忠誠の証しとして、王の足元に自分たちの外套を敷いた時のことを（王下九・一三）思い出していたのかもしれません。群衆たちは、今何が起きているのかという自分たちの見立てを、はっきりと示そうと決意していたのです。

群衆はまた、木から切り落とした枝を振り、行列をなしてイエスを慶賀しました。この行為もイエスが「王」であることを暗に意味しています。エルサレムやその近郊の村々では、人々の記憶に留められてきた物語群がまだ存在しており、それらのいくつかはこの頃までに文書に書き留められました。その物語とは、当時から遡ること二〇〇年、イスラエルを制圧していた異教徒の軍隊を打ち負かし、エルサレムに入城した名高きユダ・マカバイの話です。彼もまた、ヤシの枝を振る群衆によってエルサレムに迎え入れられました（Ⅱマカ一〇・七）。そして彼が一〇〇年以上も続く王朝の始祖となりました。実際、ヘロデ王家はマカバイ王家と婚姻関係を築いており、祭司長たちもマカバイ王家と同じような地位を主張していたのです。

群衆は「王」を称える歌を詠唱して華を添えました。彼らがイエスを「ダビデの子」として歓迎していることは誰の目にも明らかでした。エルサレムは元来、ダビデ王が一〇〇〇年前に建てあげた首都でしたし、およその半分ほどの年月、ユダヤ人はダビデのような王が到来し、自分たちを圧政から救い出してくれることを願っていました。まさしく今こそその時だと彼らは考えました。行列をなす群衆が全体として語っているのは、前章でヤコブとヨハネ、そして母親が彼らなりに語っていたことと同じでした。イエスは私たちが望んでいるような王になる！　そのことをはっきり示そうじゃないか！

しかし事がそんなに単純ではないことをイエスは知り、マタイもそう語ります。イエスがエルサレムに来たのは、ダビデ、あるいはユダ・マカバイやヘロデのように王座につくためではなく、殺されるためなのだと私たちには分かっています。いわばこの「凱旋入城」にイエスが込められた意味は、人々が期待しているのとはまったく違うものでした。そのことが、おそらく今日この箇所から一番学ぶべきことです。

よく知られたことですが、人は何かどうしても必要がある時には、神に頼ります。まさにそれは、緊急に救急車を呼ぶ必要に迫られ、そこでようやく電話のかけ方を学ぼうとするのに似ています。電話のかけ方はもっと早く、そんな重大事になる前に学んでおいたほうが良かったはずなのですが、ともあれ、人とはそういうものです。教会に人々があふれかえるのは、決まって重大な危機が訪れた時です――例えば戦争や地震など。人々は突如として、大きな難題を解決してもらいたがるのです。この物語に即して言えば、突如として誰もがイエスにエルサレムへと入ってもらい、彼らの望むような王になってほしいと願うのです。今こそ私たちに平和を！　私の借金を早く肩代わりして！　病気の子供の命を救ってください、しかも今すぐ！　明日の今頃までに仕事をください！　そして――おそらく誰もが願う祈りは同じ――助けてください！

イエスはこれらの、そして他のすべての祈りに答えようとします。イエスは私たちの動機が純粋になるまで待つとか、私たちが生活を整えて彼と対面し、いわば差し向かいで取引できるようになるまで待つとか、そんなことはもちろんしません。イエスは失われた者を探し、救うために来ました。医者を必要とする者は健康な者ではなく、病人なのです。

しかし同時にイエスは、そうした祈りに自分のやり方で必ず答えます。人々は預言者を求めましたが、その預言者は、エルサレムに神の裁きが差し迫っている、と語ろうとしました（二四章）。人々はメシアを切望しましたが、そのメシアは忌まわしい十字架という王位につくことになっていました。彼らは悪から救い出されることを求めましたが、イエスは単にローマ帝国の支配や富裕層による搾取という表層的な悪からではなく、すべての悪から根こそぎ彼らを救い出そうとしました。まさにイエスが最も深いレベルで彼らの祈りに答えるがゆえに、イエスは彼らが意識し、訴える願望を退け、あるいは彼らに「待て」と言わねばならないのです。

これが祈りの面白いところです。いったんイエスに助けを祈り求めると、イエスは想像以上に徹頭徹尾、その祈りに答えてくれます。会計士に所得税申告を助けてくれと頼んだら、すべて正確に申告されているかどうか確かめるために、他のすべての経済的な問題も会計士がくまなく調べてくれた――そんな感じのことがあっても驚いてはいけません。

イエスの堂々とした、それでいて驚くべきエルサレム入城の物語は、私たちの期待と神の答えが食い違うことを教えてくれる実例なのです（イエスがペトロの思いとは食い違ったことを言う一六・二三も参照）。悲しいのは、その食い違いが群衆を落胆させることですが、嬉しいのは、その落胆が、つらいことではあっても、表層的なレベルにとどまることです。深いレベルにおいて、イエスのエルサレム到着はまさに、救いが現れ始めた瞬間でした。「神の子にホサナ」という群衆の言葉は、彼らが考えていた理由とは別の意味で、正しかったのです。この教訓を心に留めることによって、私たちは知恵と謙遜に向かう、そして真のキリスト者としての信仰に向かう、大きな一歩を踏み出すことになるのです。

二一章一二―一三節　神殿とイチジクの木

12イエスは神殿に入って、そこで売り買いをしている人々を皆追い出し、両替人の台や鳩売りの腰掛けをひっくり返しました。
13「聖書にはこう書かれています」とイエスは彼らに言いました。

「私の家は祈りの家と呼ばれる――
それなのに、あなたがたはそれを盗賊の巣窟にしています」。

14神殿で目の見えない人たちや足の不自由な人たちがイエスのもとに来たので、イエスは彼ら
を癒しました。15ところが祭司長たちや律法学者たちは、イエスがしていた色々な驚くべきこと
を見、また子供たちが神殿で「ダビデの子にホサナ」と叫んでいるのを見て、腹立たしく思い、
16イエスに尋ねました。「子供たちが何と言っているか聞いていますか？」
イエスは言いました。「ええ、聞いています。あなたは聖書が語っているのを読んだことがな
いのですか。

あなたは幼子たちや乳飲み子たちの口からも
あなたに対する賛美を引き出されました！」

17それからイエスは彼らのもとから去り、都を出てベタニアへと行き、そこで夜を過ごしまし
た。
18翌朝早く、イエスは都へと戻りました。彼は空腹でした。19道端に一本のイチジクの木がある
のを見ましたが、そこに行ってみると、木には葉の他何も見当たりませんでした。そこでイエス
が木に向かって「もう二度と誰もお前の実を食べることがないように」と言うと、たちまちイチ
ジクの木は枯れました。
20弟子たちはこれを見て、驚いて言いました。

「ほら、みるみるうちにイチジクの木が枯れてしまった！」
[21]「よく聞いておきなさい」とイエスは言いました。「もしあなたがたが信じて疑うことがない
なら、同じことをイチジクの木にすることができるだけでなく、この山に向かって『持ち上げら
れて海の中に放り込まれよ』と言えば、そのようになるでしょう。[22]あなたがたが祈りによって
求めるものは何でも、もし信じるなら、与えられるでしょう」。

昔々、あるところに、自分の国の再興を願う王がいました。王は自分の民の誰もかつて住んだことのない町を占領し、そこを国の中心地にしようと決めました。そうすれば、自分たちの町が選ばれたことを誇る人もいなければ、他の人々が住む町だからと締め出された気持ちになる人もいないだろう、と考えたのです。

問題は、この町が岩だらけの険しい山の上にそびえ立っており、攻撃を退けるに十分な防衛力を持っていたということです（もちろんそれがこの町を占領したいもう一つの理由だったわけですが）。町の住民たちは、成り上がりの王が軍を率いてやってくるのに気づきましたが、軍を追い払うのにさほど苦労はしないだろうと思いました。とても自信があったので、町の住民たちは王に次のような伝言を送りました。「正規の防衛隊員は皆非番のため、私たちは目の見えない者たちを衛兵として配置し、足の悪い者たちに伝令を務めるよう命じました――彼らはしっかりと仕事をしてくれることでしょう」。

しかし王のほうが戦略的に一枚上手でした。丘の上に建てられたどんなに堅牢な町でも、絶対に必要なものがあることを王は知っていたのです。それは水でした。そこで王はどこに泉の水が湧いてい

郵便はがき

料金受取人払郵便

銀座局
承認

4307

差出有効期間
2024年2月
29日まで

104-8790

628

東京都中央区銀座4－5－1

教文館出版部 行

◉裏面にご住所・ご氏名等ご記入の上ご投函いただければ、キリスト教書関連書籍等のご案内をさしあげます。なお、お預かりした個人情報は共同事業者である「(財)キリスト教文書センター」と共同で管理いたします。

●今回お買い上げいただいた本の書名をご記入下さい。

書名

●この本を何でお知りになりましたか

1．新聞広告（　　）　2．雑誌広告（　　）　3．書　評（　　）
4．書店で見て　5．友人にすすめられて　6．その他

●ご購読ありがとうございます。
本書についてのご意見、ご感想、その他をお聞かせ下さい。
図書目録ご入用の場合はご請求下さい（要　不要）

教文館発行図書 購読申込書

下記の図書の購入を申し込みます

書　名	定価(税込)	申込部数
		部
		部
		部
		部
		部

●ご注文はなるべく書店をご指定下さい。必要事項をご記入のうえ、ご投函下さい。
●お近くに書店のない場合は小社指定の書店へお客様を紹介するか、小社から直送いたします。
●ハガキのこの面はそのまま取次・書店様への注文書として使用させていただきます。
●DM、Eメール等でのご案内を望まれない方は、右の四角にチェックを入れて下さい。□

ご氏名　　　　　　歳　ご職業

(〒　　　　　)
ご住所

電話
●書店よりの連絡のため忘れず記載して下さい。

メールアドレス
(新刊のご案内をさしあげます)

書店様へお願い　上記のお客様のご注文によるものです。
着荷次第お客様宛にご連絡下さいますようお願いします。

ご指定書店名	取次・番線
住　所	

(ここは小社で記入します)

るかを突き止めました。それこそが侵入口でした。次に王は部下に命令を与えたのです。水を汲むための地下道を上って行き、そこから攻め込め、最初に攻め上った者を新しい将軍にする、と。そこで彼らは、命じられた通りに攻め上り、町を占領しました。実際、その町は王国の中心地となったのです。

ところが王は、かつての町の人々が自分を見くびっていたこと、そして目の見えない人や足の不自由な人ですら王を打ち負かせられると豪語したことを忘れませんでした。そこで規則を作ったのです。すなわち、目の見えない人と足の不自由な人の立ち入りはご遠慮ください。敵の蔑みを思い出させる人々の立ち入りはできません、と。

言うまでもなく、この王こそダビデ王であり、町はエルサレムです。目の見えない人と足の不自由な人の立ち入りを制限した建物とは、もちろん神殿のことです。この物語はサムエル記下五章六節—一〇節と歴代誌上一一章四—六節で読むことができます。さてそれから一〇〇〇年後、王であるイエスがエルサレム、それから神殿へとやってきます。その様子をここでマタイは語るわけですが、ようやく私たちも、マタイの言わんとすることを理解する準備が整いました。

イエスは両替人の台に対してしたと同じことを、神殿に関する言い伝えに対してもしました。つまりそれをひっくり返したのです。この記事に言及しているのはマタイの福音書だけですが、前述のダビデの話を念頭に置いて一四節を読んでみると、大事な点に目が留まります。すなわち神殿で目の見えない人と足の不自由な人がイエスのところにやってきて、イエスが彼らを癒したという箇所です。締め出されていた人々が今や歓迎されるようになり、軽蔑されていた人々が今や癒されるようになりました。これはとても重要な意味を持つ行為でした。ここにこそ、イエスが自分の宣教を通して行ったことのすべてが要約されているのです。

もちろんこの箇所は、他の二つの出来事と並置されており、どちらも同じくらい説得力のあるものでした。ではそれらの出来事は何を意味していたのでしょうか。

イエスは、何人かの人々が考えているように、力ずくで神殿を取り返そうとしていたわけではありません。両替人や鳩売りによる搾取に抗議していたわけでもありません。彼らがその生業で収益を得ていたのはもっともなことでした。結局彼らも他の人々と同じように生計を立てなければならなかったからです。神殿に来る人々にしても、犠牲のために汚れのない動物をそこで購入できる必要がありました。もし鳩や羊をガリラヤからはるばるエルサレムまで持ってこなければならないとしたら、旅の途中でそれは殺されるか使い物にならなくなったでしょう。生贄の動物を買うにはしかるべき金額を払う必要があり、神殿は特別な硬貨での支払いを求めていました。犠牲の手順は神によって定められたものでした。神殿がそこにあった理由とは、日々どんな時でも絶え間なく礼拝を続けることで、イスラエルと神とを結びつけるためでした。しかしイエスは神殿について何かひどい間違いがあると言いたいようです。

イエスが異議を申し立てているのは、売り買いや両替そのものではありません。「そこを盗賊の巣窟にしている」とイエスが言う時、盗賊という言葉は泥棒の意味ではありません。「盗賊」とは「革命家たち」の意味です。つまり、神の正義の王国が到来し、自分たちの準備してきた勝利がイスラエルにもたらされ、国の法律を自分たちの手に取り戻すことができると強く信じている人々のことです。彼らについてイエスは福音書の前のほうで力任せの人々と評しています(一一・一二)。神殿自体が、祈りにおいてイスラエルの神に近づくことができる場所としてみなされるのではなく、神の王国を力ずくで実現しようとする「盗賊たち」の大革命への熱望を象徴する場所になってしまった、まさにそれこそ、全生涯を通じて、とりわけ山上の説教において、イエスが異議を唱えていたことでした。「私の家」に対してイエスが警告したことは、今や現実になりつつありました。

それに対する強い抗議をイエスが象徴的に表すとすれば、どうするのが一番効果的でしょうか。それは神殿での犠牲制度を中止させることです。たとえ一時的だとしても、両替や鳩の購入ができなければ、生贄を献げることはできません。神殿の存在する理由に疑問が投げかけられたのです。目の見えない人や足の不自由な人の癒しも、方法としてはずっと穏便ですが、意味していることは同じです。エルサレムを支えてきた政治理念は軍事力と圧政でしたが、もはやそれは十分ではないのです。

イエスがイチジクの木に対して、どう見ても怒りっぽい態度を取る理由もそのためです。イエスは果実を求めてやってきますが、果実がないと分かると、そのイチジクの木にはいつまでも実はならないであろうと厳かに宣告します。これはイエスが神殿に対して宣言したこととまったく同じです。ですから、それに続く弟子たちへの約束は、驚くべきことを成し遂げる祈りの力について一般的な所見を述べたものではありません(もちろん確かにすべてのことは祈りによって成し遂げられるのですが)。この約束の場合、言いたいことの狙いはピンポイントに絞られています。つまり、神殿の山のすぐそばで、「この山」に向かって「持ち上げられて海の中に放り込まれよ」と言うなら、それは、不従順な民に神の裁きが下る時、神殿に何が起こるかということを別の形で暗示的に警告したのだと当然解釈されたはずです。

その結果、突如として、ガリラヤにおける初期の働きを通してイエスが描いてきたいくつかの軌跡が一つとなり、新しい力を帯びます。これまでずっとイエスは、通常、神殿に行くことでしか得られない祝福を、イエスのもとに来れば得られるかのような言動をしてきました。そして今、イエスは、神殿それ自体が神の裁きの対象になることを、力強い行動で明示しようとしているのです。私たちはこのあとのいくつかの章で、それが具体的にどういうことなのか見ていきますが、その警告はさらに明確になります。そしてイエスと神殿との正面衝突は、ガリラヤ出身の預言者と神殿の統治者である**大祭司**との対立という形でクライマックスに達するのです。

ただ、今のところは、イエスの独特で驚くべき行動と共に、同じくらい独特で驚くべき大改革が、今日の世界でも時には必要だと考えるにとどめましょう。皆さんの国ではどんな機関が腐敗して、本来それが作られた目的とは正反対の目的を果たすようになっていますか。本当は人々に礼拝や祈りの場を提供できるはずの組織が、今やイエスの教えとは正反対の方向を向いていることはないでしょうか。私たちにできることはなんでしょうか。

二一章二三—三二節　ヨハネに関する問い

23 イエスが神殿に入り教えていると、祭司長たちや民の長老たちが彼のところにやってきて尋ねました。
「どんな権利があって、これらのことをしているのですか。誰があなたにこの権利を与えまし
たか」。
24そこでイエスは彼らに言いました、「私もあなたがたに一つ質問をしましょう。それに答え
るなら、私も、どんな権利があってこれらのことをしているのか、あなたがたに答えましょう。
25ヨハネの洗礼はどこから来たものですか、天からですか、それともこの世からですか」。すると
彼らは互いに論じ合って言いました。「もし天からと言えば、それならなぜあなたがたは彼を信
じなかったのですかと言うだろう。26しかし、もしこの世から来たと言えば、私たちは群衆を警
戒しなければならなくなる。なぜなら人々は皆ヨハネを預言者だと思っているのだから」。
27そこで彼らはイエスに「私たちには分かりません」と答えました。
イエスは言いました。「それならば、私もどんな権利があってこれらのことをしているのか、
あなたがたには言いません」。
28そしてイエスは続けて言いました。「あなたがたはどう思いますか。昔、ある人に二人の息子
がいました。その人は最初の息子のところに行って、『さあ息子よ、ぶどう園に行って一日仕事
をしてくれ』と言いました。
29するとその息子は『行きたくありません』と答えましたが、あとになって思い直し、出かけ
ていきました。
30彼はもう一人の息子のところに来て同じように言いました。

その息子は『行きます、お父さん』と答えましたが、行きませんでした。
31 さて、二人のうちのどちらが父親の望んだ通りにしましたか」。
彼らは「最初の息子です」と言いました。
イエスは彼らに言いました。「あなたがたによく言っておきますが、徴税人たちや娼婦たちは、あなたがたより先に神の王国に入るでしょう！ 32 そうです。ヨハネは、神が約束された公正なご計画に従って、あなたがたのところに来ましたが、あなたがたはヨハネを信じませんでした――一方、徴税人たちや娼婦たちは彼を信じたのです。あなたがたはそれを見たのに、あとになって思い直して心を入れ替えることもせず、ヨハネを信じることもしませんでした」。

警察がようやくその男に追いつくと、捕まえて警察署に連行し、座らせました。その男の呼吸を楽にしてやってから、警察は尋問を始めました。「こんな夜中に、あの通りで何をやっていた？ どんな権利があってその家に入った？ 出身はどこだ？ 誰に会った？ 我々がやってきてお前を見つけた時に、なぜあんなに迷惑そうな顔をしていた？」

しかしながら、警察が本当に聞きたかったのはもちろん、「お前は人を殺したのか」という質問でした。

でも警察はそういう質問はできませんでした。というのは、その質問を早急に尋ねたくはなかったからです。もし容疑者が殺人者ではなく、殺害について何かを知っているのであれば、こういう質問をしてしまうと逆効果です。かりにこの男が殺人者だとしても、直裁に尋ねれば「違う」という返答をさせるだけですし、そうなれば他に何をやっても無駄ということになりかねません。ですから警察はそれ以外の質問で男に集中砲火を浴びせて話をさせ、真実を吐かせるか、男がたくさん嘘をついて自縄自縛に陥り、遅かれ早かれボロを出すよう仕向けるかする必要がありました。そうやって真実が見えてきます。

祭司長たちと民の長老たちがイエスに尋ねたかった本当の質問は「あなたは自分をメシアだと思っているのか」でした。この章と次の章で彼らがイエスに尋ねる他の質問はすべて、そしてそれに対するイエスの答えもすべて、この中心的な論点をめぐる周縁的な質問なのです。なぜでしょうか。

それは、メシアにこそ神殿を支配する権威が与えられていたからです。実際どうでしょう、イエスはそこに入ってきて、あたかも自分が神殿を所有しているかのように振る舞っています。以前、ガリラヤの田舎の少年だったイエスは、洗練されたこの大都市にやってきた時、神殿にいました。何世紀も大祭司によって支配されてきた最も聖なる神殿に入り、しばらくの間、その場所を占拠しました。イエスは自分を誰だと思っていたでしょうか。

神殿において大祭司よりも大きな権力を持っている人物がいるとすれば、それは唯一、神が油注がれた王メシアです——もちろんメシアが出現したらの話ですが。いつメシアが来るかは誰も知りませんでした。自称メシアたちが出現しては消えていきました。この箇所で今イエスは、メシアにしかできないことをする権利が自分にあるかのように振る舞っています。ですから、当然のことですが、祭司長と長老たちはイエスに尋ねるのです。どういう権利があって、あなたはこれらすべてのことをしているのですか、誰があなたにその権利を授けたのですか、と。

イエスの答えは見事です。その答えは単刀直入であると同時に、単刀直入ではありません。それは単に彼らを混乱させ、困惑させるよう仕組まれた狡猾な答えではまったくありませんでしたが、はからずも彼らを混乱させ、困惑させることになりました。想像してみてください。群衆が周りを取り囲んで眺めているのは、警察の取り調べや逮捕劇になりそうな事態が、一転して、緊張感みなぎる秀逸な公開討論会に様変わりする様子です。田舎から上京してきた成り上がり者の質問に、洗練された都会人はどう返答してよいやら、口をもぐもぐさせているのです。

洗礼者ヨハネに関するイエスの問いは、祭司長と長老たちを窮地に追い込みます。それにどう答えようと彼らには厄介なことになるからです。しかしそれだけではありません。洗礼者ヨハネに関するイエスの問いは、祭司長と長老たちの質問に対してイエスが答えるはずだった、でもまだ答えてはいない内容が、どのようなものだったかを知る糸口になります。マタイの読者はすでに、ヨハネによる**洗礼**でイエスに**聖霊**がくだり、神によって油注がれた（ヘブライ語では「メシアとなった」）ことを知っています（三・一六―一七）。イエスが神の愛する**子**、換言すればメシアであると、最初に宣言されたのはまさにその時点でした。もしユダヤ人の指導者たちがヨハネのしていたことを本当の意味で理解していたら、神殿の中でメシアとして振る舞う権利をイエスがどこで得たのかを知っていたことでしょう。

しかしイエスはこれでは終わりません。この好機を徹底的に利用します。彼らはヨハネが預言者だったと信じてはいません。しかしもし預言者だったら、どういうことになるでしょうか。ある人々は、たとえ自分たちの行動が神への反逆であるかのように思われても、ヨハネの言うことを実行しました。

一方、他の人々は、神によって選ばれた者であるかのように思われても、ヨハネの言うことを実行しようとはしませんでした。そうです、あの二人の息子のように。一方は父親に「いやです」と答えましたが、思い直して頼まれたことを実行しました。もう一方は「分かりました」と答えましたが、そのあと、頼まれたことをやろうとはしませんでした。

意味がしっかり伝わるように、イエスは念押しをします。今日は働く気分ではないと父親にぞんざいに答えたものの、結局思い直して働いた最初の息子、それが象徴しているのは徴税人や遊女たちです。彼らの日常生活は神に対して「いやです」と言っているように思われるのですが、洗礼者ヨハネの言うことを聞くと、彼らは心と生活習慣を入れ替え（別の言葉を使えば「悔い改め」）ました。二番目の息子は父親に、働きに出かけますと恭しく言いますが、実際はそうしません。この息子が表しているのは神殿の高位聖職者たちとその他の指導者たちです。彼らは神の御心を行っているかのように見え、神殿で礼拝を献げ、体面を繕っていますが、彼らはヨハネの語った言葉を信じようとはしませんでした。ヨハネが**悔い改め**についてだけでなく、メシアと認識されずに彼らのただ中にいるメシアについて語っていたにもかかわらず、です。そこでメシア自身がやってきて彼らを呼び、彼らの弁明を聞こうというのです。もちろん、それが彼らの気を損ねたことは驚くにあたりません。

この箇所が今日の私たちに訴えかけるのはまず次のことです。すなわち、私たちは二番目の息子のように振る舞い、神に「分かりました」と言いつつ、実際は正反対の方向に進んでしまう時があります。その時はいつでも、イエスに私たちの前に立ちはだかってもらい、イエスに応答することが大切だということです。でも重要なのはそれだけではありません。私たちはまた次のように問うべきです。

イエスに従う者たちが今日、イエスこそまさに正義の主ですという福音によってこの世の権力に立ち向かう時、何をなすべきだろうか、と。そしてどうすれば、人々は「どんな権利があってあなたがたはそんなことをしているのか」と私たちに尋ねるようになり、どうすればその彼らに対して、洗礼者ヨハネに関する難問ではなく、イエス自身のことを語るという適切な応答ができるようになるだろうか、と。

二一章三三―四六節　借地人の譬え話

33「もう一つの譬え話を聞きなさい」とイエスは続けました。「昔、ある家の主人がいました。彼はぶどう園を造り、垣を巡らし、その中に酒ぶねの穴を掘り、見張りやぐらを立てました。そこで彼はそれを農夫たちに貸して、旅に出かけました。

34収穫の季節が来たので、主人は自分の収穫を受け取ろうとして、奴隷たちを農夫たちのところへ遣わしました。35ところが、農夫たちは、その奴隷たちを捕まえて、一人を袋だたきにし、一人を殺し、もう一人を石で打ち殺しました。36再び主人は、他の奴隷たちを前よりも多く遣わしましたが、農夫たちは彼らも同じようにしました。37とうとう主人は自分の息子を農夫たちのもとに遣わして、

『私の息子なら彼らは敬ってくれるだろう』と言いました。

38しかし農夫たちは、息子を見て、互いに言いました。
『あいつは跡取り息子だ！　さあ、あいつを殺そう、そうすればその財産を受け継ぐことがで
きるから』。
39そして彼を捕まえて、ぶどう園の外に放り出し、殺してしまいました。
40さて、ぶどう園の主人が帰ってきたら、その農夫たちに対して何をするでしょうか」。
41彼らはイエスに言いました。「そいつら悪人どもを惨殺するでしょう！　そして収穫の時にち
ゃんとその収穫を納めてくれる他の農夫たちに、ぶどう園を貸し与えるでしょう」。
42イエスは彼らに言いました。「あなたがたは、聖書が次のように言っているのを読んだことが
ないのですか。

家を建てる人たちが捨てた石
それが今や要の石となった。
これはすべて主から来たことと彼らは言い、
私たちはあっけに取られて目を見張った。

43ですから、私はあなたがたにこう言っておきます。神の王国はあなたがたから取り去られ、
収穫を生み出す民に与えられるでしょう。44この石の上に落ちる人は粉々に砕かれ、この石が誰
かの上に落ちるなら、その人を押しつぶすでしょう」。

45 祭司長たちやファリサイ派の人たちは、イエスの譬え話を聞いた時、自分たちについて話しているのだと気がつきました。46 そこで彼らはイエスを捕らえようとしましたが、群衆を恐れました。なぜなら群衆がイエスを預言者とみなしていたからです。

昨晩夢を見たのですが、いらだたしいことに、それが何の夢だったか思い出せないのです。分かっているのは、起きた時にその夢がとても重要だと思えたことです。実際、とても重要だったので、どこかにメモしたかったのですが、時間がありませんでした。完全に目が覚めた頃には夢は消えてなくなっていたので、それを思い出すことができずにいます。ただ、四六時中、それが大切な夢だったとは分かっていて、それが何か少しでも思い出せたら、きっとその夢は自分自身や世の中について、知っておくべき何かを教えてくれるかもしれません。

昔々、同じような問題を顧問官たちに投げかけた王がいました。自分の夢の意味を知りたかったのですが、それがどういう夢だったか彼らに教えようとはしませんでした。顧問官たちは、現代心理学の訓練を受けていなかったので、強く反発しました。これまでそんなことを尋ねた人は誰もおりません、と彼らは言いました。そんな要求に誰が応えられたでしょうか。もし王様が私たちに見た夢を教えてくださるなら、もちろんその意味を解説して差し上げましょう。しかし王はそれを断りました――その夢を思い出せなかったためか、もしくは顧問官を試すつもりだったのか、定かではありません。これでは何も為す術がないように思えました。が、ちょうどその時、一人の賢者が、友人たちに祈ってもらって、特別な知識を授けられました。

王の夢とは以下のようなものです（これはダニエル書二章で語られる話で、この素晴らしい預言書に収められた劇的な物語群の一つです）。彼は巨大な彫像を見ました。頭部は金で作られ、胸部と両腕は銀、胴と大腿部は青銅、すねは鉄、そして足は鉄と粘土の混合で作られていました。すると石が転がってきて、彫像の鉄と粘土でできた足にぶつかり、足を打ち壊すと、彫像全体が崩れ落ちて、粉々に砕け散りました。しかし石自体は大きな山となり、全地を満たしました。

夢について、そして夢の解釈に関する古代の考え方について、少しでも知っていれば――しかも夢を見たのは王なのですから――それは解釈できないほど難しい夢ではないでしょう。そしてまた、ダニエルが王の夢に関して行った解釈は、その当時だけでなく、イエスの時代を経たその後まで、ユダヤ人の記憶にずっと残りました。王が見た夢はまさに、この世の国々と神の王国に関するものだったからです。

この世の国々は金、銀、青銅、そして鉄という具合に連綿と続いていました（夢を見ていた王は、都合の良い話ですが、黄金時代を治めています）。それぞれの国は、それ以前の国よりも、段々と栄光が陰っていきます。当時の人々は一般的に、世の中が良くなるよりはむしろ悪くなると信じていたのです。最後には、鉄と粘土を混ぜたような脆い国がやってきて、そこでこれまでとはまったく違う事態が起こります。ある「石」が――理由は以下で説明しますが、ここではかぎ括弧で表記しておきます――足を打ち壊します。つまり、それが最後の国を破壊するのです。この世の巨大な国々から成り、今にも倒れそうな組織全体は、衝撃一つで崩壊します。そしてその「石」自体が大きくなって山、すなわち新しい統治方法で世界全体を治める新しい国、となるのです。

イエスの時代のユダヤ人は、その夢がどういう意味か理解するのに、まったく苦労しなかったはずです。バビロンとペルシアから始まるこの世の国々は、やがてローマ帝国の時代になるまで続きました。そして今や、疑いなく、その「石」が現れる時となったのです。ユダヤ人たちは、その「石」こそメシアであり、そのメシアがこの世の国々を崩壊させて神の王国を建て上げ、新しいことを始めるのだと考えました。

この夢の話は、悪い農夫たちがぶどう園所有者の息子を殺す譬え話と、どのようにつながるのでしょうか。つながっているのは、イエスが自身の譬え話の意味を説明する際、詩編一一八編とダニエル書二章の二箇所から聖書を引用するという点です。家を建てる人たちの捨てた石が、家の礎石となります。建物の中にその石が嵌まるところはどこにもなかったのですが、やがて最高の栄誉ある場所へと置かれることになります。さらに、その石はぶつかるものすべてを粉々にしてしまいます。イエスこそ、その「石」であり、神によって油注がれたメシアです。彼がやってきたのは神の王国を生み出すためであり、神の王国によって、この世の国々は震え、ぐらつき、崩壊することになるのです。

ではなぜイエスは自分の譬え話を「石」で説明するのでしょうか。それは「石」と「息子」が同じだからです。ぶどう園所有者がやってきて農夫たちを滅ぼし、農園を他の誰かに貸し与えた時、農夫たちによって拒絶された「息子」は汚名をすすがれることになります。その「石」があるべき場所で土台の礎となった時、家を建てる人たちによって捨てられた「石」は汚名をすすがれるのです。しかも、英語だと「息子」(son)は、TとEの二文字を足せば「石」(sTonE)となるのと同様に、ヘブライ語でも、たまたま、「息子」(ben)を表す単語に一文字を足せば「石」(eben)となるのです。

すなわち、この譬え話全体を通してイエスは、そこでその時、何が起きているかを説明しているのです。この譬え話は、イエスが自分のかかわっている重要な出来事そのものをどのように解釈しているか――つまり彼は遣わされた先の人々からは拒絶されるが、汚名がすすがれるよう神によってあらかじめ定められているという解釈――を示しています。ぶどう園の所有者はもちろん神であり、ぶどう園はイスラエル、農夫たちはイスラエルの官吏たち、そして奴隷たちというのは、先人の預言者たちと最後の預言者、洗礼者ヨハネです。「息子」はイエス自身をおいて他にはいないでしょう。

この話は非常に含蓄があり、悲しみと力に満ちています。この話が語っているのは、所有者の息子であるイエスが今、エルサレムにやってきて借地人の農夫たちに対峙し、悔い改めを求める神の要求を突きつけ、イスラエルをようやく本来のあり方、すなわち世界を照らす神の光とする様子です。そしてこの話は、そのイスラエルが、公式に彼らを代表する者たちを通して、その要求を拒絶し、やがて息子を殺す様子を語るのです。

ではなぜ「石」なのでしょう。おそらくそれは、鉄と粘土の混じり合ってできた最後の王国が、ローマ帝国のことではないからです。イエスの見方からすると、その王国は、ヘロデ王と祭司たちの不安定な同盟関係を表しているのでしょう。彼らのそういうぐらついた統治こそ、やがて「石」が頭上に落ちてきた時、粉々に砕けてしまう王国のことなのです。しかしその石は、建物の礎石になる前に、まず拒絶されねばなりません。そして今、その時はもうそこまで来ているのです。

二二章一—一四節　婚礼の宴の譬え話

[1]イエスは再び、譬え話で彼らに語りました。
[2]「天の王国は、自分の息子のために、結婚披露宴を催した王に似ています。[3]王は奴隷たちを
遣わして、招待した客を呼びにやりましたが、その人たちは来ようとはしませんでした。
[4]そこで再び、次のような指示を与えて、他の奴隷たちを遣わしました。『招待した客にこう言
いなさい。さあ、食事の準備が整いました。雄牛や肥えた子牛を屠り、すべての用意ができまし
た。婚礼においでください』。
[5]しかし、彼らは気にもかけず、ある者は自分の畑に、ある者は商売をしに行ってしまい、[6]ま
た他の人々は、この奴隷たちを捕まえて侮辱し、殺してしまいました。[7]（王はそれに腹を立てて
兵隊たちを送り、その人殺しどもを滅ぼし、町を焼き払いました。）[8]それから王は奴隷たちに言いま
した。『婚礼の用意はできているが、招待した者たちはふさわしくなかった。[9]だから、町の大通
りに出て行き、出会った人を皆披露宴に招きなさい』。[10]奴隷たちは通りに出て行って、良い人で
も悪い人でも出会った人を皆かき集めました。それで婚礼は客でいっぱいになりました。
[11]しかし王がやってきて招待客たちを見ていると、礼服を着ていない一人の人がいました。
[12]王は彼に言いました。『友よ、どうしてあなたは礼服を着ないで、ここに入ってきたのです

か』。すると彼は黙っていました。13そこで王は、召使いたちに言いました。『この人の手足をし
ばって、人々が泣いて歯軋りする外の暗闇へと放り出せ』。
14このように、招かれる人は多いが、選ばれる人は少ないのです」。

先日の夜、友人が私に「最近の政治家は困る。いつも自分に投票してくれれば状況はよくなるとしか言わないからね」と語りました。「もし政治家が我々に真実を語ってさえくれれば――つまり世の中は危険な場所で、人を食いものにしようとする悪い連中がたくさんいるから、我々の進むべき道の舵取りに最善を尽くします、と言えば――政治家を信じるかもしれないのにね」。

「そうそう」と別の友人が口を挟んで言いました。「同じようなことは教会にも言えるよね。我々は躍起になって、神は皆さんを愛してくださっています、すべて大丈夫です、神は善人も悪人も迎え入れてくださいます――と語るけど、普通のキリスト者たちが生きていかなきゃならないのは、人々が嘘をついたり、騙したり、欲しいものはむしり取ったりするような現実の世界だ。どうもズレがあるんだな」。

この**譬え話**を読んでいるうちに、私は友人たちとの会話を思い返していました。この譬え話は、私たちが聞きたい話を聞かせてくれないために、しばしば私たちを困惑させます。私たちが聞きたいのは、誰でも宴会に迎え入れてくださる神についてのいい話です。誰でも受け入れてくれること、（流行の言葉を使えば）「包容力」があること、を私たちは好ましく思いますし、その一方で、悪者に下る裁きや神に求められる聖潔の高い基準について、あるいは追い出された人の涙や歯軋りについて、私

たちは知りたいと思いません。神はすべての人の目から涙を拭い去ってくださると聖書にも書いてあるではありませんか。

ええ、もちろん書いてあります。ただ、そのことを理解するためには、正しい文脈（イザ二五・八を引用している黙二一・四）で考えてみなくてはなりません。神は、悪夢を見た子供をなだめ、落ち着かせてから寝かしつける親とは違います。そのようには行動なさいません。神は私たちに赤ん坊のままでいるだけではなく、成長することを望んでおられますし、私たちが大人になるということの中には、行動には結果が伴い、道徳的選択が重要だと学ぶことや、人間の現実の生活とは、チェスの対戦とは違い、ひどい手を打っても一日の終わりに駒を全部箱の中にしまえば、翌日は心機一転して再び始められるようなものではないと学ぶことも含まれています。神の寛大さに関する壮大で奥深い教えは、私たちが何をしようと、全部何とかしてもらえるから大丈夫だと教えているわけではありません。

でもそれは私たちが学びたくない教訓です。この譬え話がしばしば毛嫌いされるのは、それが学びたくないことを教えているからです。もちろん、イエスがこの譬え話を語った時には、イエスなりのねらいや目的がありました（括弧の中に入れられた七節の部分は、おそらく後にマタイ自身によってつけ加えられた可能性がありますから、読者はきっとイエスが言っていたことと紀元七〇年に起きた恐ろしい出来事とを重ねたかもしれません。これについては二四章で詳しく見ていきましょう）。この譬え話は二一章で登場した悪い借地人の農夫たちに関する衝撃的な話のすぐあとに語られ、同じことを念押ししています。ぶどう園の所有者に関する話が何に言及しているのか、誰もが分かっていたことでしょう。同様に、イエスの時代の人々であれば誰でも、自分の息子のために結婚披露宴を催す王の話のツボも心得ていたことでしょう（イエスはこの種の話を時々語っていたのかもしれません。これとはまったく違う形の話がルカ一四・一五―二四にもあります）。この譬え話は、神の王国の到来、とりわけメシアの出現に関する話なのです。

イエスが生きていた時代のユダヤ人指導者たち、そして彼らに従う多くの人々が、婚礼に招待された客に――しかも神が息子のために催した結婚披露宴の客に――譬えられています。しかし彼らは招待を断ります。ガリラヤの大部分の人々も同じでした。一一章二〇―二四節の悲しみに満ちたイエスの警告を思い出してください。今やエルサレムの人々も同様に招待を断りました。神は彼らが長い間待ち続けてきた大宴会を計画していました。メシアはすでに来ていましたが、彼らは知りたいとは思わず、そのことを彼らに知らせようとした預言者たちも侮辱し、殺しました。その行動が招いた結果こそ、彼らの町の破滅だったのです。

しかし今、良き知らせが届きました――もともと招待されていた人々には良き知らせではありませんでしたが。神は別の使者を町の好ましくない場所に送り、誰でもどんな人でも宴会に来るよう触れ回らせました。すると彼らは群れをなしてやってきました。それがどんな人々だったかを理解するのに、マタイの福音書をさらに読み込む必要はありません。それは徴税人たちや売春婦たち、卑賤で取るに足らない人々、目や足の不自由な人々、自分は見捨てられたと思っている人々でした。彼らは神からの使信が、他ならぬ自分たちに向けられたものだと知って、感激したのです。

しかしながら、すべての人に対して開かれた招待の知らせと、今日多くの人々が聞きたいと思っている知らせには、食い違いがあります。私たちが聞きたいのは、誰もがありのままでいいという知らせです。つまり神はありのままの私たちを愛しているので、私たちが変わる必要はないと思っておられる、そんな知らせです。ある種の行動を正当化しようとする時に、そういうことを言う人がよくいます。でもその論法では筋が通りません。目や足の不自由な人々がイエスのもとに来た時、イエスは「ありのままでいい」とは言いませんでした。イエスは彼らを癒しました。癒しこそ彼らの望みだったはずです。売春婦や徴税人がイエスのもとにやってきた時も（ついでに言うと、洗礼者ヨハネのもとにやってきた時も）「ありのままでいい」とは言いませんでした。イエスの愛は、どこにいようとも彼らに届きましたが、彼らがありのままでいようとすることを許しませんでした。愛は愛する者のために最善を求めます。だから彼らの人生は転換され、癒され、変えられたのです。

実のところ、神はすべての人がありのままでいてほしいのだと、本気で信じている人はいません。神は連続殺人犯や児童性虐待者をも愛し、無慈悲で傲慢なビジネスマンをも愛し、子供を思い通りに操って幼い心に一生の傷を与える母親をも愛してはいます。しかし神の愛の重要な点は、彼らが変わることを神は望んでおられるということです。彼らの行いや、それが他の人々すべてに——そして彼ら自身にも——及ぼす悪影響を神は憎んでおられます。結局のところ、神は善なる方ですから、こうした類いの行動や、こうした類いの人々が何も変わらないとすれば、自分の息子のために催した祝宴にずっと彼らが居座ることをお許しにはなりません。

それがこの話の最後のポイントなのです。そうでなければこの話は訳が分かりません。もちろん物語全体として、かなり無茶な話だという印象は拭えません。そこにいた他の客たちは、皆どこで晴れ着を手に入れたのでしょう。召使いたちが客を集めたとして、どうやって彼らを礼服に着替えさせる時間があったのでしょう。なぜこの男一人が、礼服を着ていないからといって、放り出されなければならなかったのでしょう。これはまさに聖書が拒絶している社会的排除に類する行為ではないですか。

ええ、そのように考えれば、確かにそうです。しかし譬え話は、そのような読み方をしません。この話でまず肝心なのは、イエスが真実を、政治的・宗教的指導者たちがしばしば触れたくない真実を、語ろうとしているという点です。すなわち神の王国とは、愛と正義、真実、慈悲、そして清さが、何の制約も受けることなく、満ちあふれている国だという真実を、イエスは語るのです。これらの徳性を礼服として身につけていなければ、婚礼に行くことはできません。したがって、礼服の着用を拒否するのであれば、それは宴会に出席したくないという意思表示になります。それがこの譬え話の示す現実なのです。そのことを語る勇気が私たちにないなら、私たちは自分自身と私たちに耳を傾けるすべての人を欺くことになるでしょう。

二二章一五―二二節　カエサルに税金を支払うこと

15その時ファリサイ派の人たちが集まり、どのようにしてイエスに言葉の罠を仕掛けようかとたくらみました。16彼らは自分の弟子たちをヘロデ派の人たちと一緒にイエスのもとに遣わして、こう言わせました。

「先生、私たちはあなたが真実な方で、正確に神の道を教えておられると存じております。あ

なたは他人の顔色をうかがうこともなさいません、なぜなら他人に媚びたり贔屓したりすること
がないからです。[17]そこであなたのお考えをお聞かせ願いたいのですが、カエサルに税金を納め
ることは律法にかなっているでしょうか、いないでしょうか」。
[18]イエスは彼らの悪意を知っていました。
「偽善者たち、なぜ私を罠に嵌めようとするのですか」とイエスは言いました。[19]「税として納
めるお金を私に見せなさい」。彼らはデナリオン銀貨を持ってきました。
[20]「この肖像、そしてこの銘、これらは誰のものですか？」とイエスは尋ねました。
[21]「カエサルのです」と彼らは言いました。
イエスは答えて、「であれば、カエサルのものはカエサルに、そして神のものは神に返すのが
いいのでは」と言いました。
[22]彼らはこれを聞いて驚嘆し、イエスを残して立ち去りました。

選挙運動期間のことです。政治家たちは遊説に出ていました。あらゆる場所に新聞雑誌記者がいて、インタビューをしたり、写真を撮ったり、討論会を催したりしていました。テレビやラジオも選挙一色の様相です。

ところが、今回の選挙は誰もがビクビクしているように思われました。政治家たちはいつもしきりにテレビに出たがるものですが、今度の選挙は、どうもテレビ局が自分たちをやっつけようと躍起になっている、と政治家たちは感じていました。それが最も明らかになったのは、指導的立場の某政治

家が出演した番組でした。その政治家が気づいて見ると、スタジオの聴衆は、見たところ一般人に思えるのですが、実は言葉に罠を仕掛けた質問をしたり、その政治家に恥をかかせようとしたりする人々、今後の展望を聴き出そうというふりをして、彼を攻撃したり中傷したりしようと待ち構える人々ばかりだったのです。テレビ局はもちろん、これらの聴衆が意見表明を希望する一般人だと主張しましたが。それから間もなくすると、世間は政治の話よりも、その番組の話で持ちきりになりました。もちろんそれが（広告収入を当て込んだ）テレビ局の意向だったわけです。

人を罠に嵌めて窮地に追い込む質問は、新発想の提案をする指導者や社会問題が存在するかぎり、至るところに存在しています。ファリサイ派がイエスにした質問もその一つですが、この場合は質問に二つの明らかな罠が仕組まれていました。ローマ皇帝に対する納税という問題は、イエスの時代の中東ではもっとも刺激的な話題の一つでした。想像してもみてください。朝起きてみたら世界の向こう側から、別の国の人々が自分たちの国に進軍してきたばかりか、国を占領してやった見返りとして税金を払えと要求してくるのですから、いい気分でいられるはずはありません。こうした種の出来事は、今もなお暴動や改革運動の原因となりますが、ガリラヤでイエスが成長していたちょうどその頃、起きていた出来事でもありました。

イエスが少年だった時、最も有名なユダヤ人指導者の一人がユダ（ユダヤ世界では革命家にふさわしい名前です）と呼ばれる人物で、彼はまさにこの問題が原因で反乱を起こしました。ローマ人は容赦なく反乱を鎮圧し、納税は強制であり任意ではないことの見せしめとして郊外の至るところに十字架が立てられ、反乱分子が磔にされて死んだり死にかけたりしていました。ファリサイ派の質問は、現代風に言うと、警告表示つきの質問です。つまり、磔刑の恐れあり、納税せよと語れ、と。

同時に、いやしくも**神の王国**の再興運動を主導する立場にある人ならば、納税に反対すること、あるいは人々の嘲りや怒りに向き合うこと、が期待されるでしょう。神が王になるということの重大な意味は、カエサルが王ではなくなるということですよね。もしイエスが税金、そして税金が意味することすべてを撤廃するつもりがないのなら、いったい皆何のためにガリラヤからイエスに従ってきたのですか？　数日前、人々が口々にホサナと叫んだのは何だったのですか？　イエスが政治家で、テレビ番組に登場していたとしたら、こうした質問をする人に聴衆は大満足、プロデューサーも大喜びしたことでしょう。こうした質問には、さすがのイエスもかなりてこずることになりそうです。

イエスは答える前に、硬貨を見せるよう求めます。というよりむしろ、硬貨を見せるよう求めることが、実は、彼の答えの始まりであり、搦め手から攻める戦略の出発点なのです。彼らが硬貨を見せた時、その硬貨は彼らが税金を払うのに使っていたデナリオン硬貨だったのですが、それによって、彼ら自身も忌々しい通貨を使っていたことが分かります。

その硬貨が忌々しく思われていた原因の一つは、硬貨の面に描かれていたものにありました。ユダヤ人たちの間では、人や顔の似姿を硬貨に刻むことが許されていませんでした。しかしカエサルは、言うまでもなく、自分の肖像を硬貨に刻んだのです。硬貨の丸い縁には、その肖像が誰のものであるかを世界中に告知する言葉が刻まれていましたが、国に忠誠を尽くすユダヤ人や敬虔なユダヤ人であれば、その言葉に戦慄を覚えたことでしょう。「『**神の子**』**大祭司**」――カエサルは自分をそんなふうに考えていたのでしょうか。いやしくもユダヤ人なら、こんなガラクタを喜んで使う者はいないでしょう。

私たちが読んだ箇所は、まさにイエスが彼らから硬貨を渡される場面、イエスは死んだネズミでも手渡されたかのような様子です。イエスはいかにも不快そうに硬貨を見つめてこう言います。「この肖像は誰のものですか。こんな銘を自分自身に与えるとは、一体この人はどういう人ですか」。カエサルについての評価をイエスはすでに下していますが、トラブルに巻き込まれるようなことは何も言っていません。イエスは彼らの質問を別の角度から捉えて、それに切り返そうとしているのです。

「カエサルのです」と彼らは自明なことを答えますが、しかしそれは彼ら自身がカエサルの硬貨を所持していると認めることにもなるのです。

「であれば」とイエスは言います。「カエサルにはカエサル自身の硬貨を使って返すほうがいいのでは」。びっくり仰天です。イエスの言葉はどういう意味でしょうか。「カエサルにはカエサル自身の硬貨を使って返す」という言葉には革新的な響きがあります。ただ、イエスは自らの手にその硬貨を持って立っているので、あたかも税金を払うべきだとイエスが言っているようにも見えるのですが。

「そして神にも、神ご自身の硬貨を使って支払うほうがいいでしょう」。さらに仰天です。イエスは結局、神の王国のほうがカエサルの王国よりもずっと重要だと言いたかったのではないでしょうか。それ以外には考えられません。

ここではっきりさせておきましょう。神と政治権力の関係について、イエスはずっと答えを出そうとはしません。肝心な点はそこではなかったからです。彼はファリサイ派の挑発に対して、お返しに、手厳しい挑発で応戦しようとしました。結局、このことで身に累が及んだのはあなたがたのほうではないですか？　あなたがたは神に対して本当の意味で忠誠を果たしてきましたか？　神について語りながら、一方ではカエサルを喜ばせ、ずっといい加減な態度を取ってきたのは、あなたがた自身なのではないですか？と。

イエスがしようとしていたことを十分に理解するためには、物語全体と照らして彼の答えを見る必要があります。イエスは知っていました――すでに弟子たちには話していたことですが――イエス自身がやがて十字架につけられ、彼がまだ少年だった頃、納税を拒否して磔にされた反逆者がたどったと同じ運命をたどることを。イエスはうまい口実を作って、個人的・政治的な危険から逃れようとしていたのでもありません。イエスはまっすぐに十字架に向かって歩き続けていました。しかし自分なりのやり方でそうしていたのです。イエスの使命は弟子たちが期待していたような革命家になることではありませんでした。神の王国はカエサルの王国を打ち破るでしょうが、それはありきたりなやり方によるのではなく、神の愛と力が、カエサルの王国よりもずっと巨大な、死という帝国を攻め滅ぼすことによるのです。次の箇所は、まさしくそのことに関する話になります。

二二章二三―三三節　復活の問題

23同じ日に、サドカイ派の人たちがイエスのもとにやってきました（サドカイ派は復活を否定していますす）。彼らの質問は次のようなものでした。

24「先生」、と彼らは話を切り出しました。「モーセはこう言っています、『もし、ある人が、子
がないまま死んだなら、その弟は兄の妻と結婚して、兄のために種を起こさなければならない』。
25ところで、私たちの間に七人の兄弟がいました。長男は結婚しましたが、やがて死に、子がい
なかったので、妻を弟に残しました。26次男にも三男にも同じようなことが起きて、七人すべて
が同じようになりました。27そして最後に、その妻も死にました。28とすると、復活に際して、こ
の妻は七人のうち、結局のところ、誰の妻になるのでしょうか。彼らは全員、彼女と結婚したの
ですが」。

29彼らに対するイエスの答えは次のようでした。
「あなたがたはまったく思い違いをしています。なぜならあなたがたは聖書も神の力も知らな
いからです。30復活の時には、いいですか、人はめとることも嫁ぐこともなく、天の御使いのよ
うです。31ところで死者の復活に関して、神があなたがたにこう語られたのを読んだことがない
のですか。32『私はアブラハムの神、イサクの神、ヤコブの神である』と書いてあります。神は死
んだ者の神ではなく、生きている者の神です」。

33群衆はこれを聞いて、イエスの教えに驚きました。

かつて大学で、ある委員会の委員を務めたことがあります。その委員会に出席していた二人の年輩の同僚は、提案された改革はことごとく押しとどめる常套手段を心得ていた人々でした。年下の（例えば私のような）同僚の一人が、本当に大学全体のためになる提案（と私なら言わないはずはありませ

んが）をしても、二人のうちのどちらかが必ず、そんなことをしたらどういうことが起きるかという想像上の馬鹿げた話を思いつくのです。

例えばある時に、一人の委員が提案をして、学寮の入り口付近に全員の個人用メールボックス棚をおけば、大学のメンバー一人一人が簡単に自分の箱から郵便を取り出すことができるから、私たちがそれまでやっていたように、わずかな数のメールボックスにたくさんの郵便物を詰め込まなくても済む、と言いました。多くの他大学も理にかなった整理棚があるのだから、私たちにもできるはずだ、と。

すぐさま遮断装置の一つが作動します。「ええと、でもその新しいメールボックスを置くとなると、おそらくメールボックスは床面に接するくらいのものになりますね。そこで例えば誰かが犬を連れて入ってきたとします。そしてメールボックスの脇で犬が片足を上げて用を足したとしたらどうでしょう。あなたの手紙がそんな目にあうなんていやですよね」と彼は言いました。そんな状況はあまりにも馬鹿げていたので、笑いを誘うほどだったのです。ところがみんなが笑い終わる頃、この馬鹿げた話は効果を及ぼし始めました。出席者の半分が、何の実質的な議論もしていないのに、提案には重大な問題があると思い始めたのです。

いくつかの史料から分かることは、**サドカイ派**――イエスの時代のユダヤ人社会の中では現状肯定派――は、馬鹿げた話をして、**復活**を愚かで信じがたいことのように見せかけるのが得意でした。この箇所で彼らが語ったのは、白雪姫に登場する七人の小人とか『七人の侍』の英雄たちと同様、民話によく出てきそうな七人の兄弟の話です。その話の狙いは単に、とてもありえないような状況を提示して、自分たちの考え方を強要することなのです。

ここで非常に大切なことは、そもそもなぜサドカイ派が復活を無価値だとするのにこれほど熱心だったのか、ということです。それは、彼らが復活を革命的な教理だと認識していたから、そして権力の座にある人々がそうであったように、できるものならそのような考え方をやめさせたかったからです。しかし実際は、やめさせることなどできませんでした。当時、ほとんどの人々はファリサイ派の言うことを信じていたからです。いよいよ誰もが待ち望む新時代の到来となれば、神は死者たちを甦らせて新しい生命を与えるであろう、と信じていました。ただ、この記事が私たちに気づかせてくれるように、人は、社会的な要素と神学的な要素とが密接に結びついた立場を守るためなら、限界を設けようとはしないものなのです。

サドカイ派がしている話とそれに対してイエスが与える返答、そのどちらにおいても、いくつかの事柄が同時に議論されています。

第一に、サドカイ派が引用するのは、私たちにあまり馴染みのない律法（申二五・五）です。つまり、もし夫が死んで子供がない場合、彼の兄弟は寡婦をめとらねばならず、再婚によって生まれた子供は死んだ夫の跡継ぎとみなされる、というものです。この律法は紀元前の神の民にとって極めて重要なものでした。なぜなら神は、彼らに「種」すなわち「家族」の存続について約束していたからです（二四節の「種」とは「家族」あるいは「子孫」を意味します）。人々は可能な限り、家系や部族的アイデンティティをイスラエルにおいて存続させなければなりませんでしたが、これはそのための一つの方法だったのです。

しかしイエスが来ました。それは神による新生を人々にもたらすためであるように思えます。つまり今や人々は、民族的な出自とか部族的アイデンティティとかによってではなく、福音による新しい創造によって特徴づけられた、全世界的な家族となるのです。家系を存続させるために設計された古い律法はもはや無意味です。ここにサドカイ派の話が却下された最も重要な理由があります。

第二に、死者たちが神によって甦らされ、新しい生命を与えられる時、彼らは死それ自体が駆逐された新しい世界秩序へと移されることになります（そうでなければ、復活は単なる生まれ変わり、死と再生の終わりなき繰り返しということになってしまいます）。復活が意味するのは、まったく新しい種類の生命であり、それがどんなものか現時点では推測の域を出ません。私たちの身体は常に朽ちていくものであり、朽ちない身体がどんなものであるかを想像するのはとても難しいのです（パウロはIコリ一五章で同じ問題に直面しています）。ですから同じように、子孫を増やす必要もなくなり、したがって性行為の必要もなくなるでしょう。この点でも、ほとんどの皆さんは、性と無関係の世界を思い描くことは難しいと思いますが、復活した人々は「天使たちのようです」とイエスが言う時に意味しているのは、おそらくそういう世界です（そのような考え方は神を人間の喜びに批判的な存在としてしまう、とご不満ならば、C・S・ルイスが言ったことを思い出すといいでしょう。すなわち、来たるべき世界に性行為があるのかと尋ねることは、セックスこそ人類にとって一番大きな喜びだと聞かされた子供が、その時みんなはチョコレートを食べているのだと思い込むようなものだ、と）。

第三に、聖書が書かれた意図と誠実に向き合い、創造主である神がいかに偉大で力のある方かということを真に認識すること、これがサドカイ派にとりわけ欠落していました。サドカイ派は自分たちがモーセ五書（旧約聖書の最初の五巻）に依拠していると主張しましたが、彼らはその全体像が示す最も大事な要点を見落としていました。イスラエルの神は昔も今も、世界の創造主であり、ご自身を自ら進んでアブラハム、イサク、そしてヤコブの神と言い表しておられます。彼らがずっと以前に死んでいるにもかかわらず、です。神は彼らを今もなお生きた者と見ておられ、いつの日か彼らを死者の中から甦らせるでしょう。その時に、過去や現在、そして未来のすべての神の民は、神が創造する新しい世界を享受することになるのです。

この信仰のすごいところは、ファリサイ派もサドカイ派も分かっていたように、復活を信じる人々が、今の時代にもっと進んで神のために働くようになるところであり、もっと熱心に神の約束された正義と平和と新しい生命が現代世界に実現するのを見たいと思うようになるところです。イエスがカエサルへの税金支払いに関する議論でほのめかした革命とは、**神の王国**による革命です。神の王国が現れる時、その新しい時代が帯びる不死の生命と力の前に、死の力に依存して国を機能させるこの世の王国はすべて一掃されることになるでしょう。

二二章三四—四六節　最も大切な戒め、そしてダビデの主

34 ファリサイ派の人たちは、イエスがサドカイ派を黙らせたと聞くと、一緒に集まりました。
35 彼らの中の一人、律法学者が、イエスを窮地に追い込もうとして次のように質問しました。

[36]「先生、律法の中で、どの戒めが一番大切ですか」。
[37]イエスは答えました。「『あなたは心を尽くし、命を尽くし、力を尽くして、あなたの神であ
る主を愛しなさい』。[38]これが第一の戒めであり、まさにこれが本当に大切な戒めです。[39]第二の
戒めも同じように大切です。すなわち『自分自身のようにあなたの隣人を愛しなさい』。[40]律法全
体はこれら二つの戒めの補足説明により成っています――それは預言者たちにも当てはまること
です」。
[41]ファリサイ派の人たちがそこに集まっていた時、イエスは彼らに尋ねました。
[42]「あなたがたはメシアについてどう考えていますか。彼は誰の子でしょうか?」
彼らはイエスに言いました。「ダビデの子です」。
[43]イエスは彼らに尋ねました。「それではどうしてダビデは（御霊によって語り）メシアを主と
呼んだのですか。ダビデは次のように語っています。

[44]主は、私の主に仰せになります、
私があなたの敵を
あなたの足台とするまで
私の右に座していなさいと。

[45]ダビデ自身がメシアを「主」と呼んでいるなら、どうしてメシアはダビデの子になるのでし

ょう」。
46 彼らは絶句して、誰一人答えられる者はいませんでした。その日から、あえてイエスに何か質問しようとする者はいなくなりました。

トップレベルのテニス・プレイヤーの試合をテレビで見ていました。二人の戦い方はとても見事なものでしたが、試合の終盤になると、一方のプレイヤーの勝ちが見えてきました。試合を決めた最後の二ゲームは凄くて、勝ったプレイヤーのやることすべてがうまく決まっただけでなく、試合運びが完璧でした。最初、相手方のサービスをことごとくリターン・エースしてポイントを奪い、それから最後のサービス・セットでは、サービスがすべて見事なエースでした。まさに圧勝です。

マタイ福音書二二章の終わりは、まさにそんな感じで、私たちを圧倒しにかかります。イエスは敵対者たちが異議をとなえられないような答えを述べたあと、今度は彼らが回答できない質問を畳みかけます。彼らはまず、律法の中でどれが一番大切な命令でしょうか、と尋ねました。イエスの答えは定石通りで、誰もそれに異議をとなえることができません。しかも心を深く探るような答え方だったので、その場の誰もがその答えによって挑発されることになりました。そして次はイエスの番です。**メシア**はダビデの子か、ダビデの主か——それとも両方か。ファリサイ派はかつてそんな問いかけをしたことがありませんでした。ですから彼らは答えに窮したのです。彼らの目の前に、まさにその答えが、生身の人間として立っているというのに。

イエスが次に敵対者たちと対峙するのは、彼らがゲツセマネの園でイエスを逮捕する時と議会で彼を告発する時、そして十字架にかけて彼を嘲笑する時ですが、それぞれどの場合においても、この質問に対する答えが分かっているのはイエスであってファリサイ派ではないということを、彼らは知ることとなり、イエスも、そしてマタイの読者である私たちも、知ることとなるのです。そしてまたイエスは、逮捕や尋問、そして十字架がまさに、二つの重要な律法の命令を成し遂げる道であり、ダビデの子、イスラエルのまことの王であると同時にダビデの主、ダビデの王として王座につく道であることを知り、そしてマタイもそのことを私たちが知るよう望んでいます。イエスが来たのは、まさにこのようなやり方で、さらに完全な意味での**神の子**として、自分の民を救うためなのです。このような点から先の質問を考えない限り、質問の意味を深く理解することはできないでしょう。

　とはいえ、まずは表層的なところから注目しましょう。というのは、そうしたことも同様に重要だからです。多くのユダヤ教教師は、モーセの**律法**全六一三の戒めのうち、どれが一番重要かという問題を提起していました。そして多くの教師がイエスの答えに大体賛同したことでしょう。ただ、同じくらいに重要なのは、これらの戒めが単にユダヤ教徒が実行すべきものだったというだけではなく、信心深いユダヤ教徒が祈る毎日の祈りの一部でもあったということです。そのしきたりは現代まで途絶えることなく続けられています。

　ところで人々は実際、こうした戒めを守っていたのでしょうか。イエスがすでに一五章で語っていますが、人を汚す言葉や行いではなく、適切な言葉や行いを生み出せるよう、人々は心を一新する必要がありました。山上の説教でイエスが申し立てた異議は、外側の振る舞いが律法のしかるべき基準に適合するだけでなく、心が一新されるべきだということでした。

とはいえ、どうすればそんなことができるのでしょう。自分の全生涯を献げてイエスに従い、その愛と恵みによって生きようとしている人々でさえ、一気呵成に心を新しくすることはとても難しいとわかっています。実に数多くの闇や汚れが、まだ心の奥深く至るところにひそんでおり、それらを掘り起こし、それらを心に本来あるべきだと私たちすべてが考える愛へと置き換えていくには、しばしば多くの労力や祈り、そして知恵を必要とします。

重ねて言いますが、神を愛し、互いに愛し合うことについて、ここでイエスの語ることが意味をなすのは、その戒めを、マタイの**福音書**という大きな文脈で、すなわちイエスがこの世の罪のために死に、新しい生命の**使信**を伴って復活したという大きな文脈で見た時だけです。まさにその時、この戒めが真価を発揮し始めるのです。その時、この戒めは、自分自身の力で従う命令として認識されるのではなく、憎しみと自尊心が少しずつ捨て去られ、愛が現実となる新しい生き方への招きと約束として、認識されるようになるでしょう。

メシアとは一体誰かという問題についてイエスが行った驚くべき説明についても、同じようなことが言えます。マタイはもちろんイエスが**ダビデの子**であるとはっきり言っています。（一・一、二〇・三〇など）重要な点は、イエスをダビデの子と呼んでも、それがすべてを語っているわけではないということです。「ダビデの子」という言葉それ自体が意味するのは、そして当時それが多くのユダヤ人の間で意味していたのは、イスラエルの敵国に対して軍事的な意味での勝利をもたらす、来たるべき王のことでした。もしダビデの子がそういう人物ならば、心を尽くして神を愛し、隣人を自分と同じように愛せよ、と人々に勧めることはほとんどないでしょう。そのことは、山上の説教で強調されるように、「神」という言葉が、世界の中にあるほんの一部分の神ではなく、世界のすべてを創造し、愛しておられる方を意味することからも、よく分かります。

しかし、マタイが事実だと主張しているように（一・二三）、もしこの神ご自身が人となられたとしたら、私たちは非常に難しい問題に直面することになります。もしダビデの子がダビデの主だとしたら、一般のユダヤ人が思い描くダビデらしい戦闘的メシアは、結局のところ、全世界の人々に、創造主である神の救いと癒しの統治をもたらす人物だということになります。そうなれば、詩編一一〇編で述べられている、メシアが「彼の足の下に」踏みつける「敵」とは、「神の民」という民族に対抗する国家の敵のことではなく、全人類の、そしてまさに全世界の究極的な敵、言い換えれば、罪それ自体や、罪がもたらす死を意味することになるでしょう。

メシアの国家主義的な役割を強調しようとするいかなる企てにもイエスが激しく抵抗するのは、特権的な地位にあぐらをかいているイスラエルの中に、罪と死の力がいまだに作用していることを理解しているからです。だからこそ今、そのような企てをイエスは公然と徹底的に弾劾し始めるのです。しかし一方でイエスは、マタイが語ろうとするように、罪と死に対して勝利することができるのはただ、武装せず一騎打ちで立ち向かうダビデの主のみ、と知っているがゆえに、十字架に至る働きを粛々と続けるのです。

二三章一―一二節　律法学者とファリサイ派に対する警告

[1]その時、イエスは、群衆と弟子たちに次のように語りました。
[2]「律法学者やファリサイ派たちは、モーセの座に着いています。[3]ですから、彼らがあなた
がたに命じることは何でも実行して守りなさい。しかし、彼らの行いにならってはいけません。
ご覧の通り、彼らは言うだけで、実行しないからです。[4]彼らは重くて運べない荷物を束ねて、
人々の肩の上に置きます――しかしそれを動かすために彼ら自身は指一本持ち上げようとはしま
せん。
[5]彼らのしていることはすべて、人に見せるためのものです。そう、彼らは聖句を入れる小箱
を大きくしたり、祈りの際の肩衣の飾り紐を長くしたりします。[6]また、宴会の上座や会堂の上
席が大好きで、[7]広場で挨拶されることや、人々から『先生』と呼ばれることを好みます。
[8]あなたがたは『先生』と呼ばれてはいけません。あなたがたの教師はただ一人であり、あな
たがたは皆兄弟なのですから。[9]また、あなたがたは地上で誰かを『父』と呼んではいけません。
あなたがたの父はただ一人、天におられる父だけなのですから。[10]また、あなたがたは『師』と
呼ばれてはいけません。あなたがたの師はただ一人、メシアだけなのですから。
[11]あなたがたのうちで一番偉い者が皆に仕える者になりなさい。[12]自分を高くする者は低くされ、
自分を低くする者は高くされるでしょう」。

キャンプ用品売り場の店員は仕事のよくできる男でした。

「必要になるのはこの種のテントですよ」と彼は言いました。「どんな天候でもへたりませんし、手持ち用具を入れても十分な余裕です。組み立ても簡単」。

地図や靴下、防水服といった買い物の山に、私はありがたくそのテントを追加しました。次はブーツの番です。

彼は言いました。「店頭で最高のブーツがこれです。靴底は頑丈で甲革も信頼性が高く、足首をしっかり支えますよ。泥や草、小石や硬い岩を歩くなら、まさにおあつらえ向き」。

私は承諾し、それから調理器具へとやってきました。ここでも私に必要なものをちゃんと心得ています。コンロに燃料、貯蔵ボックス。食料に関しても同じです。賞味期限が長くても滋養分の多い食べ物と飲み物一式。その日その日で水を汲む（か、山の小川からボトルに水を詰め替える）必要があるでしょうが、生活を始めるのに必要な水のボトルが二、三本。

次は寝袋、そして虫除け線香、懐中電灯に救急箱などなど。

最後はリュックサックで、「これくらいなら十分でしょう」と彼はとても大きなバッグを棚から下ろして言いました。「しかも防水で、ほら、肩にも心地良いですよ、そいつは」。

支払いを済ませると、お店の売り子が親切かつ丁寧に買ったすべてのものを、そのリュックに収めてくれました。私の休暇のライフスタイルが詰まったリュックは、私の心を誘うように、レジのカウンターに置かれました。

あたかも日常茶飯事であるかのような何気ない素振りでリュックを持ち上げ、勢いよく背負おうとしたのですが、持ち上げられません。気まずい雰囲気になりました。思い直してレジ・カウンターに背を向け、リュックを背負える高さに腰を低くして、その状態で大きなリュックのほうににじり寄りました。売り子は私が腕を肩紐に通すのを手伝ってくれました。私は腰を持ち上げて自信ありげに微笑みましたが、内心、山を何百キロも歩くのはもちろんのこと、店を出られるかどうかも覚束ないと思いました。

「で、あなたはどんな休暇をお過ごしに？」と、私がその物知りな店員に尋ねると、彼はこう言いました。

「あ、私ですか。海に行くだけですよ。背中が痛くてね。そんな荷物を運ぶことなんかできませんから」。

通りの突き当たりまで歩いてきた頃、私の頭に浮かんだのは、律法学者とファリサイ派のことでした。

マタイは福音書の（言うならば）屋台骨を、大きな五つのブロックに分けていますが、この章からその教えの最終部が始まります。最初のブロックは五章から七章に出てくる山上の説教です。次に一〇章における弟子の派遣がきて、それから一三章で神の王国に関する譬え話になります。四つ目は一八章で、イエスの教えに忠実な共同体として生きることについての題材が登場します。そしてこの章から、山上の説教と対照する形で長い最後のブロックが始まります。つまり二三章から二五章においては、将来の事柄に関心が向けられ、これから起きることが警告されるのです。

このすべてにおいて、マタイが言っているのは、イエスをモーセのような存在として、そしてモーセ以上の存在としてみなすべきであるということです。モーセは律法の五書を人々に与え（たと彼らは信じてい）ましたが、イエスが彼らに与えるのは新しい契約の五書であり、神と世界との新しい関係性です。モーセは人々を導いて荒野の中を行き、ヨルダン川を越えて、約束の地に入る寸前のところまで連れていきました。イエスは彼の民を導いて荒野の中を行き、死それ自体を通って、神の創られる新しい世界の入り口地点に連れていきます。しかし、イエスはモーセと違い、ヨルダン川のこちら側にとどまり、あとは他の誰かに任せて人々を川向こうへと連れていってもらうようなことはしません。イエスは、その名の通りヨシュアのごとく、自ら進んで行って、彼の民を新しい世界へと連れて行くのです。

ところが果たしてイエスが周りを見回してみると、人々が皆仲間のユダヤ人に、旅に出る時背負わねばならない重荷について語ってばかりいることに気づきます。しかも彼らは自分自身でその重荷を背負うことになるとは夢にも思っていません。いつもモーセについてとりとめもなく語る律法学者は、モーセがああ言った、こう言った、これをしろ、あれをするな、この危険に気をつけろ、忘れずに毎日これをせよ、などと言います。一つの見方からすれば、それは素晴らしい信仰のように見えますし、神がイスラエルに与えた命令を細部まで十分に目配りしているかのように見えますが、別の見方をすると、それは山歩きをする人に持って行くものをあれこれ教える一方で、自分は決して山歩きに行こうとはしない店員のように見えます。

律法学者やファリサイ派に対するイエスの非難は、この章全体を痛烈な告発の目録にしていますが、彼らがモーセに傾聴しているから悪いとは言っていません。マタイは最初からずっと（例えば五・一七―一九）モーセの律法、すなわちトーラーは良いものであり、神が与えたものであることを明らかにしてきました。しかし律法で最も大事な点は、マタイが二二章三七―三九節で述べているように、神を愛し、隣人を愛するという核心部分であり、それは正義と憐れみと誠実さ（二三・二三）のことです。これらの大事な点になると、なすべきことを他の人々に教えるのが得意な律法学者は重い腰を上げようとさえしない、とイエスは断言したのです。

代わりに彼らが専念するのは体面を保つことです。大きな聖句箱（「フィラクテリー」として知られる革紐と革の小箱で、箱の中には祈りの文句を記したものが納められており、腕や額に結わいつける）は、簡単に他の人々の目に留まりましたし、敬虔さの象徴として注目されました。肩衣の四つ角から垂らされた長い飾り紐はまた、それを着ている人がいかに実直な人物とみなされたいかを示していました。名誉ある称号、名誉ある地位、小さな社会が提供できる名声のすべて――これらすべてをイエスはかなぐり捨てます。一方、これらすべては、モーセが長々と語ったことを律法学者たちがいかに誤解しているかを示しているのです。

説教者たちは代々この聖書箇所を、立派な身なりをして衆目を集めるのが好きな教会指導者たちに対する批判のために用いてきました。それはおそらく正しいのでしょうが、ここで忘れてはならないのは、律法学者やファリサイ派は、私たちが「宗教的」指導者と呼び慣わしている人々と必ずしも同じではないということです。彼らは宗教的指導者であると同様、私たちが社会的・政治的指導者と呼び慣わしているような人々、あるいは少なくとも人気のある政党とか圧力団体の指導者のような存在でした。

現代で言えばどういう指導者ということになるでしょうか。私たちの社会を広く見渡してみると、選挙で選ばれていようがいまいが、そういう指導者たちを見かけます。テレビや新聞で取りすました態度の人々、「セレブ」の地位を嬉しがっている人々、公共的価値について偉そうな声明を発表する一方で、濡れ手で粟のいかがわしいビジネスに内緒で手を染めている人々、自分の立場を使って家族や友人のために顔を利かせる人々、国全体の政策決定に私利私欲を挟む人々。キリスト者である私たちが内向的な論客になって、信仰の家族である他のメンバーを好き勝手に批判する以前に、はっきりと認識しておかなければならないのは、イエスが見据えている問題は教会だけに限ったものではなく、現代社会をほとんど上から下まで貫いている問題だということです。

それを認識した上で、当然のことながら、どの教会やどのキリスト者のグループも心に留めておくべきいくつかの教訓があります。それは教師や指導者の肩書きのことだけではありません。そうした肩書きの種類については新約聖書に書かれています（例えばエフェ四・一一）。ここで教えられているのは、その肩書きに伴う心構えについて、つまり心構え次第では、その肩書きを使うのと同じくらい、肩書きを敬遠することが害になりうるということです。大事なのは偉い者が皆に仕えるという一一節と一二節の基本方針なのです。

この箇所を読んでいて何度となく感じるのは、私たちが召されたのはまさにイエスに従うためだったということ、上から目線ではなく十字架目線で律法学者たちの罪を弾劾したイエスその人に従うためだったということです。イエスや彼に心から従う者たちが道を歩んで行く時、重いリュックサックを背負うことなどできないと、イエスには分かっていました。ですからすでにイエスは請け合っていたわけです。彼のくびきは負いやすく、荷は軽い、だから重荷を負っている人々は、その重荷の代わりにイエスの軽い荷を負いなさいと（一一・二八―三〇）。今こそイエスは自分の肩に最も重い荷を背負おうとしていました。それは彼に従う者たちが、もう二度と重荷で沈み込むことのないためだったのです。

二三章一三―二二節　律法学者とファリサイ派に対する糾弾（一）

[13]イエスは続けて言いました。「あなたがたにわざわいあれ、律法学者、ファリサイ派の人々、
偽善者たち！　あなたがたは人々の目の前で天の王国を封鎖しています。自分たちも入らないし、
入ることができたかもしれない人々も入らせようとはしません。
[15]あなたがたにわざわいあれ、律法学者、ファリサイ派の人々、偽善者たち！　あなたがたは
一人をユダヤ教に改宗させるために、海と陸とを巡り歩きます。そして改宗させると、その人を
自分たちより倍もひどいゲヘナの子にします。
[16]あなたがたにわざわいあれ、盲目の道案内人たち！　あなたがたは言っています、『誰でも神
殿にかけて誓うのであれば何の問題もないが、神殿の黄金にかけて誓うのであれば、それを果
たす責任がある』と。[17]なんと愚かで盲目な人たちでしょう！　黄金と、黄金を聖なるものにす
る神殿と、どちらが重要なのですか。[18]また、あなたがたは言っています、『誰でも祭壇にかけて

誓うのであれば何の問題もないが、祭壇の上の献げ物にかけて誓うなら、果たす責任がある』と。
[19]なんと盲目な人たちでしょう！　献げ物と、献げ物を聖なるものにする祭壇と、どちらが重要なのですか。[20]誰でも祭壇にかけて誓うのであれば、祭壇と、その上にあるすべての物にかけて誓っているのです。[21]誰でも神殿にかけて誓うのであれば、神殿とそこに住んでおられる方にかけて誓っているのです。[22]そして誰でも天にかけて誓うのであれば、神の御座とそこに座しておられる方にかけて誓っているのです」。

かつてアメリカの教会で説教をしたことがあります。特に、古代の異教の神々がどうやって私たちの文化に再び浸透し始めているか、また知らないうちにそれらが入り込んでくることを私たちはキリスト者としてどのように認識すべきかについて語りました。終わったあと、教会の出口で握手をしようと立っていたところ、年配のご婦人がとても嬉しそうに私のところに歩いてこられ、こう言いました。

「ユピテルに誓って、とても素晴らしいお説教でした」。

私の表情を見て、ご婦人はようやく自分の言ったことに気づいたようです。明らかにユピテルはアメリカでよく知られた神というわけではありませんが、その神の名を口にしてしまう理由はただ一つ、つまりかつてこの神様が他の場所でよく知られていたからなのです。不注意な言葉はその人が実はどういう人なのかを明らかにしてしまう、とイエスは明言するのですが、この箇所は、私たちがよく考えもせずに言ってしまっていることについて検討する良い機会になるかもしれません。

「神に誓うよ、嘘だったら死んでもいい」「聖書に手を置いて誓うから」「私の名誉にかけて」若かった頃はいつもこうした言葉を耳にしました。「子供の頭に手を置いて誓うから」「母の墓に誓って」最近はこうした言葉もよく聞くようになりました。おそらく皆さん誰もが、自分なりの誓い言葉をつけ加えることができるでしょう。でも、なぜ私たちは誓うのでしょうか。

単なる不安感でしょうか。自分の言葉自体に十分な重みがないと感じると、どうしてこういう意味のない言葉をつけ加えてしまうのでしょうか。語る言葉に力を込めようとする試みでしょうか。だとすると自滅的です。濡れたタオルを支柱にして、たわんだ木を支えるようなものです。初めのうちは不安感の兆候として、あるいは、あれこれと言葉を選ぶ苦労をせずに、自分の言葉を華やかにするつもりで使い始めたものが、だんだんと習慣化し、やがて自分でもほとんど気づかないような単なる騒音になっているのです。不注意な言葉によって裁かれるというイエスの言葉は、私たち自身の問題として突きつけられているのです（一二・三六）。

ここで興味深いのは、イエスが何よりも**天**にかけて誓うことに警告を発していることです。少なくとも欧米の文化や、欧米の教会の中でも、「なんてこと！（Heavens!）」とか、それに類する言葉は、長い間上流社会で受け入れられてきましたが、一方「くそ！（Hell!）」はそうではありません。これによって分かることは、いかに長い間、私たちは、イエスが命じていることよりむしろ社会的習慣によって支配されてきたか、ということです。現に、イエスは天にかけて誓うことを禁じましたが、**地獄**にかけて誓うことについては何も言及していないのです。

おそらくイエスはどちらの言葉も使わないことを私たちに願っているでしょうし、もちろんそれが山上の説教における誓いに関する箇所（五・三三―三七）の要点です。実際、この箇所は、誓いに関する問題よりももっと深いところにある問題、すなわち律法学者やファリサイ派の神殿に対する態度を問題にしています。どんな誓いの言葉がよくてどれが駄目か、という彼らの判断に、神殿に対する彼らの態度がはっきりと現れているからです。

基本的にイエスは、彼らが物事を間違って解釈していることを糾弾しています。彼らは神殿よりも黄金を、祭壇よりも献げ物を大切にしており、現前する神ご自身よりも、現前する神に人々が持ってくる物自体に価値を置いています。しかし黄金や献げ物に何らかの意味があるとすれば、それは神殿や祭壇に何らかの意味があるからです。そして神殿や祭壇は、神がそこにおられるという約束のゆえに、本来的な意味を持ちうるのです。言い換えるならば、教師たちは神の名前をみだりに唱え、十戒の第三戒に違反しています。そして彼らは自分たちの罪を、何が良くて何が良くないかという巧妙な議論を用いて、取り繕おうとしているのです。

結果、そのような教師たちは、二度にわたり「盲目」（一六、一九節）であると批判されています。彼らは真に重要なもの、あるいは真に重要なお方が分からないのです。そのような教師は、文字を学んだことのない人が、シェイクスピアとゲーテそれぞれの長所についての論争を解決しようとするようなものです。彼らが結論を出すたびに、議論に関する自分たちの無理解を、彼らは露呈してしまうのです。

もう一つ、この箇所の冒頭に出てくる短い一節は、律法学者やファリサイ派の働きによって、他の人々がどのような影響を受けるのか、という点に光を当てます。つまり彼らの複雑な法律体系は、本来の律法の目的とは何の関係もない細かな事柄に彼ら自身の生活を向かわせているだけでなく、誠実に真実を求める人々、すなわち神を求めている人々に道を見つけられなくさせているのだ、と。そして律法学者やファリサイ派が、彼らの生活様式に関心を持つ異邦人たちを苦労して見つけ出したとしても、肩に重荷を負わせてしまうので、異邦人たちはユダヤ教について知らなかった最初の時よりも、さらにひどい状態になってしまうのだ、と。

この箇所でイエスはどういう人々を攻撃していたのかということについて、今のこの時点で説明しておくことは重要です。それは「ユダヤ人」のことだという説明をしばしば聞いた方がいらっしゃるかもしれません。確かにマタイの福音書、特にこの章はこれまで、反ユダヤ主義の、あるいは反セム主義のプロパガンダの武器としてさえ、しばしば用いられてきました。でもそれは聖句のはなはだしい濫用です。イエスの時代から私たちの時代に至るまで、ユダヤ人の大多数は、おおざっぱに言えば、律法学者でもファリサイ派でもありませんでした。

確かにファリサイ派の律法や規則を紀元七〇年以降に発展させたのはラビたちですし、彼らはユダヤ教の支配的存在となり、今日もそうです。しかしイエスの批判が向けられているのは、主として当時の指導者たちでした。イエスが看破していたように、時が満ちて、まさにメシアが到来しているにもかかわらず、彼らはイスラエルに道を踏みはずさせ、間違った方向へとイスラエルを導いていたのです。イエスがそういう人たちをわざわざここまで詳細にわたって非難する主な理由は、彼らがこの大事な時にイスラエルの注意をメシアから逸らしてしまっているからです。イエスが指摘する彼らの個々の欠点は、イスラエルの歴史における決定的なこの瞬間に、彼らがイスラエルの必要とする真の指導者になっていない事実を示す、付加的な証拠でしかありません。

その一方で、何人かの人々は、親切で慈愛に満ちた方と考えられているイエスが、こんな激しい口調で誰かを、とりわけ同胞のユダヤ人すべてを非難したはずがないと考えます。ですから、イエスのこうした言葉は、キリスト教が公認され、ユダヤ教との分裂が明確になった後の時代につけ加えられたものだと、しばしば考えられたりもします。しかしそんなふうに考える必要はありません。イエスは公の生涯を通じて、相対立する考え方を持つユダヤ教各派から激しい批判があることを意識していました。ですから実際、この章は、彼らの虚ろな信仰と誤った教えに対する、厳重かつほとんど形式化された糾弾によって成り立っているのです。

とはいえ、こうした欠点は、今も昔も一つの宗教もしくは文化、集団に限られたことだと考えている方は、ご自分の暮らす社会を、そして（悲しいかな）ご自分が所属する教会を、振り返ってよく見てみるべきでしょう。イエスの警句を学ぶと、当時の歴史について分かってくることが多くあります。しかし同時に、今日、私たちの周りにいる指導者や権力者を念頭において、イエスは彼らに何を語るだろうかと考えてみると、私たちの問題として真剣に考えるべきことは、当時の歴史について分かることと同じくらい多くあるのではないでしょうか。

二三章一三―三三節　律法学者とファリサイ派に対する糾弾（一）

[23]イエスは続けて言いました。「あなたがたにわざわいあれ、律法学者、ファリサイ派の人々、
偽善者たち！　あなたがたはミント、イノンド、クミンの一〇分の一を納めているのに、正義、
憐れみ、誠実という律法の重要なものを怠っています。一〇分の一税もおろそかにしてはいけま
せんが、これらこそしなければならないことです。[24]あなたがたは盲目の道案内人です。ブヨは
濾して除いているのに、駱駝は飲み込んでいます！
[25]あなたがたにわざわいあれ、律法学者、ファリサイ派の人々、偽善者たち！　あなたがたは
杯や皿の外側はごしごし洗っているのに、内側は強奪と道徳的たるみとでいっぱいです。[26]盲目
のファリサイ派の人々、まず杯の内側をきよめなさい。そうすれば、外側もきよくなるでしょう。
[27]あなたがたにわざわいあれ、律法学者、ファリサイ派の人々、偽善者たち！　あなたがたは
白く塗った墓に似ています。外側はきれいに見えても、内側は死人の骨や、あらゆる種類の汚れ
で満ち満ちています。[28]同じように、あなたがたも外側は徳高く律法を遵守しているように見え
ても、内側は偽善と不法とで満ちています。
[29]あなたがたにわざわいあれ、律法学者、ファリサイ派の人々、偽善者たち！　あなたがたは
預言者たちの墓を建て、義人たちの記念碑を飾り立てて、[30]こう言っています。『もし私たちが先
祖の時代に生きていたなら、預言者たちの殺害に加担しはしなかっただろう』と。[31]こうしてあ
なたがたは、自分たちが預言者を殺した者たちの子らであると、自らに不利な証言をしていま
す！　[32]ならば、そのまま続けなさい。あなたがたの先祖が始めた仕事を完成させなさい。[33]蛇よ、
蝮の子らよ、あなたがたはどうやってゲヘナの裁きを逃れることができるでしょうか」。

私たちはその小屋に日が暮れる前に着きました。とても素晴らしい晴天の日で、今や、庭のはるか向こうにある高い木立の間に、日が落ちていくところでした。薄暮の中、小屋は夢の中に出てくるような佇まいでした。茅葺き屋根の上にクロウタドリがとまっています。細い一筋の煙が煙突から立ち上り、暖炉の薪の燃える微かな匂いがしていました。鉛枠の小窓から光がチラチラと洩れてきます。夕焼けで古い石垣はピンク色に染まりました。

私たちは小屋の中に入りました。そこで受けた衝撃は並大抵のものではありませんでした。床が古い新聞紙で覆われていたのです。カーペットの残骸は汚く、明らかに鼠によって食べられていました。扉の二つは開くとグラつき、蝶番は一方が壊れていました。台所のドアのそばには、牛乳瓶が異臭を放つドロドロの牛乳でいっぱいになって放置されていました。水の滴る音が、背後のどこからか、パイプがやぶれて修理されていないところから、聞こえてきます。小窓からチラチラと洩れてきた光は、居間の中央に下がっている一つの裸電球でした。暖炉で燃えている木は、古い木から切り出された薪の山ではなく、薪代わりにたたき割られた椅子の折れた脚でした。小屋の中はまったく悲惨な状態でしたが、外側だけを見ていた私たちは、そのことを知るよしもなかったのです。

精神科医の分析によれば、夢の中に出てくる家は自分自身を表しているそうです。この経験が強烈に恐ろしかったのは、おそらくそういう理由なのかもしれません。私たちは自分と家を同一視しています。家が小綺麗に片付いていたり、あるいは派手に散らかっていたり、それが私たちの性格を反映しているのです。家の色彩設計は所有者の趣味を雄弁に物語り、家の「雰囲気」や趣きはそこに住んでいる人の心の状態を表します。T・S・エリオットは『四つの四重奏』で「家は生き、そして死ぬ」と書きました。家が死ぬ時は往々にして、まず内側から死んでいくものです。

当時のファリサイ派に対するイエスの非難の要点は、彼らがそういう悲しくおぞましい家に似ているということでした。外側はきれいです。道ばたでそのそばを通り過ぎていく人々は感銘を受けました。彼らが律法を事細かに遵守するのを目の当たりにした人々は、彼らが徳高く優れたユダヤ人であり、確実に神を喜ばせることのできる人たちだと考えたのです。

しかし正面玄関を入って、家の中で見つけたものは何でしょうか。強奪と道徳的たるみだとイエスは言います（二五節）。二つ目の言葉は、字義通りに訳すと「意思の弱さ」「放縦」になります。この言葉は哲学者たちが、何をなすべきか分かっているのにそれをすることができない、という人々の問題に直面した時に用いた言葉です。律法学者やファリサイ派にとって、この問題はずっと深刻でした。彼らは何をなすべきかよく分かっていました。神の律法にそれが書かれていたからです。しかも彼ら自身がその律法の教師でした。しかし彼らはそれを実行しなかったのです。

ただ、付言しておく必要があるかもしれませんが、一世紀ユダヤ教の教師たちの証言をすべて見てみると、こうした記述に当てはまらない律法学者もたくさん存在したことが分かっています。聖パウロは彼自身がファリサイ派の指導者であり、しかもかなり出世したファリサイ派だったと、後に（そういうものが何の意味もなくなった時に）語っています（フィリ三・四―六）。ルカが素晴らしい教師と明らかにみなしていたガマリエルのような偉大な指導者たちもいました（使五・三三―三九）。またラビ・アキバのような高潔な賢人もいます。彼は一三五年にローマ人によって拷問にかけられて殺された時、シェマの祈り（「ああイスラエルよ、聞け。ヤハウェは我らの神、ヤハウェは唯一の神」）を祈り続けました。確かにこの宗派には、そうした聖人が存在したのです。

しかしその尻馬に乗る教師たち、とりわけファリサイ派が採択していた政治路線に便乗する教師たちが多くいたと思われますし、おそらくそれが大部分だったのでしょう。彼らはモーセ五書に厳格であることを好みました。それが彼らの国家主義的な野望と一致していたからです。ところが、家の内側と外側とを調和させる実際の信仰的、道徳的な努力に、彼らは着手すらしていませんでした。

このファリサイ派に対する非難すべては、前章と同様、マタイが描く全体像を念頭に置いて初めて意味をなします。イエスが行おうとしていたのは、真の契約更新を完成すること（二六・二八を参照）であり、それはどんなにファリサイ派がモーセ五書の強化を図っても成しえないことでした。この世のすべての罪を、そしてさらには、この章や他の箇所でイエスが弾劾している罪をも、イエスはすべて自分の身に引き寄せ、罪の全勢力を自らに引き受けて、それを汲み尽くそうとしていたのです。ですから単なる道徳的非難として、こうした章を理解するのは大きな間違いだと思いますし、もっとひどい間違いは、この章が批判しているのは私たち以外の誰かだと考えることです。それはイエスが批判しているまさにその過ちを半ば犯しているも同然です。

そのことを確認した上で注目したいのは、この箇所の最後に出てきて、次に起きることを示唆するイエスの短い言葉です。イエスは、これらの自称律法学者たちが前の世代の人々、すなわちいにしえの預言者たちや義人たちを殺した人々の行動様式を正確になぞっている、と考えます。そんなことをしようと思ったことはないと彼らは抗議しますが、イエスは抗議がうわべだけのものであることを、彼らの積年の敵対心から知っています。彼らは預言者を殺した先祖の正真正銘の子孫であり、預言者の中でも最も偉大な預言者を死へと譲り渡すことで、自分たちの役割を全うすることになるのです。

二三章三四—三九節　エルサレムとその指導者たちへの裁き

[34]イエスは次のように結論しました。「これらすべてのために、私は預言者、知者、学者を遣わしますが、あなたがたはそのうちのある者たちを殺し、十字架につけ、またある者たちを会堂で鞭打ち、町から町へと迫害して回るでしょう。[35]こうして義人アベルの血から、バラキアの子ゼカルヤの血——あなたがたは神殿と祭壇との間で彼を殺しました——に至るまで、地上で流されたすべての義人の血が、ことごとくあなたがたに降りかかるでしょう。[36]よくよくあなたがたに言っておきますが、これらの報いはすべて、今の世代の人々の上に降りかかります。

[37]預言者たちを殺し、あなたがたのために遣わされた人たちを石で打ち殺すエルサレム、エルサレムよ。私は何度、雌鶏が雛を翼の下に集めるように、あなたがたの子らを集めようとしたことでしょう。それなのにあなたがたは、それを望みませんでした！ [38]さあ、見なさい。あなたがたの家は神によって見捨てられました。もはや廃墟です。[39]そう、あなたがたに言っておきますが、『主の御名においてようこそおいで下さいました』とあなたがたが言う時まで、今後二度と、あなたがたは私を見ることはないでしょう」。

都会に住む多くの人々にとって、私自身もそうですが、農場での暮らしは牧歌的に見えます。私が子供の頃、農場を営む親戚を短期間訪問した時の思い出は、車窓から見たほのぼのとした田舎生活の光景と結びついています。土や種まき、収穫、動物と密接にかかわる暮らしぶり――そうしたものを私たちが求めるのはまさに、コンクリート・ジャングルや日々の暮らしのせわしなさ、産業公害という日々の現実から逃れるためのように思えます。

でも農場に住む人は、現実は全然違うと言うに違いありません。農場経営が意味するのは、さまざまな状況下での容赦のない重労働です。都会と同様に農場にも、多くの危険や脅威が存在するのです。とりわけ農場の火事は悪夢です。焼け死ぬ動物の臭いはたまったものではありません。動物自体は生まれながらに危険や危害を察知する鋭い感覚が備わっていて、そのため、理由のはっきりしない心的外傷に苦しむ犬や猫、鵞鳥、鶏、そして小動物が、今日、多くの農場に見られます。

とても生き生きとしたイエスの譬えの一つが、この箇所に登場する農場で火事にあった雌鶏と雛です。もちろんどんな動物の世界でも、子供が危険に晒された場合の母親の行動には驚くべきものがありますが、雌鶏の場合は、特に興味深い事例が見受けられます。記録されたものとしては、火事にあった親鳥が雛鳥を助けるために翼の下に雛鳥を集めた事例がいくつか存在します。この方法が功を奏することもあり、その時は、猛威をふるった火が消えたあと、焼け死んだ親鳥の翼の下から生き延びた雛が発見されるのです。

さて、ここでイエスが雌鶏で、ユダヤ人同胞、とりわけエルサレムに住んでいるユダヤ人が雛だと想像してみてください。これによってイエスは何を言おうとしているのでしょうか？

それを理解するためにはまず、最終段落の前に置かれている険悪で脅迫的な段落（二三・三四―三六）に注目しなければなりません。イエスが目の当たりにしているのは堆積した罪、すなわち預言者を次々と拒否し、神が危険を警告するために遣わされた人々を石打ちにするイスラエルの罪です。もちろんこのことは、邪悪な小作人たちの譬え話と、結婚式の宴に関する譬え話（二二・三三―四六、二二・一―一四）で起きた出来事に似ています。ただここでは、イスラエルのみならず人類全体の罪も意識されています。イエスは、殺人罪の系譜を、創世記四章で兄カインによって殺された最初の犠牲者アベルにまで遡ります。彼は何を意味するのでしょうか？　どうしてすべてが一つの世代の人々に降りかかるのでしょう？　そしてイエスはそのことに関して、何をしようと企てているのでしょうか？

その答えが分かると私たちは、誰かをもっと厳しく弾劾することへと導かれるのではなく、イエス自身の召しの核心部分を深く理解することへ、そしてそれがどのように働くのかということに関するマタイの聖書理解の核心部分へと導かれます。疑問すべてを解く鍵は、聖書神学において、世界中の人々の代表として神の前に召し出されたのはイスラエルだったという点にあります。シナイ山で神がモーセに語られたように、イスラエルは祭司の王国（出一九・五―六）となり、神がすべての国々の中から特別に選び出した民になるはずでした。しかし神が選び出したのは、イスラエル自身の利益のためではなかったのです。イスラエルは他の国々の光となるため、神の特別な民として選ばれました（イザ四二・六、四九・六）。

でももし世界が反抗的で邪悪なままだとしたら――そのような兆候は大いに認められるのですが――その時、この召しは何を意味することになるのでしょう。イザヤが再び見た驚くべき預言の幻は、イスラエルが神に仕える者の姿をとり、他の人々の罪過を自分の身に負う幻でした。すべての世界の暗闇がイスラエルそのものに覆い被さるのは、まさにその暗闇が始末され、世界がついに光を得るためだったのです（五二・一三―五三・一二）。

イエス自身、そしてイエスの成し遂げたことに深く思いを馳せる福音書の著者たちは、こうした事態がイエスにおいて成就することを理解していました。イエスの召しはイスラエルの運命を自分自身へと引き寄せることであり、ひいては全世界の焦点となることでした（こうした考え方を多くの人々が、大勢のキリスト者すらも、理解していないという事実は、どれほど我々が真に聖書的な世界観からかけ離れてしまっているかを計る指標になります）。この世は偶像を礼拝し、破壊的かつ自己破滅的な行動様式で、その創造主を怒らせました。イスラエルは神の光をこの世にもたらすために召されましたが、結局はこの世にならっただけでした。全人類は火をもてあそび、その火は今や猛威をふるい、鎮火することができません。イエスは、雌鶏のように、雛を翼の中へと集め、全火力を自分の身に受けて、火から雛を救い出そうとしていたのです。

しかし彼らはそれを拒みました。炎は盛んに燃えさかり、やがてそれは、インマヌエルと出会ったにもかかわらず差し伸べられた救いの手を拒んだ世代の人々を、焼き尽くしてしまうでしょう。これは、初代教会がすぐにそう主張するようになるのですが、イエス自身の死によって、彼ら自身が選択した最悪の結果から人々は実際には救い出された、という意味ではありません。それはもう少しあとの話です。ここで述べられているのは、イエスが何をしようと望んでいるか、そしてそれをイスラエルが拒んだ結果何がもたらされるか、です。

とりわけ、大きな裁きが神殿に降りかかることになります。「あなたがたの家は見捨てられました」。旧約聖書のさまざまな箇所で、生きておられる神はエルサレムの神殿に住むと約束されましたが、その神はこう警告されるのです。すなわち、神の民が繰り返し犯す罪により、やがて神は神殿から去り、神殿は荒れるにまかされ、敵の攻撃になすすべもないであろう、と。ここでイエスが預言するのはまさにそのことであり、マタイの次の章はそれが具体的にどういうことかを明らかにするのです。

最後の悲しみに満ちた言葉で明らかになるのは、イエスがイスラエルに与えようとしたメシアの祝福は、イエスを信じて迎え入れる者たちにのみ与えられる、ということです。「来られる方に神の祝福あれ」という言葉は、ヘブライ的な日常の言い回しで、現代風に言えば「ようこそ」です。ですから、イエスのしようとしていることから恩恵を得る唯一の方法は、人々が棕櫚の主日に歌った言葉（二一・九）を――たとえそれが浅薄なメシア観から出たものだったとしても――本当の意味で理解して、口にすることなのだと、心に留めておきましょう。

この言葉は、あとに続くイエスの物語についてまわります。その読者もしくは聴衆である私たちは、ありのままのイエスを、ようこそと心から迎え入れていますか？　悪を非難するだけでなく、大きな愛の行いとして、最後にその悪を背負ったイエスを、迎え入れていますか？　それとも、この出来事の数日前にイエスを迎え入れた群衆と同じように、自分に都合よく創り出したイメージや目的にたまたま合った「イエス」を迎え入れているのでしょうか。

二四章一―一四節　産みの苦しみが始まる

[1]イエスは神殿をあとにして出て行きました。その時、弟子たちが近寄ってきて、神殿の建物
をイエスに指し示しました。[2]イエスは言いました。「ええ、あなたはこれらすべてを見ているの
ですね。あなたがたによく言っておきますが、どの石も崩されずに、他の石の上に積まれている
ことは決してないでしょう。これらすべては破壊されるでしょう」。
[3]イエスがオリーブ山で座っていると、弟子たちがひそかにイエスのもとに来て言いました。
「お話しください。いつ、これらのことが起こるのですか。あなたが王としてお姿を現される
時や、この世の終わりが来る時には、どんな前兆があるのでしょうか」。
[4]イエスは答えて言いました。「気をつけていなさい。決してだまされないように。[5]いいです
か、私の名前を名乗る者たちが何人も現れて、『自分こそキリストだ！』と言うでしょう。彼ら
は多くの人々を惑わします。[6]また、戦争や戦争のうわさを聞くことになります。うろたえない
ように気をつけていなさい。これは必ず起こらねばなりません。しかしそれでまだ終わりではあ
りません。[7]民族は民族に、国は国に敵対して立ち上がり、あちこちで飢饉や地震が起こります。
[8]これらすべては産みの苦しみの始まりでしかありません。
[9]その時、人々はあなたがたを引き渡し、拷問にかけて殺すでしょう。あなたがたは、私の名

前のゆえに、すべての国の人々に憎まれます。[10]その時、人々はつまずき、またお互いに裏切り、
憎み合うでしょう。[11]多くの偽預言者が現れて、大勢の人々を惑わします。[12]また、不法が蔓延し
て、多くの人々は自分たちの愛が冷えてゆくと分かるでしょう。[13]しかし最後まで耐え抜く者は
救われます。[14]そして王国のこの福音は、すべての国々に対する証しとして、全世界に宣べ伝え
られなくてはなりません。それからこの世の終わりが来るのです」。

秋のある雨の日、私たち夫婦は一緒にお医者さんのところへ行きました。興奮すると同時にとても不安でした。よく聞いていた道ではあったものの、自分たちが旅することになろうとはまったく思わなかった、そんな道を進んでいるというような感覚でした。

お医者さんは優しく今後のことすべてを話してくれました。そうですね、最初の数カ月はつらいことも時々あって、人によっては特に朝方、吐き気がすることもあります。その間はいくつか気をつけなければならないこともあるのですが、通常はうまく経過します。それからとても劇的な変化が起きる時期がやってきます。その時は子宮の中に小さな新しい命が宿っていることを感じさせてくれますよ。特に食事や激しい運動に気をつける必要があります。そしていよいよその日が近づいてくると、色々と注意すべきことが出てきます。高血圧とか赤ちゃんを危険にさらすさまざまなことですね。そして出産ということになりますが、ええと、これはまた別物ですので、もう少ししてから、そのことについてはお話しすることにしましょう。とりあえず気をつけなければならないのは、身体を大事にすること、気長に構えること、そして経験しなかったようなことが起きても決して慌てないことです。

神の未来図を表現するのに聖書が用いる最も素晴らしい比喩の一つは、迫り来る赤子の誕生ではないでしょうか。それは大きな希望と新しい可能性の時であり、同時に、現代医学以前は、とりわけ大きな危険と不安の時でもありました。医者は出産までの過程を詳細に叙述したり、研究したりできるのですが、すべての夫婦は、そして当然のことながら特に母親は皆、そうした危険や不安に自ら直面し、それを生き抜かねばなりません。たとえそれが不快でつらく不安なものであったとしても、です。聖書の記者たちは、誰もがよく知るこの経験を用いて、神が生み出そうとしておられる新しい世界について語ります。聖書全体を通して、そのテーマが最高潮に達するのが、マタイではこの章であり、マルコ(一三章)とルカ(二一章)にも並行箇所があります。すべてこれらは産みの苦しみの始まりでしかない、とイエスは言いました。

神の未来図について語るとしたら、そういうイメージを用いる他に語ることはできないでしょう。未来図に関する的確な記述などどこにもなく、もしあったとしても、それにどう対処すればいいのか途方に暮れてしまいます。私たちに知らされているのは、赤子の誕生、王子の結婚、新葉が芽吹く木、というイメージだけです。神の未来図はこれらすべてに似ているのですが、同時に(もちろん)まったく違うものなのです。

イエスに関して言えば、神の未来図には二つの重要なハイライトがあります。一方のハイライトはイエス自身の召しと運命であり、そのことについてはイエスが最後の数章で、何度となく語っています。イスラエルに**悔い改め**を求めるという劇的な使命の遂行が、敵意と暴力、そして自らの死を招くことを知りながら、イエスはエルサレムにやってきました。自分が死んだとしても、神は死者の中から自分を甦らせ、その正しさを証明してくださると、イエスは信じています。

もう一方のハイライトは、エルサレム神殿に関する運命です。イエスは公生涯を通して、癒しと回復という神の働きの中心が、神殿ではなく彼自身にあることを、自らの行いと言葉によって示しました。次にイエスは、神殿すべてが神の裁きのもとにあり、その裁きを申し渡す権利が自分にあることを、神殿における自らの行いと言葉によって示しました。そして弟子たちが建物の壮麗さにイエスの注意を向けた時、（エルサレムの神殿は一般的に全世界でもっとも美しい眺めの一つだと認識されていました）イエスははっきりと彼らに警告しました、やがて神殿すべてが崩れ去るであろうと。

弟子たちは聞いたことを考え合わせて推測しました。あの神殿が崩れ去ることになる、と同時に、イエスの言動すべてがイエスの正しさを証明している。弟子たちはどうにかこうにかその二つの辻褄を合わせます。もしイエスが常に正しい方なのだとすれば、神殿は崩れ去るだろう。でもどのように、いつ？　そして、この世はいつイエスこそ神のお与えになった本当のメシアだと知るのだろう？

もし皆さんがローマから離れたところに住んでいるローマ市民で、カエサルが世界を治める正当な王だと信じていたなら、きっとカエサルが自分のところに公式訪問してくれる日を心待ちにするのではないでしょうか。なぜなら、もしカエサルが来てくれれば、もちろん自分の目で確かめられるだけでなく、同じくらい重要なのは、近隣の人たちすべてが、カエサルこそ世界の本当の支配者であり、君主なのだと認識するようになるからです。

ローマ帝国のほとんどの人々はギリシア語を話していましたが、そうした公式訪問を意味するギリシア語は、「パルーシア」という言葉で、それは「出現」もしくは「臨在」という意味でもあります。

異教の神や女神が、自らの力や存在を示すために行うと考えられていた劇的な出来事――例えば奇跡的癒し――にも、同じ「パルーシア」という言葉が使われました。三節で、弟子たちがイエスに何が起こるかを尋ねる時に使うのもこの言葉です。

ここから始まる長い章には、弟子たちの三つの問いに対するイエスの答えが記されており、三つそれぞれがとても重要です。すなわち神殿の破壊、イエスの再臨（パルーシア）、換言すれば「王としての来臨」、そして「この世の終わり」です。この章を読んでいくと、私たちは必ず次のような疑問に直面します。弟子たちは何を言わんとしていたのか、彼らに答えてイエスは何を言わんとしていたのか、マタイはそのすべてから何を汲み取ったのか。――そして、それは私たちに何を語りかけているのか。このことを理解するには冷静になって心を研ぎ澄ます必要があります。

とりあえず、イエスはそれが一体どんなものと考えていたのかをまず見てみることにしましょう。弟子たちが望んでいたのはイエスが王として君臨することでしたが、同時に、神殿が破壊され、神による新しい時代が到来することでもありました。この世はやがて急転直下の終焉を迎え、新しい時代が生まれることでしょう。そう、大きな異変が起きるだろうとイエスは言うのです。新しい時代を産み落とす苦しみが、戦争や革命、飢饉や地震という形で始まります。恐ろしい時代がやってきて、イエスに従おうとする人々は厳しい試練を受けることになります。多くの人々があまりの過酷さに脱落していくでしょう。

しかし彼らは惑わされてはなりません。えせ救世主が新たに登場するかもしれませんが、イエス自身の正しさが明らかとなるのは――つまり彼が王として「臨在」もしくは「出現」するのは――誰かがやってきて革命を先導するというようなレベルの話ではないのです。彼らは堅く立って、怖じけずに、忠実でいなければなりません。現時点からはじまって、すべてが明らかになり、エルサレムが破壊されるまでの間に、イエスがもたらした神の王国の福音は、イスラエルの周辺(一〇・五―六、一五・二四)にとどまらず、世界中に広がっていかねばなりません。まさにその合間に、彼らのなすべき仕事があるのです。

これらすべてが非常に具体的に関係している時代は、イエスの公生涯から紀元七〇年の神殿破壊までです。それがどんなふうに起きるのかを、引き続いて見ていこうと思うのですが、この出来事は、後に続くすべての時代のキリストの弟子たちに、重要な意味を投げかけています。私たちも忠実であるよう、堅く立って怖じ気づくことがないよう求められています。そして困難な時代を生き抜き、最後まで試練に耐えるよう求められてもいるのです。私たちはやがて、大切で美しいものの象徴が破壊されるのを目の当たりにするかもしれません。その時、私たちに求められているのは、イエス自身にしっかりとつながっていること、彼を信じ続けること、紀元一世紀に神によりその正しさを立証された者が、いつの日か、全世界の面前でもその正しさを立証されると信じることです。そして私たちは、神の新しい時代が産み落とされる時の苦しみと共に生きるよう、御心の時に新しい世界が産まれるという確信を持って生きるよう、求められてもいるのです。

二四章一五―二八節　荒廃させる忌まわしい者

[15]「ですから預言者ダニエルが語った『荒廃させる忌まわしい者』が聖なる所に立つのを見た
なら（読者はしっかり理解せよ）、[16]ユダヤにいる人々は山へ逃げなさい。[17]もし屋上にいるのであ
れば、家から物を取り出そうとして下に降りてはいけません。[18]畑にいるのであれば、上着を取
りに戻ってはいけません。[19]これらの日々の間、身重の女たちや乳飲み子のいる女たちはつらい
思いをするでしょう。[20]あなたがたの逃げるべき時が、冬にならないよう、それどころか安息日
にならないよう祈りなさい。[21]そう、その時には、世の初めから現在に至るまでなかったような、
そして今後も決してないような、大きな患難があるからです。[22]もしその日数が少なくされない
なら、救われる者は一人もいないでしょう。しかし、選ばれた者たちのために、その日数は少な
くされるでしょう。

[23]その時、誰かがあなたがたに、『見なさい！　ここにメシアがいる！』とか、『見なさい！
あそこにいる！』と言っても、彼らを信じてはいけません。[24]いいですか、偽メシアが現れて、
偽預言者たちも現れます。彼らは大きなしるしや前兆を示し、選ばれた者たちをも惑わそうとす
るでしょう。[25]覚えておきなさい、あなたがたに前もって言っておきます。

[26]ですから、誰かがあなたがたに『見なさい！　メシアが荒野にいる』と言っても、出て行っては

いけません。また『見なさい、部屋の中にいる』と言っても、信じてはいけません。[27]いいですか、人の子が王として現れるのは、ちょうど稲妻が東から現れて西に渡ってきらめくのに似ています。[28]死体のあるところには必ず、禿鷹が集まるものです」。

多くの国々で子供たちが楽しみにしていることの一つは、夏のキャンプに出かけることです。気候は暖かく、水泳やボート乗りをして、友だちとの旧交を深め、新しい友だちを作り、キャンプファイヤーを囲んで歌い、身体を動かし、ゲームや出し物をする。みんな――少なくとも理屈としては――楽しい時を過ごします。

いくつかのキャンプで行われるゲームの一つに「リーダー捜し」があります。キャンプ・リーダーの大人二、三人がまったく誰だか分からないように変装をして、地元の町に繰り出します。その次に子供たちが町に連れて行かれ、変装したリーダーたちをうまく見つけることができるかどうかというゲームです。当然のことながら、このゲームをすると子供たちは、仮装してもいない、ごくごく普通の人を誰彼となくじろじろ見つめることになります。人違いが多く発生します。やっとのことでリーダーを見つけると、突然、なんでこんなに分かりやすいのに分からなかったのかな、と思えるものです。やっぱりあの人だよね！　そうそう、当然、この人に決まっている！　でも捜している時は、変装を永遠に見破れそうもないような気がしてしまうのです。

イエスは弟子たちに警告しています。メシアがやってきた、捜せばきっと見つかる、そのように人々は繰り返し言うだろう、と。あの指導者やこの指導者――荒野で信奉者を集めている誰それ、裏通りの脇にある密室で陰謀をたくらむ誰それ――を見たくなり、もしかしたら本当にその人が、姿を変えて戻ってきたイエス自身かもしれない、と考えるだろう。しかしそうではない、とイエスは言います。本当のメシア――言うまでもなくイエス自身――が現れる時、それは疑いようがないのだ、と。イエスは「王として現れる」（前述の箇所と同様に、二七節でもパルーシアが使われています）ので、疑う余地がありません。変装を見破る必要などないのです。その人だと分かるのですから。

この箇所全体の背景にあるのが、エルサレムの陥落へと至る一連の出来事です。マタイは、この点でマルコと同様、その出来事が聖書的なイメージ体系を用いて初めて表現されうると考えており、そのために一番適切な材源がダニエル書だと考えています。

ダニエル書は紀元一世紀において非常に人気のある書物でした。イエスは同時代の多くの人々と同様、進んでそれを利用しました。ダニエル書は、ひと続きの夢と物語を通して、いかに神の王国がこの世の国々に対して勝利を収めるかを記しています。ダニエル書二章は石が巨大な像を粉砕する話ですが、私たちは、マタイ福音書の二一章三三―四六節を読んだ時、その箇所について考察しました。ダニエル書三章と六章は、神が忠実な者たちをどのように苦しみから救い出すかについて書かれています。七章がダニエル書の核心ですが、そこでは怪物が人類に対して戦いを挑むことについて、そしてどのように神が人間の姿形をした者（「人の子のような者」）の義を証明し、怪物を滅ぼすかについて語られています――この記事は、一世紀のユダヤ人であれば誰でも、異教の国々に対してイスラエルの義が認められることとの象徴的な表現だと認識していたことでしょう。

これらの話はダニエル書でもよく知られた箇所かもしれませんが、まだ他にもあるのです。ダニエル書一二章は、神の民すべてがやがて復活することを預言しています。九章では冒瀆的で神聖を汚す、忌まわしいものについて語られており、それが神殿のただ中に置かれるであろうと言うのです。これは、神がご自分の本当の民を救い、真のメシアを送り、いにしえからの計画を完成させる過程の一部だということになるでしょう。

こうした箇所はかなり多いのですが、マタイはこれらを心に留めるよう読者に求めています。というのは、そうすることによってしか、私たちはイエスが弟子たちに教えたことを理解できるようにならないからです。忘れないでいただきたいのは、次のような問いがこの章を通しての中心になっているということです。すなわち、いつ神殿は破壊されるのか？　いつイエスはメシアと認識されるのか？　いつこの世は終焉を迎えるのか？　この箇所は次のように答えます。ダニエル書へと戻ってみなさい、そこではこれらすべてのことが語られ、来たるべき恐ろしい時代が警告されているから、と。

とりわけ、異教徒による侵略に用心しなさい、侵略によりやがて神殿自体の中に神聖を汚すものが置かれることになるから。これに近いことは実際にイエスが生きた時代から一〇年もたたないうちに起こりました。紀元四〇年、ローマ皇帝ガイウス・カリグラが、神殿の中に自分の巨大な彫像を置こうとしたのです。彼はユダヤ人を冷遇し、怒らせるため、意図的にそうしようと考えたわけですが、結局、それを実現する前に暗殺されました。カリグラが先取りをしていたとしても、マタイ福音書二四章に書かれているすべてのことは、やがてすぐに起きたことでしょう。事実、それからさらに三〇年経った時、ローマ軍は神殿を包囲し、神を冒瀆する軍旗がついにそこに置かれました。これがエルサレムの終焉の始まりでした。イエスや弟子たち、そしてユダヤ人の先祖たちの知っていた世界秩序が終焉を迎えたのです。

これらすべてが起きる時、イエスに従う者たちは何をすべきでしょうか。答えは、外へ駆け出して逃げるべきだ、というのです。でも考えてみてください。彼らは忠実なユダヤ人として生まれ育ったわけですから、当然、踏ん張って戦い、新しい抵抗運動に参加し、そしてそう、新しいメシアの戦列に加わることこそ本望と思えたことでしょう。実際のところ、弟子たちがイエスとエルサレムにやってきたのも、神の王国を実現する何らかの戦いが起きるかもしれないと期待したからでした。数章先で私たちは弟子の一人が暗闇の中、剣を振り回すのを目の当たりにしますが、なぜそんなことをするかと言えば、イエスがようやく自分たちに戦闘開始を望んだと思ったからです。しかしイエスが考えていたのはまったくそんなことではありません。そんなふうに神の王国が到来するわけではないのです。真の預言者としての、またメシアとしてのイエスの義が証明されるのは、そういう方法によってではありません。

弟子たちが逃げなければならないのは、エルサレムそれ自体が神の裁きの下にあるからであり、神殿に置かれた異教的象徴は、まさに神の裁きが下される予兆です。新約聖書が語る「救い」の意味の位相には、どのような位相であれ、非常に基本的かつ身体的な救いが包含されています。つまりここでの救いは、都に襲いかかろうとしている破滅からの救いであり、それをイエスは人々に望んでいるということなのです。予兆を見たなら、人々は自分の財産を持ち出そうとぐずぐずしてはいられません。神の裁きが今にも降りかかろうとしている町から、すぐに飛び出さなければなりません。大きな苦しみと困難の時がやってくるのです。

そして破滅がすべて現実のものとなれば、もはや疑う余地はありません。その出来事は隠しようがないのです。メシアの正しさが証明されるかどうか心配する必要もありません。そこに立っておられるメシア本人が、他の人にも見えるなどということはありません。正真正銘のメシアであるあかしは、時代のしるしから読み取ることができます。死体のあるところには禿鷹が集まるものだからです。古代の人々は必ずしも禿鷹と鷲を区別してはいませんでした。ですから、鷲の描かれたローマ軍の軍旗がエルサレムを包囲した時、それはあたかも、荒野で死体の周りを猛禽たちが旋回し、今にもとどめを刺しにやってくるように見えたかもしれません。

繰り返しますが、一世紀の恐ろしい時代は、世界と教会が何度も経験しなければならなかった他のいくつかの恐ろしい時代と響き合います。この原稿を書いている今、私の脳裏によぎるのは、悪政から逃れ、信仰ゆえに拷問され、殺されようとしているキリスト者の兄弟姉妹たちです。彼らは手っ取り早い解決を提供してくれる偽メシアにつき従おうとする誘惑に駆られるかもしれません。ただ、この聖書箇所が主として述べているのは、現代の私たちのことではありません。ここで重要なのは、イエスと弟子たちの時代に、世界がこれまでで最も大きな動乱を経験し、その経験を通して新しい神の国の誕生が始まったという事実です。それ以来ずっと、この事実と共に生きること、そしてそれが示す長期的な意味を理解することが、キリストの弟子としての歩みを形作る本質的な要素となっているのです。

二四章二九―三五節　人の子の到来

29イエスは続けて言いました。「そうした日々がもたらす苦難の後、たちまち

太陽は暗くなり、
月は光を放たなくなり、
星は天から落ち、
天の諸々の力は揺り動かされます。

30そしてそれから、人の子のしるしが天に現れ、その時、地のすべての民族は嘆き悲しむでし
ょう。人々は、権力と偉大な栄光を伴って『人の子が天の雲に乗ってやってくる』のを、見るこ
とになります。31彼は大きなラッパの音と共に使者たちを遣わし、彼らは天の果てから果てまで、
四方から、人の子が選んだ者たちを呼び集めるでしょう。
32イチジクの木から、隠された意味を学びなさい。枝が芽を吹き、葉が出てくると、夏の近い
ことが分かります。33あなたがたも同じです。これらすべてのことを見たなら、人の子が戸口ま
で近づいていると知りなさい。34よく聞いておきなさい。これらすべてのことが起きるまで、こ

の世代がいなくなることはありません。35 天と地は消え去るでしょう。しかし私の言葉が消え去ることは決してありません」。

私の友人は作曲家です（もし今とは違う人生を歩んでいたら、私も作曲家になりたかったと思っているので、その友人のすることには特に関心を持っています）。ある日、私は、彼が執筆中の特別な作品に取りかかっている様子を見ていました。彼の前には大きな五線紙が置かれており、そこに引かれた十数列の五線は、音符が書き込まれるのを待っていました。

その時に彼が書こうとしていたのはクラリネットのパートでした。数行下には鉛筆でヴァイオリンのパートがすでに書き込まれています。金管楽器のパートがくるはずの中間あたりには、いくつかの走り書きがありました。フルートとピッコロについての着想があったので、それらのパートにはいくつかのメモがすでに書き込まれており、何が木管楽器群のクラリネットと調和するのかが示されていました。

執筆中の友人をそのままにして、私は他のことをやっていましたが、その後一、二時間してコーヒーを飲むために一緒になった時、彼はそのページを見せてくれました。大体完成していましたが、実に、一五秒ほどの音楽を作るために、彼は数時間かけて、一つ一つ順番に個々の楽器の音符を書き上げねばならなかったのです。聞く時にはすべてが一緒に音を出すのですが、各パートの音符は（もちろん）別々にきちんと記される必要がありました。

ここでその制作過程を逆からたどってみましょう。まず短い音楽が流れます。それは数秒で終わります。そこでオーケストラのところへ行き、楽器担当の一人一人に彼らのパートを弾くようお願いします。ピッコロからはじまってコントラバスで終わるまで、おそらく数分はかかるでしょう。本来ならば短い一つの音楽作品も、こうして一つ一つを紡いでいけば、かなりの長いものになるはずです。

　私たちの目の前にある楽曲のような聖書箇所を読むためには、それなりの想像力が必要です。聖書にもよく、いくつかの楽節が合わさって、一つの短く、ぎっしりと目の詰まった和音や反復進行《ゼクエンツ》のようになる部分があります。それを理解するには、一つ一つを別々に取り上げて、その個々の音楽に耳を傾ける必要があります。特に預言ともなると、聖書の記者は、しばしばそれらすべてがあたかも一つの出来事であるかのような語り方をするのですが、彼らはそれが順々にやってくる出来事の反復だと分かっていましたし、実際にそうだったことを私たちも知っています。

　この箇所が奏でようとしているのは「人の子の到来」と呼ばれる曲です。今日、一部の教会では、ほとんどこの曲しか歌わないのですが、そういう教会はいつもキーを間違えて歌っているのではと私は心配しています。管弦楽法というのは豊かで濃厚なものですから、一節ずつ吟味していく必要があるのです。

　預言者イザヤからの一節がここには見られます。「太陽は暗くなり、月は光を放たなくなり、星は天から落ち、天の諸々の力は揺り動かされます」。これは何を意味しているのでしょうか。

　イザヤにとって、また一世紀にイザヤ書を読んでいる人々にとって、一つ明らかなことは、この一節は、空にある実際の太陽や月、星とはあまり関係がないということでした。それはまったく違う曲を奏でていたことでしょう。この言い回しはよく知られたものでした。いわば社会的、政治的動乱について語るための常套的な方法だったのです。帝国が「倒れる」とか、国が「起こる」という場合、通常私たちは実際に物理的な上げ下げの動きを想像するわけではありません。マタイが私たちに教えようとしているのも、人の子がやってくるのは、全世界が動乱の中にあるような時だ、ということです。

しかしこの「到来」そのものは実際にどんなものになるのでしょうか？　イエスが「王にふさわしく出現する」ことは、何によって分かるのでしょうか？　マタイは私たちを、イエスの教えに十分即して、預言者ダニエルへと再び連れ戻します。それがダニエル書七章一三節の重要な箇所（それに対応するマタイ福音書の箇所は三〇節）です。人々は「人の子が天の雲に乗ってやってくる」のを見るであろうと彼は言います。ところが、ダニエルでは明らかに、この一風変わった人の姿は、上から下へとやってくるのではなく、むしろ下から上へとやってくるのです。天上の世界の視点から見て、人の子がやってくる、すなわち地上から天へやってくるのです。その意味で人の子の「到来」は、言い換えれば、天上にしばらく滞在したあと地上へと「帰還」するのではないということになります。それは彼が天に昇り、彼の義が証明されること、彼の苦しみが無駄ではなかったことの動かぬ証拠なのです。

それでは、イエスが神によって義と認められていることを明示するものは何でしょうか。三つあります。

一つ目は、彼の復活と昇天です。壮大で劇的、かつ極めて重大なこれらの出来事は、ユダヤ人の最高法院や異教徒の死刑執行人たちの判断をひっくり返すものです。これらの出来事が示すのは、イエスがまさに「人の子」であり、「獣たち」もしくは「怪物たち」――その中にはイエスの時代の神殿とその管理者たちも含まれているように思えるのですが――の手によって苦しみを受け、にもかかわらず、神によってご自身の真実な代弁者であると宣言されるということです。

二つ目は、神殿の破壊です。イエスは預言者として語り、神殿の崩壊を予言しました。それは彼が預言者的能力を勝手気ままに行使したのではなく、神殿が彼の時代のイスラェルの悪すべてを象徴するようになったためでした。そしてそれに先立つ恐ろしい苦しみも預言しました。二五節でイエスが、前もってそれについて弟子たちに語った、という事実を強調するのはそのためです。イエスが真の預言者であることを彼らは信じなければなりません。人を惑わす者たちが行う不思議なことに彼らは騙されてはなりません。神殿がついに崩れ落ちる時、それはイエスが真実を語っていたのだというしるしになるでしょう。それがイエスの正しさを物語るものとなるのです。イエスが世界よりも、そして神殿よりも高く上げられることは、歴史のページに大きな文字で書きつけられることでしょう。当時の人々はそれを「彼らは人の子のしるしを天に見る」（三〇節）と言ったのです。

三つ目に、イエスの勝利の知らせは瞬く間に世界中に広がります。人々が目の当たりにするのは、他の国の使者が一人で、あるいは小さな集団で、国から国へと旅をして回り、最近処刑されたユダヤ人の預言者こそ神によって正しさを立証された方であり、メシアであり、この世界の王だと、人々に語る光景でしょう。しかしそれは表層的な出来事でしかありません。もっと深い次元で起きているのは、唯一の真実なる神が、すべての被造物に対して、イエスこそ神によって定められた世界の王であると告げ知らせるということです。当時の人々はそれを「彼は使者（もしくは「御使い」）たちを遣わし」、「天の果てから果てまで、四方から、人の子が選んだ者たちを集める」と言いました。もし私たちが聖書の記者たちを理解しようと思うのであれば、もう一度彼らのやり方で、彼らの言葉を読み解く学びが必要なのです。

イエスが弟子たちに語ったこれらすべてによって、彼らはいつ大きな異変が起こるかを知ることでしょう。木々の葉を見れば、夏の近いことが分かります。これらの出来事を見れば、神殿の破壊やイエスの完全な名誉回復というもっと大きな出来事が、すぐそこまで来ていることを理解することができます。忘れないようにとイエスが言う（そしてマタイが強調しようとする）のは、それが一世代のうちに起こるであろうということです。

これこそが、この箇所でこれまで語られてきたすべてのことを、エルサレムの破壊とそれにまつわる出来事への言及と解釈しなければならない最も重要な理由です。イエスの言動すべてにおいて、その時がいかに重要であるかを認識して初めて、私たちはイエス自身が意味することを理解できるのです。

ここで作曲家と音楽の話を思い出していただきたいのです。私たちは何世紀もあとになってこうした箇所を読んでいるわけですが、ここでひとまとまりに語られていることは、音楽にたとえれば、一つの短い楽曲を聴いているようなものです。その曲は、神の長期的な視野から見てみると、別々のパートを一つ一つ数珠つなぎにして演奏することもできます。いったんこの箇所の本来の意味が明らかになれば、他の出来事にも適用可能な手懸かりとして、この章を読むことができるようになります。紀元一世紀に始まった御業を神が完成され、完全な創造の秩序がもたらされ、ローマ書八章におけるパウロの約束にもあるように、すべての被造物が神の子供たちの栄光の自由〔八・二一〕に与るという、私たちが待望する時の出来事にも適用可能な手懸かりとして、この箇所を読むことができるのです。一世紀の出来事を振り返る時、私たちは同時に、神が今も約束されている未来に目を向けるべきですし、イエスがすべての時代と歴史の主として、すでに王位についていることを神に感謝したいものです。

二四章三六―四四節　予期せぬ到来

[36]イエスは続けて言いました。「このことが起きるその日、その時がいつなのかは誰も知りません。天の御使いたちも子も知りません。ただ父だけが知っています。[37]いいですか、人の子が王として現れるのは、ちょうどノアの時のようになるでしょう。
[38]それがどういうことか分かりますか？　そう、洪水前の時、ノアが箱舟に入るまさにその日まで、人々は飲んだり食べたりしていました。結婚したり、子供たちを嫁がせたりしていたのです。[39]洪水がやってきて、すべての人々をさらってしまうまで、彼らはそれを知りませんでした。人の子が王として現れる時も、それと同じようになります。
[40]その時、二人の男が畑で働いていると、一人は取り去られ、一人は残されるでしょう。[41]二人の女が粉ひき場で臼をひいていると、一人は取り去られ、一人は残されるでしょう。

42ですから目を覚ましていなさい。どんな時にあなたがたの主が来られるか、あなたがたは知らないからです。43ただ、次のことはよく心に留めておきなさい。もし泥棒が夜の何時に来るか分かっていたら、家の主人は、目を覚ましていて、自分の家に押し入ることを許さないでしょう。44ですから、あなたがたも用意をしていなさい。人の子は、思いがけない時にやってくるからです」。

夏の暑く晴れた日曜の午後のこと。家族が集まり、何人かは休暇で仕事から解放され、家の中や庭でくつろいでいました。あたりには本や雑誌にコーヒーのマグカップ、新聞やビスケットの箱が置かれており、大きな家族が集まると一時間足らずで出現するような、雑然とした中にも楽しげな雰囲気が、至るところに見られました。

突然、ドアのチャイムが鳴りました。どんな友だちが訪ねてきたのかとぼんやり考えながら、まったく普段着のままでしたが、ドアを開けました。すると恐ろしいことに、ドアの外には立派な服装をしたお客さん三〇人ほどの集団が立っていました。彼らは何カ月も前に、名所旧跡となっていた我が家を見学に来ることになっていたのです。ところが私も家族も、そんなことはすっかり忘れていました。

そのあとの五分間はご想像通りです。お客様にはしばらくの間、（「外から家の概観をよく眺めていただくために」）庭へと入ってくださるよう促し、その間に家族全員を動員して家の中を片付けました。数分のうちにすべてがきちんと小綺麗になり、子供たちは寝室へと退却。私たちは再び玄関の扉を開けて、訪問は何事もなく進行しました。

家は集中すれば数分で片付けられますが、生活や文化となると、全部まとめてすっかり変えてしまうことはできません。ドアのチャイムが鳴る頃までには、もう手遅れになっているのです。それがこの箇所と次の箇所で言われていることです。

この箇所は、前回と同様、二つの違う種類の出来事に適用されてきましたが、イエス自身はどちらの出来事も念頭にはありませんでした（ただ、マタイはすでに先を見越していたのだと考える人もいます）。まずその二つの出来事を見ていきましょう。

まず多くの読者は、この箇所がキリスト者にイエスの再臨に備えるよう警告しているのだと理解してきました。この章の前半部分で語られている人の子の「到来」を、彼の義が証明されて天へと昇ることではなく、地上に戻ってくることだと解釈するならば、それは再臨の警告とぴったり調和します。使徒行伝一章や第一テサロニケ書四章、そしてその他の至るところで、やがて神が世界全体を創り変える時、イエス自身が中心的な役割を果たすと約束されているからです。イエスは再び「現れる」とパウロやヨハネも述べています（例えばコロ三・四、Ⅰヨハ二・二）。誰もそれがいつ起こるか分からないので、すべてのキリスト者は常に心の準備をすることが重要になるのです。

一方で、他の多くの読者は、この箇所が自分自身の死にいつも備えるようにという警告であると理解してきました。死後すぐに何が起きるかに関する考え方はそれぞれですが――これは敬虔なキリスト者たちがしばしば意見を戦わせてきた問題です――明らかに重要なのは、細かいことはさておき、いつその日がやってきたとしても、未知の世界に大きな一歩を踏み出す心の準備が私たちには必要だということです。だからこそ、毎週礼拝に出席し、祈り、聖書を読み、自らをよく吟味し、キリスト者として従順でいることを通して、神にすぐ申し開きをすることがとても重要になるのです。

この箇所は二通りのどちらか、もしくはどちらにも読むことができます。聖書において神の声は、それを書き留めた記者が想像もしなかったような聞こえ方をするものです――しかし重要なのは、記者が意図した意味をはっきりと操縦桿のように把握することです。そうすれば、本来聖書が語ってもいないようなことを、なんでもかんでも聖書に「証拠立て」させるようなことにはなりません。ですから、マタイの言葉を初めて聞いた聴衆が理解したように、私たちもその箇所を理解することが大事です。この箇所で、私たちはエルサレムとその周辺地域に降りかかろうとしていた大きな危機に立ち戻ることになります。それがいつのことになるかは、彼らにはまだ分からない未来のことでした――しかし現代の私たちはそれが紀元七〇年、ローマとユダヤとの間で勃発した戦争の重大な局面で起きたことを知っています。人や家族やすべての社会集団を荒廃させることが起きようとしていました。それは人々を脅かす恐ろしい出来事であるのと同時に、「人の子の到来」、すなわちイエス自身の再臨（パルーシア）、「王としての来臨」、として理解されるべき出来事でした。この箇所全体はそれがどのような出来事になるかを示しています。突然立て続けに一連の出来事が起こり、やがてエルサレムと神殿の崩壊により終焉を迎えることになるでしょう。

この箇所が主張している出来事は三段階でやってきます。

最初は、誰もそれがいつ起きるかをはっきりとは知りません。分かっているのはただ、一世代のうちにそれが起きる（三四節）ということだけです。

第二段階では、人々の生活は、まさにその時まで、ごく普通に営まれており、その点でノアの時代と重なっています。洪水がすべてを飲み込んでしまう（と考えるマタイの念頭には七・二六―二七があるかもしれませんが）その時まで、人々は普通に生活を続けており、何も変わったところはありませんでした。

第三段階では、家族や仕事の同僚たちが二つに分断されます。「一人は取り去られ、一人は残される」のです。これは（ある人々が述べているように）一人が神によって「取り去られ」て、ある種の超自然的な救いに与り、一方の人は「残され」滅びに遭う、ということを意味しているのではありません。どちらかと言えば逆の意味です。つまり侵略軍が町や村を荒らしてゆく時、ある者たちは死へと連れて行かれ、他の者たちはそのまま無傷で残されるだろうということです。

結論は――イエスが弟子たちに一生懸命分からせようとしていたのはまさにその結論でしたが、弟子たちのほうは、この結論に至る前に、これからどうなってしまうのかと途方にくれていました――イエスに従う者たちは常に目を覚ましていなければならないということでした。遅かれ早かれ、急な来客があるだろうけれど、それがいつなのかはっきり分からない、そんな人のように目を覚ましていなさい、と。

イエスの警告は、主に紀元一世紀、イエスの死と復活のあと、神殿に関するイエスの言葉が成就する前の、緊急非常事態に向けられたものでした。しかしその言葉は後の時代、そして私たちの時代にも響いています。私たちが生きているのも、危機的な動乱の時代です。来週、来年、何が起こるか分かっている人は誰もいません。準備はいいですか？　目を覚ましていますか？　各々の教会が、そしてキリスト者一人一人が、この問いに答える責任があるのです。

二四章四五―五一節　賢い召使いと悪い召使い

[45]イエスは続けて言いました。「とすると、主人が家内の者たちの上に立たせ、適切な時に彼らに食事を与える忠実で賢明な奴隷の役割を果たすのは誰でしょう? [46]主人が帰ってきた時、そのようにしているのを見てもらえるしもべは幸いです。[47]よく言っておきますが、主人はその人を昇進させ、自分の全財産を管理させるようになります。[48]しかし、彼が悪い奴隷で、『主人は手間取るだろう』と心の中で思い、[49]仲間の奴隷たちを打ちたたき、酒飲み仲間と食べたり飲んだりしているなら、[50]その奴隷の主人は、彼の思いもかけない日、彼の知らない時に帰ってきて、[51]彼を二つに切り裂き、偽善者たちと一緒にするでしょう。そこで人々は泣いて歯ぎしりするのです」。

代表取締役が市郊外での会議から戻ってくる時に、見慣れてはいるものの、思いもよらない光景を見ました。前方の通りを曲がってきたのは、自分の会社が所有するワゴン車だったのです。こんなところで何をしていたのだろう? 町のこのあたりに会社の取引先はなかったはずだが。何か起きたのかな。

取締役は車のナンバーを控え、その日、あとになって運転手を呼び出しました。運転手が白状したところによると、彼は掛け持ち仕事をしていました。ワゴン車を所有する会社の配送業務をする一方、別の会社の仕事も同時に行っていたというわけです。この点で彼は、見せかけと実体の異なる偽善者であり、役者でした。この日が彼の会社で働く最後の日となりました。

もちろん昨今では、トラックや商用車に電子機器が積まれ、車のスピードや休憩時間、ガソリン消費など何でも、すべての状況が記録されるようになっています。「車の中にスパイが乗っているようなものだ」と運転手たちは腹を立てますが、少なくとも、不正を犯したらただでは済まないことを運転手たちは理解するでしょうし、部下の不正行為の現場に上司がばったり遭遇することもなくなるでしょう。

マタイ福音書二四章全体を通して、そして二五章でも、それぞれ違うエピソードが登場するのですが、見ているドラマは一緒です。この箇所で私たちが見るのは、仕事で出かけた主人が突然戻ってくるという話です。帰ってくると雇い人たち（当時の世界では奴隷たち）は、なすべきことをしているでしょうか？　これまで何度も見てきたように、当時、主人と召使いの話は、ほぼ確実に、神とイスラエルに関する物語として理解されたことでしょう。神はイスラエルになすべき仕事を与えて出かけられた。お戻りになった時、神はイスラエルの仕事の達成度をどう判断されるだろうか、と。

同時に、オリーブ山で弟子たちに語りかけているイエスの視点からすると、この話にはもう一捻りあるかもしれません。イエスは弟子たちに仕事を任せようとしています。それは、福音をすべての国に宣べ伝える（二四・一四）という重要な仕事です。弟子の何人かは苦闘する揺籃期のキリスト者共同体で重い責任を負うことになるでしょう。どうすればその職務を果たせるでしょうか？

この箇所で提示されるのは、はっきりとした選択肢です。家政を預かった奴隷には任務があり、それを遂行しなければなりません。もし奴隷が主人の帰りはまだずっと先のことだと考えて、面白おかしく暮らし、（さらに加えて）仲間の奴隷たちを邪険に扱うとなると、かなり困ったことになるでしょう。彼は見せかけと実体が異なる役者、偽善者となるのです。そしてお馴染みの恐るべき主題の繰返しが登場します。すなわち、そういう人々は外の暗闇に放り出され、そこで彼らは泣いて歯ぎしりをする（八・一二、一三・四二、五〇、二二・一三、そしてこのあとの二五・三〇）であろうと。

一方は目を覚ましてなすべきことを行い、他方はなすべきことを忘れ、真逆を行く――こうした二種類の奴隷の違いは、単に善と悪、従順さと不従順の違いというだけでは片付けられません。これは知恵と愚かさとの違いです。この二者択一は次の話でも重要な要素になっており、それがどこから来ているのかをここで少し考えてみる価値があります。

古代ユダヤの伝承を深くたどると箴言に突き当たります。箴言は、大部分が簡潔な格言という形で、そしてしばしば格言より長めの叙述の形で、賢い人と愚かな人との対照性が非常に細かく描かれているのが分かります。もちろん、話の結論としては、賢い人が神を敬い尊ぶ人、愚かな人は神を忘れる人ということになるのですが、その知恵と愚かさの現れ方がとても多岐に及び、例えば、日々の暮らしや仕事、家や農村生活、将来の計画、他の人々の扱い方において、正直か不正直か、一生懸命な仕事ぶりか怠惰か、不道徳な行為への誘惑を認識し、それを回避する能力があるかないか、にまで及びます。イエスがここで引き合いに出しているのは、こうした知恵文学の伝承であり、その伝承は旧約聖書以降もユダヤ教の中で発展し続け、初期キリスト教の中にもヤコブ書のような手紙の形で入り込みました。マタイ福音書でも、重要な場面で、そうした伝承をすでに見てきました。すなわち、賢い人が岩の上に家を建て、愚かな人が砂の上に家を建てた（七・二四—二七）という話です。

しかし、この箇所が主張する「賢さ」と「愚かさ」は、どんな場合においても神の御心を行うことができるかどうかという点だけにとどまりません。ここで賢さは、生きておられる神がいつ扉を叩いたとしても、常に準備ができていることを意味します。さらに、いったんイエスが到来して、神の王国を世界にもたらしたなら、賢さと愚かさのバロメーターは、神のタイムテーブルの中で、今がいつに相当するのかを知っているか否かということです。特に現代において、賢さは、イエスの到来によって世界が転機を迎えたという認識、そして我々は常に自分自身の申し開きができる用意をしなければならないという認識にこそ存するのです。

もちろんこれらの警告は、福音書の全体像において理解される必要があります。それが指し示すのは、すべてのさまざまな人々にとめどなく行き渡る神の愛をイエスが体現していることです。当然、私たちはしくじることもあるでしょう。なすべき仕事の合間にウトウトしてしまうこともあります。ですから、イエスに従う者の務めは、私たちが常にすべてをきちんと実行することではなく、ペトロやその他の弟子たちのように、どこで道を誤っているのかをすぐに発見し、軌道修正のための対策を講じることです。

とはいえ、私たちは、イエスが宣言している罪人の招きを受け、そして失敗して目が覚めた時にいつも用意されている赦しを受けつつ、さらに高い難易度の用心深さや忠実さを求められています。神

の恵みを怠慢の口実に使うことはできません（ある哲学者は言いました。「神は私を許してくれるだろう、
だってそれが彼の仕事だから」と）。自分が見られていないと思う時でさえ、私たちは、多くを与えら
れた者には多くが求められているということを、忘れてはならないのです。

二五章一―一三節　賢い娘と愚かな娘

1「ですから」とイエスは続けて言いました。「天の王国は、それぞれ灯火を手にして花婿を迎
えに出る一〇人の娘たちに似ています。2その中の五人は愚かで、五人は賢明でした。3愚かな娘
たちは、灯火は持っていましたが、油を用意してはいませんでした。4賢い娘たちは、自分の灯
火と一緒に、入れ物の中に油を用意していました。
5花婿が来るのに手間取っていたため、彼らはつい居眠りをして、寝てしまいました。6真夜中
に、『花婿が来た！　迎えに出なさい』と叫ぶ声がしました。7そこで娘たちは皆起きて、自分の
灯火を整えました。
8愚かな娘たちが賢い娘たちに言いました。『あなたたちの油を分けてください！　私たちの灯
火が消えそうです！』
9しかし賢い娘たちは答えて言いました。『だめです！　そんなことをしたら、全員の油が不足
してしまいます！　店に行って自分の分を買ってきたほうがいいのでは』。

10こうして彼らは油を買いに出かけましたが、出かけている間に花婿が到着しました。用意の
整っていた娘たちは、花婿と一緒に婚礼の祝宴に入り、扉が閉められました。
11あとから他の娘たちも戻ってきて、『ご主人様、ご主人様、どうぞ扉をあけてください』と言
いました。
12彼は答えました。『本当のことを言いますが、私はあなたがたを知りません』。
13ですから、目を覚ましていなさい！　あなたがたは、その日その時を知らないのですから」。

お客さんたちはすべて到着して席に着いていました。オルガン演奏が始まっています。お婿さんと付添人も三〇分前から待機しており、カメラマンもカメラを構えています。花々はどれも美しく飾られており、聖歌隊は賛美歌を練習しています。でも花嫁がどこにも見当たりません。

その日、私は司式をすることになっていたので、教会から抜け出し、角を曲がった通りまで出てみると、花嫁を見つけました。花嫁の乗った車は数百メートル先で渋滞に巻き込まれていたのです。たまりかねた花嫁と付添人たちは歩くことにしたようで、彼らは歩いて通りをこちらへとやってきます。そこで私は祭服で正装したまま、道路に出て、交通整理をしました。車はクラクションを鳴らし、人々は手を振って「おめでとう」と叫びました。たっぷり一五分遅れて、結婚式が始まりました。

どんな文化にも結婚を祝うそれぞれのやり方があり、事が思い通りに運ばなくなる事情もそれぞれです。かつて私の知人家族は、教会に行く途中で車が故障してしまうことを恐れて、車を二台借りました。もしもの時に備えたのです。二台目の車は誰も乗せずに、一台目の車のあとをついていきまし

た。文化が違えば、もしもの危険も違ってきます。中東では今日に至るまで、結婚する二人がそれぞれ家族の保護のもとから離れ、新しい別の家族として暮らし始めることを公に宣言する時、人生においておそらく最も重要な節目となる儀式の一つを行うためのさまざまな習わしがあります。

中東では今日でも、この箇所で描かれているのとまったく同じ結婚式の慣習が、いくつかの場所に残っています。現代の西欧社会では、結婚式を真夜中に行うことは普通ありませんが、中東の文化では、夜が更けて行われる松明行列がよく知られています。挙行の手順は何段階もあるようで、祝宴前の早い段階で花婿の到着が遅れ、やがてようやく花嫁の付添人たちによって花婿が迎えられるという可能性も高いのです。

この譬え話の地域的特性についてはこのぐらいにしましょう。詳しく話し出すと、他の慣習に慣れている人々を混乱させてしまうかもしれませんので。むしろこの箇所で起きている他のことに着目してみましょう。備えることの必要性についてイエスはこれまで繰り返し警告を発してきたわけですが、この**譬え話**は何をそれにつけ加えているのでしょうか？

この話が知恵と愚鈍――賢明であることと愚かであること――を対照させるユダヤ教的伝承に基づいていることは、前の話よりもずっと明らかです。箴言の記者は、知恵と愚鈍を二人の女性たちに見立て、通りすがりの男たちに呼びかけて、それぞれの生活習慣に彼らを招く女性として描いています。その知恵嬢と愚鈍嬢がこの譬え話では、それぞれ若い五人の娘たちへと変えられており、この話は聞き手に、どっちになりたいか決めるよう促しているのです。明らかに、この場合は、灯火のための油を準備していた娘たちが知恵を意味し、手遅れになるまで油のことを考えもしなかった娘たちは愚鈍を意味しています。

　この話の中で、油が何を「象徴している」のかと詮索するのは、おそらく間違いでしょう（ある人たちはそれが善行の象徴だと言い、他の人は、信仰もしくは愛、あるいはキリスト教的徳性のほとんどすべての象徴だと言っています）。これはそうした類いの話ではないのです。この話それ自体の世界では、油が意味しているのは単に、肝心な時のための備えができているということです。こうした譬え話をすべてひとつの解釈の型に押し込んで、それぞれの細かい部分を適合させようとしても、それは無理です。実際、五節が示すように、この譬え話の娘たちは全員、「賢い」娘たちも含めて眠ってしまい、それに対して一三節で、イエスは弟子たちに、目を覚ましていなさいと語っているのです。さらに、油が何を意味しているかというような細かい問題に気を取られていると、重要な点を見逃してしまいます。問題は心の備え、準備ができていること、賢明であること、先見の明を持つことです。そして遅かれ早かれ危機はやってくるから、今準備をして、それまでにしっかり備えをすれば、あとで後悔することはないと自覚することです。

　この譬え話に限っては、ユダヤ教の文脈に深く根ざし、伝統的な花婿の到来に関する賛美歌作曲の原点にもなっている、もう一つの側面があります。すでにマタイの福音書でイエスは自分自身を花婿として言及していますし（九・一五）、前出の譬え話においても、イエスは神の王国を語る際、それを、息子のために結婚披露宴を行う王に譬えています（二二・二）。花婿への言及は再度イエスのメシア性を想起させることになり、そのメシア性こそ、言うまでもなく、イエスがエルサレムに到着してからずっと、これまでの章で中心的な問題だったのです。

そう考えると、この譬え話が単にこの世の終末、世界と教会とがじっと待ちわびている恐るべき大いなる日、についての話ではないということが明らかになります。イエスはその働きの最初から最後まで、メシアとして、彼の民イスラエルのもとにやってきた方でした。イスラエルは披露宴に招待された人々だったのです。この譬え話でイスラエルは二つに分類されています。イエスを知り、その「到来」を注視することに余念のない賢い人々と、最後にイエスから「私はあなたを知らない」（一二節、七・二三の繰り返し）と言われることになる愚かな人々です。山上の説教は、後に成立する教会に向けられたイエスの教えを要約したものではなく、当時のイスラエルに対するイエスの異議申し立てを要約したものでした。おそらくそれと同じように、マタイ福音書の最後の説教の終盤にあるこれらの譬え話も、少なくとも最も基本的な意味においては、解釈されるべきでしょう。

こうした結論にちょっと距離を置きたくなる方がいらっしゃるかもしれません。というのは、一部のイエスの教えが当時の時代的状況にもっぱらかかわっていると論じれば、あたかもそれが他の時代にはまったく関係がないかのように思われてしまいそうだからです。しかしそんなことはありません。イエスが行ったことは唯一無二の決定的な業であり、世界の在りようや世界に対する神のかかわり方を永久に変えてしまうことだったからこそ、私たちは今、イエスが王としてこの世界を統治する新しい時代に入れられたのです。そしてイエスと最初の弟子たちが生きた唯一無二の時代と同様、この新しい時代においても、私たちはこれまで以上に、私たちがその務めを怠って神の御業やその必要に関心を払わなくなることのないよう、そしてその時が突然やってきても慌てることのないよう注意する必要があります。

二五章一四—三〇節　タラントンの譬え話

[14]「天の王国がどんなものになるかは次の通りです」とイエスは続けて言いました。「つまりそ
れは旅に出かける人のようです。その人は、自分の奴隷たちを呼び出して、財産の管理を彼らに
委ねました。[15]彼は最初の者に五タラントン、次の者には二タラントン、そして最後の者には一
タラントンを与えました——それぞれの能力に応じて。それから彼は旅に出ました。
するとすぐに[16]五タラントンを渡された者は出て行って、それで商売をして、さらに五タラン
トンをもうけました。[17]二タラントンを受け取った者も出て行き、さらに二タラントンをもうけ
ました。[18]しかし一タラントンを受け取った者は出て行って地面に穴を掘り、主人の金を隠しま
した。
[19]かなり時が経って、奴隷たちの主人が帰ってきて、彼らと勘定を精算しました。[20]五タラント
ンを受け取った者が進み出て、もう五タラントンを差し出して言いました。『ご主人様、あなた
は私に五タラントンを預けてくださいましたが、ご覧ください、さらに五タラントンをもうけま
した！』[21]主人は言いました。『本当によくやった。お前は素晴らしい忠実な奴隷だ！　お前はわ
ずかなものに忠実だったから、今やもっと多くのものをお前に管理させよう。お前の主人の祝賀
会に来て、一緒に喜んでくれ』。

[22]そして、二タラントンの者も進み出て言いました。『ご主人様、あなたは私に二タラントンを
預けてくださいましたが、ご覧ください、さらに二タラントンをもうけました』。[23]主人は言いま
した。『本当によくやった。お前は素晴らしい忠実な奴隷だ！　お前はわずかなものに忠実だっ
たから、今やもっと多くのものをお前に管理させよう。お前の主人の祝賀会に来て、一緒に喜ん
でくれ』。
[24]すると、一タラントンを預かっていた者も進み出て言いました。『ご主人様、私はあなたが厳
しい方だと知っておりました。あなたは蒔かなかったところから刈り取り、投資しなかったとこ
ろから利益を得る方です。[25]だから私は恐ろしくなり、出て行って、あなたのタラントンを地の
中に隠しておきました。ここにあなたのお金がございます。どうぞお納めください』。
[26]主人は彼に答えて言いました。『邪悪で怠惰な奴隷だ！　そうか！　お前は私が蒔かなかった
ところから刈り取り、投資しなかったところから利益を得ると分かっていたのか。[27]ならば、お
前は私の金を銀行に預けておくべきだった。そうすれば、私が帰ってきた時、私のものを利息と
一緒に返してもらえただろうに！
[28]さあ、そのタラントンを彼から取り上げ、一〇タラントン持っている者に与えよ』。[29]（こうし
て、すでに持っている者はさらに与えられ、もっと豊かになりますが、持っていない者は、持っている
物すら取り上げられるでしょう。）[30]『しかし、この役に立たない奴隷は、人々が泣いて歯軋りをす
る外の暗闇に追い出せ』」。

私がこの原稿を書いている今、この国の至るところで生徒たち――私の子供もその一人です――が全国共通試験を受けています。生徒によっては、そんなに重大な試験ではありません。どのくらい勉強ができたか、何を学び、何を忘れたか、新学期はどこから勉強を始める必要があるか、教師と生徒がただそれを確かめる試験かもしれません。しかし他の生徒には、この試験は人生の分かれ目です。彼らがここ一、二年勉強してきたことすべてが評価され、その結果が残りの人生の道を決めてしまいます。どんな種類の仕事に就くか、どこで生きてゆくか、その他、大小さまざまなことを決めてしまうのです。

キリスト教、ついでに言えばユダヤ教が、天国への入試制度のようなものだとみなされる危険はいつもあります。神が私たちに勉強内容の概要、学ぶべきこと、行うべきこと、遵守すべき規則を示していると人々は考えるのです。ある日、神がやってきて、最終試験を行い、受かる人と落ちる人を決めるのだろう。高得点を取った人にはとても素晴らしい将来が用意されているが、赤点の人はとてもひどい将来を覚悟しなければならない、と。そういう印象は、この箇所のような譬え話をちょっと読んだだけで、より強まります。

しかし、イエスの宣教を全体として見れば、もちろんそのような視点からキリスト教や福音書、そして神ご自身をとらえることはできないと言えるでしょう。イエスは、正しい者ではなく罪人を招くために来た、と宣言したのですから。イエスが来たのは、失われた者たちを探して救い出すためでした。イエスが律法学者やファリサイ派に警告したのは、徴税人や娼婦――当時、もしユダヤ教による試験が行われたらまったく受かる見込みのなかったような人々――のほうが、彼らより先に、天の王国に入るであろうということでした。さらにイエスは、マタイ福音書で丸々一章分を使って（二三章）、ユダヤ人指導者を自称する人々に、彼らが遵守しなければならないさまざまな法律で物事を考えることが、いかに危険かを教えたのです。

とすると、この譬え話は何について教えているのでしょうか？

普通に解釈をすれば、この譬え話が示唆するのは、やがてイエスがかなり長い期間不在となるため、弟子たちに準備を促し、取り組むべき仕事を弟子たちに任せようとしている、ということになるでしょう。イエスが戻ってきた時、弟子たちは、どんな仕事を残したかという基準で判定されるのです。当然のことながら、こういう解釈をすると、例の「入試制度」的なキリスト教理解へと陥ってしまいがちです。絶対にそうなるわけではありませんが、可能性はかなり高いと思われます。

しかし主人と奴隷に関する譬え話で重要なのは、仕事を奴隷に託したまま留守にしていた主人がいよいよ帰ってくるという話を、イエスの時代のユダヤ人は、神とイスラエルに関する話として理解していたはずだということです。ルカ福音書は、この譬え話をまさにそのように、私たちに理解させようとしています（一九・一一—二七）。これまで私がずっと述べてきたように、もしマタイ福音書における山上の説教やこの最後の説教がどちらも、当時の人々やそれに続く時代の人々に対してイエスが突きつけた課題として、真っ先に理解されるべきだとすれば、この譬え話も同じように解釈されるべきでしょう。

となるとこの譬え話は、イエスが律法学者やファリサイ派を弾劾するマタイ福音書二三章と密接に関係しています。主人の金を隠しておいた悪いしもべは、まさに律法学者やファリサイ派を表していると考えられるでしょう（ところで「タラントン」はお金の単位で、一タラントンはおおよそ職人が一五年働いて得られる額でした。現代の私たちが個人の有する資質や才能の意味で使う「タレント」は、まさにこの譬え話から出てきた言葉です）。それではどのような意味で、彼らはタラントンに相当するものを与えられたのでしょうか？

律法学者やファリサイ派は、モーセの律法を与えられていました。彼らは神殿を与えられ、神殿は神が彼らの中に臨在しておられることの象徴でした。彼らはまた、神がイスラエルを祝福し、またイスラエルを通して全世界を祝福するという素晴らしい約束を与えられていました。ところが彼らは地面に穴を掘り、与えられたものを埋めてしまったのです。世の光になりなさいという命令を、自分のための光を持ちましょうという奨励へ変質させてしまったのです（五・一四―一六）。彼らは役立たずの奴隷でした。そして今、彼らの主人がついに帰宅することになり、主人は決算報告のために奴隷たちを召集しようとしたわけです。エルサレムの町と神殿の差し迫った崩壊は、主人の命令に背いた召使いたちに主人が下す罰として認識されたことでしょう。

この譬え話が何度も強調するのは三番目の奴隷、すなわち愚かさゆえに主人の寛大さに応えることのできなかった人物です。それでは主人の信頼に適切に応えた他の二人は誰のことなのでしょうか？どうやら彼らは、イエスの召しを聞き、その召しに応じてすでにイスラエルに与えられていたものを発展させ、その結果、今やそれを新しいものに作り変えた人々であるように思われます。彼らは、一三章三一―三二節で語られたからし種のように、小さく始まり、大きく成長します。彼らは、芽吹き、花を咲かせ始めた神の王国を象徴する人々なのです。ですから今、イエスがエルサレムにやってきて、神の王国とそれを拒絶し妨害してきた既存体制との最終対決を強行する時――その時、イエスに忠実な者は、預けられたお金を賢く使った者のようになることでしょう。

こうしてみると、どんな意味での「最終試験」も、神の恵みと愛とがあらゆる点において満ちあふれるような、より大きな文脈の中に置かれていると考えることができます。確かに神は、人々が与えられた才能を賢く用いるよう心から望んでおられます。確かに神は、インマヌエル、すなわちメシアであるイエスの姿をとってこの世に来られ、選ばれた人々のうち誰が、神の降り注いだ祝福を有益に使ったか、お調べになります。そして確かに、一旦私たちがそのことを認めたら、神はイエスという人格を通して今も、この世におけるキリスト者の行いすべてを厳密に調べ、吟味しているのだということを、私たちは、新約聖書全体に即して、至極もっともだと認めることができるのです（とりわけⅠコリ三・一〇―一五、Ⅱコリ五・一〇を参照）。これらすべてのことが非常に重要で、どれも無視することはできません。

しかし同時に私たちは、この譬え話やその他のこれに類する話が、創造主である神の全体像を示しているわけではないということも、常に心に留めておくべきです。なぜなら神こそこの世を創り、愛されるお方であり、その愛の人格的な表れとしてイエスをこの世に送られた方だからです。この譬え話がどこで語られているか思い出してみてください。まさに最高潮に達しようとしている物語の最終部分で語られているのです。物語のクライマックスは、人の子が「多くの人のための贖いの代価として自分の命を与える」（二〇・二八）まさにその時です。人々が泣いて歯軋りをする外の暗闇、そこに投げ出された人についてイエスが語る時、忘れてはならないのは、イエス自身がその暗闇への道を歩んでいたということ、そしてその場所は、イエス自身でさえも神が自分を見捨てたと感じてしまうほど（二七・四五―四六）の暗闇だったということです。

二五章三一―四六節　羊と山羊

[31]「人の子が栄光を帯びてやってくる時」とイエスは続けました。「そしてすべての御使いたち
を伴って来る時、彼はその栄光の座につくでしょう。[32]すべての国民は彼の御前に集められ、羊
飼いが羊と山羊とをより分けるように、彼らを一人ずつより分けるでしょう。[33]彼は自分の右に
羊を、左に山羊を置きます。
[34]その時、王は右にいる人々に言うでしょう。『ここに来なさい、私の父に祝福された人たち。
世界の基礎が据えられた時から、あなたがたのために用意されていた王国を受け継ぎなさい！
[35]なぜなら、あなたがたは私が空腹だった時に、食べ物を与えてくれたからです。私が渇いてい
た時に、飲み物を与えてくれたからです。私が異国人であった時に、私を歓迎してくれたからで
す。[36]私が裸であった時に着せ、病気の時に見舞い、牢にいた時に訪ねてくれたからです』。
[37]その時、正しい人たちは答えるでしょう。『主よ、いつ私たちは、あなたが空腹なのを見て、
あなたを食べさせ、渇いているのを見て、飲み物を与えたでしょうか。[38]いつ私たちは、あなた
が異国人であるのを見て、あなたを歓迎し、裸なのを見て服を着せたでしょうか。[39]いつ私たち

は、あなたが病気をし、牢にいるのを見て、あなたを見舞ったでしょうか』。40すると、王は答え
て言うでしょう。『あなたがたによく言っておきます。ここにいる私の兄弟姉妹たち、それも最
も小さい者たちの一人にした時、あなたがたはそれを私にしたのです』。
41それから、左にいる人々にも彼は言うでしょう。『私から離れよ！　あなたがたは呪われてい
る！　悪魔とその使いのために用意されていた永遠の火に入れ！　42なぜなら、あなたがたは私
が空腹だった時に、何の食べ物も与えてはくれず、私が渇いている時に、何も飲み物も与えてく
れなかったからです。43異国人であった時に、あなたがたは私を歓迎せず、私が裸だった時に着
せず、病気の時や牢にいた時、私を見舞ってくれなかったからです』。
44その時、彼らもまた答えて言うでしょう。『主よ、いつ私たちは、あなたが空腹だったり、渇
いていたり、異国人だったり、裸や病気だったり、牢にいたのを見て、何もしなかったでしょう
か』。
45その時、彼は答えて言うでしょう。『あなたがたによく言っておきます。ここにいる私の兄弟
姉妹たち、それも最も小さい者たちの一人にしなかった時、あなたがたは私にしなかったので
す』。
46こうして彼らは永遠の刑罰へと入り、正しい人たちは永遠の命に入るでしょう」。

二〇世紀全体を通して最も注目すべき出来事の一つは、オランダのハーグにある国際司法裁判所が設立されたことです。そのことに必ずしも誰もが賛成するわけではないでしょうが、どんな意見の持

ち主であろうと、世界的諸問題への対処方法として、裁判所の設立が素晴らしい前進であることは認めなければならないでしょう。

最近に至るまで、国際司法という概念さえ、本当には理解されていませんでした。しかし二〇世紀になると次第に情報伝達が容易になり、多量かつ凄惨な非人道的犯罪についても次第に知られるようになりました。世界中のコミュニティが一丸となって、不正の蔓延をただ呆然と立ち尽くして眺めるようなことはしない、と宣言したのです。

正義は人類が最も強く希求するものの一つです。正義が行われていないと、私たちは心の奥底で、何か調子が狂っていると感じます。正義は定義することが難しく、それを実行することはさらに難しいのですが、だからと言って、人類や社会が、正義を追い求めることをやめ、より良い正義を実現するための方途の模索を止めたことはいまだかつてありません。「正義」は単に「悪を懲らしめること」を意味するわけではありませんが、そのことを除外して考えることはできません。正義とは、世界に安定を取り戻すことを意味しているのです。

正義への熱心な希求が創造主の神から発するという信念は、ユダヤ教とキリスト教の伝承（この他の伝承にもいくつかうかがえますが、ここで注目したいのはこれら二つ）の中核をなすものです。ユダヤ教徒やキリスト者は、やがて神が世界規模の大きなスケールで、国際司法裁判所が想像もしないようなやり方で、正義を行うと信じています。神の裁きは公正であると考えられ、世界は正されるであろう、と。

人の子が到来するという聖書的イメージには、最後に正義が行われるという予告が含まれています。

聖書やその他のユダヤ文学には、この箇所に似た場面が多く見受けられます。マタイの福音書において、イエスの五つ目の説教で最後の結論部分に来るのは、これまでのような譬え話ではなく、私たちが二四章で見た終末の場面と呼応し、かつそれを発展させたものです。イエスは、苦しみを受けたあとで、世界の統治者として高く上げられ、その正しさを証明されることになります（この箇所は、イエスが名誉ある地位へと高く上げられたという上述の強調点を引き継いでいます）。今私たちが目撃するよう促されているのは、どのようにイエスの正しい統治が行われるかです。

羊と山羊への言及と、放牧の日の終わりに両者を分ける羊飼いへの言及（三二—三三節）は、読者の想像力をかき立ててきましたが、大事な話の付随的部分にしか過ぎません。中東では現代に至るまで、羊と山羊は普段、一緒に放牧されていますが、夜になると、耐寒性のない山羊が凍えないように、羊と分けなければなりません。両者を区別するのは、しばしばとても難しく、色は似ていますし、違ったところと言えばもっぱら、羊の尻尾は垂れ下がっているのに対して、山羊の尻尾は突き出ているところぐらいです。

では、この箇所の出来事は何を語っているのでしょうか。

ある意味では「最後の審判」について語っていると言えます。少なくとも西欧のキリスト者は、絵画や聖史劇、多くの古典などから影響を受けているので、そのような見方にとても馴染みがあります。ですから私たちには、この伝統的な話の本質をはっきりさせて何がここで本当は語られているのかを理解するのがとても難しいのです。審判に用いられる規準は興味深いものです。すべては「ここにいる私の兄弟姉妹たち、それも最も小さい者たちの一人」をどのように扱ったか、ということだけにかかっています。これらの「兄弟姉妹たち」とは誰で、裁かれることになる人とは誰なのでしょうか。

イエスはすでに、自分の兄弟姉妹たちとは「天におられる父の御心を行う人々」だと定義しています（一二・五〇）。文脈からこの箇所の意味を取れば、「神の王国の告知を聞き、それに従う者たち」ということでしょう。とすれば、この箇所は、メシアであるイエスに従わなかった人々は、イエスによって家族とみなされた人々をどのように扱ったかという観点から裁かれるであろう、という意味だと思われます。

もちろんこれは、キリスト者自身が他者に対して同じように振る舞ってはいけないということではありません。これは当然と言えば当然のことでしょう。しかしこの場面はそのことについての話ではないのです。思い入れのある箇所だからといって、その細かな部分を好みに合うよう曲解すべきではありません。

この箇所はイエスの長い説教のクライマックス部分にあたりますが、この説教でイエスは、自分の民の、とりわけえせ指導者たちの、神の民としてふさわしくない生き方を弾劾するだけでなく、人の子の義を証しする聖書の叙述に基づいて、やがて自身が高く上げられることについても語っています。その文脈からすると、この世に対する神の裁きを語るユダヤ教の伝承的な語り口に、あらためて注意を向けたのがこの箇所です。

いくつかのユダヤ文書では、国々がイスラエルをどう扱ったかという規準で裁かれる様子が描かれますが、その代わりにイエスは、終始一貫して自身を取り巻く神の民とは誰かを完全に再定義しつつ、世界がイエスの新生イスラエルをどう扱ったかによって、イエス自身が世界を裁くであろうと宣言しています。もちろん国々を裁くことは、メシアの仕事の一部と普通は考えられていますし（例えば詩二・八―一二）、王すなわちメシアは、しばしば羊飼いとして描かれています（例えばエゼ三四・二三―二四）。おそらくここに、羊と山羊のイメージが審判の場面に挿入された理由があるのでしょう。

しかしいつイエスはすべての天使たちを伴って玉座につくのでしょうか？　私たちはすでに一六章二七節でその場面を垣間見ています。二四章三〇節で語られる人の子の義の証しは、前述したように、将来的なイエスの再臨に言及しているのではなく、（イエスがその箇所で主張するように）一世代のうちに起こるはずの出来事に言及しています。新約聖書の他の書物、とりわけ聖パウロは、イエスがすでに正当な支配者として世界を治めていると語っています（例えばⅠコリ一五・二五―二八）。とすれば、この審判の記事は、全体としては単発的かつ将来の最終的な出来事として語られてはいるけれども、実際はイエスの復活と昇天の時点から現在に至るまでの人類の歴史において起こりつつあることに言及していると言うべきでしょう。ある意味、最後の審判はすでに私たちの前に現出している、とも言えます。

もちろんこれは、すべての裁きが完成する最後の時、賛美歌の歌詞を引用すれば、

正義は力において崇められ
すべての傷は癒されるであろう

という時はやってこない、ということではありません。

実際、最後の審判は、パウロや他の記者たちが異口同音に主張していることです（例えばロマ二・一六、Ⅱコリ五・一〇）。ただ、少なくともこの箇所のイエスの描かれ方は、自分に従う者たちを、兄弟姉妹として、攻撃に曝されやすい危険な任務へと送り出しながらも、彼らの長兄として、すでに自分が世界の支配者であることを自覚しつつ、彼らの受ける苦しみに目を注いでいる、そういうイエスだということです。

こういう解釈は、何不自由のない西欧のキリスト教会からすると、独りよがりだとか、自己中心的だとか思われるかもしれません。しかしそうでないことは、イエスの兄弟姉妹が、今日でさえ、軽蔑され、虐待、拷問され、殺されている多くの場所に目を向ければ、分かります。そう考えると、いかにこの箇所が、マタイ福音書を最初に読んだ人々に大きな励ましを与えたか、そして現代の多くの人々に希望をもたらすか、理解できるでしょう。

二六章一—一三節　イエスの死への備え

[1]最終的に起きた事の次第は以下の通りです。
イエスはこれらの言葉をすべて語り終えてから、弟子たちに言いました。[2]「あと二日で、あなたがたも知っての通り、過越の祭りになります。その時、人の子は十字架につけられるために引き渡されるでしょう」。

[3]その頃、祭司長たちは、民の長老たちと共に、カイアファと呼ばれる大祭司の公邸に集まり、
[4]どのようにイエスを罠にかけて捕らえ、殺そうかと相談しました。
[5]「祭りの間はやめておこう。人々が騒ぎを起こすといけないから」と彼らは話していました。
[6]イエスはベタニアで、重い皮膚病患者シモンの家にいましたが、その時、[7]一人の女が、非常
に高価な香油の入れてある石膏の壺を持って、イエスのもとにやってきました。彼女は、食卓に
ついていたイエスの頭に、香油を注ぎました。
[8]弟子たちはこれを見て、憤慨して言いました。
「何のためにこんな無駄遣いをするのですか？　[9]この香油なら大金で売れますし、その金で貧
しい人たちに施しもできたでしょうに！」
[10]イエスは彼らが考えていることを知っていました。
「なぜ、この女性を困らせるのですか？　彼女が私にしてくれたことは素晴らしいことです」
とイエスは言いました。[11]「貧しい人たちはいつもあなたがたと一緒にいるでしょう。しかし私
はいつもあなたがたと一緒にいるわけではありません。[12]彼女が私の身体にこの香油を注いでく
れたのは、まさに、私の埋葬の準備をしてくれたのです。[13]よく聞きなさい。世界中のどこでも、
この福音が宣べ伝えられるところで彼女のしたことも語られ、その度に人々は彼女を思い起こす
ことになるでしょう」。

岩壁の下に私は立っていました。寒い日でした。太陽の光は山のこちら側には届きません。登る山

の裾に広がる大量の巨礫を見てから、私は上のほうに目を向け、いくつかの異なる登山ルートを眺めました。そのルートは、登山家の専門書だけでなく、テレビ番組や写真入りの美しい本でも有名になったルートでした。上へ上へと岩壁はそびえ立っていました。上のほうに色のついた小さな点がいくつか確認できましたが、それは二、三の登山者グループでした。あるグループはすでに夜明け前から出発しており、あるグループは明らかに前日から登り始めていました。彼らは数百メートルほど登ったところで岩に身体を縛りつけて夜を過ごし、今からさらに上を目指しているところでした。

頂上を見ることはできませんでした。雲に隠れていたのです。天気予報では、その日の午後からは良好とのことでしたが、そこは天気が急変しやすいことで有名で、特に頂上付近はそうでした。

スイスにある山々の中でも、アイガーはそそり立つ圧倒的な巨大さにおいて最も驚嘆させられる山です。その北壁の麓に私は立っていたのですが、北壁は、あたかも恐ろしい巨人が斧を手にして山並みを削り取り、本来なら、なだらかな牧草地や森が広がっていたはずの、穏やかでどこにでもある北側部分の山並みを、ザックリ取り去ってしまったかのようでした。その代わりに残されたのは、むき出しの岩が八〇〇メートル以上もの高さで直立する衝撃的な壁であり、それが太陽の光を遮り、私たちを引きつけると同時にゾッとさせるのです。私はそこに磁石のように引きつけられていました。私が登山をしていたのはずいぶん昔のことですが、なぜ人々が命を危険にさらしながら、数日かけてそこを登ろうとするのか、今でもよく分かります。

マタイの福音書における最後の山を前にして私たちはそんなふうに感じるかもしれません。これまで私たちはしっかりとした足取りで、物語の丘や谷間を歩いてきました。時折、座ってイエスの語る譬え話や説教に耳を傾けたこともありました。私たちはイエスと一緒にゆうゆうと道を歩き、ガリラヤにおける初期伝道の光に満ちあふれた日々と驚くべき教えを享受しました。その間、弟子たちも神の王国とはどんなものなのか、次第に良く理解するようになりました。私たちはエルサレムに到着し、劇的な出来事が起こるのも目撃しました。そして今、私たちは切り立った岩壁の前に立っています。もし私たちがその岩壁に引きつけられもせず、ぞっとすることもないなら、私たちは焦点の合っていない眼鏡をかけているのです。

ナザレのイエスの死は、人類史上、最も有名かつ画期的な出来事の一つです。テクストを一行ごとに精読する前に、まず岩壁をざっと見上げること、つまりドアを閉め、携帯電話を切った状態で、次の二章を一気呵成に読み通すことは、非常に有益です。その箇所全体が私たちに与える衝撃を、ありのまま受け止めるのです。

マタイの語り口は目も眩むようです。本来ならそこにあったはずのなだらかな物語の山並み——つまりイエスは権力者と対峙したあと、ガリラヤへと退き、空の鳥や野の百合について語り、やがて長い白髭をたくわえた尊敬すべき老預言者になるというような展開——は、あたかも巨人が斧でザックリと天辺から底まで切り取ったように断ち切られ、あとに残されたのは、むき出しの黒い岩のような、多くの人々の——個人個人、さらにはイスラエル民族や世界中の人々、そして我々自身の——生々しい感情と切望と恐怖です。

登頂点はいつも見えているわけではありません。しばしば雲の中に隠れます。私は人生のほとんどを費やして、イエスの死の意味について、祈り、考え、語り、書いてきました。正直に言えば、その意味がはっきりと見える日もあれば、そうでない日もありました。山はそういうところがありますが、神学も同じです。無論それは、非常に重要な登頂点の存在を確信できないということではありません。もしアイガーの頂上が、霧から姿を現した時にだけ存在すると考えるなら、それは大きな間違いです。イエスの死の理由に関する学説は――一般的には「贖罪」論と呼ばれていますが――地図もしくは遠写しの古い写真に似ています。確かにそれなりに正確かもしれませんし、曇っていて視界がよくない時には、特に役に立ちます。しかし地図や写真は、自分で登頂点まで登るのとは違いますし、幸運にも登頂点からの眺めを見られる快晴の日にそこへ行くのとは比べものにならないでしょう。そこに行って分かるのは、目の当たりにした光景に言葉を失うということです。

どんな山に関しても言えることなのですが、半分まで登ったところで考え直して登るのをあきらめ、戻ってきてから、その山に登るのは不可能だし、登るには及ばない、などと公言する人が必ずいます。また、ある人々は、この教会にもそういう方々が（可哀想なことに）何人かおられますが、この岩山のはるか高い頂上に立ってイエスの凄惨な死を直視したり、その恐怖と美しさの永遠の虜になったりするのはゴメンだ、とおっしゃいます。しかし信じてください、絶対に登る価値はあります。マタイはとても優秀な山岳ガイドですから、一歩一歩、頂上まで彼に連れて行ってもらいましょう。

マタイが私たちに示すルートには、注目すべき登場人物たちが待ち構えており、それぞれの登場人物が私たちを少しずつ頂上へと登る手助けをしてくれます。福音書では物語の登場人物がイエスと他の一人、もしくは二人だけ、ということがしばしばあるのですが、本章と次章では特別出演の登場人物たちが群れをなしています。私たちは彼らの声を聞き、彼らが悪巧みをしたり、口論をしたり、横柄に振る舞ったり、泣いたりするのを見、そして彼らの興奮や狼狽、政治工作、当惑、心の動揺と衝撃、憎しみと希望を体感するのです。

マタイはそれぞれの登場人物に発言の機会を与え、彼らをバランスよく配置しています。すなわち、カイアファやペトロのような主要人物に、ピラトの妻やペトロを指差す召使いの女たち、ユダの黒い影、イエスの両脇で十字架にかけられた冒瀆的で怒りを露わにする犯罪人たち。もちろん主人公の最期こそ、他を圧倒してそびえ立つクライマックスですが、これらの登場人物たちは皆、その主人公のドラマに連なっています。皆さんは、物語を読み進めるに従って、必ずや自分と重ねることのできる人物に、譬えて言うなら岩肌を登っていく時、一緒に並んで登ることのできる人物に、出会うでしょう。

まず、最初の箇所で数名の人物が登場します。彼らはそれぞれ、いわば私たちと一緒に同じ岩壁を見上げているのですが、それぞれ見る角度がまったく違います。

登場人物は**祭司長**たちや長老たちですが、彼らにとって、イエスの死は政治的に必要不可欠です。イエスは彼らの権威に挑み、大衆の想像力を鷲掴みにしていましたから、彼をただで済ませていいはずはありません。彼らは一瞬たりともイエスが本当の預言者だとは考えてはいませんし、ましてやイスラエルの**メシア**だとも思っていません。真の正義を求める思いに欠け、むき出しになった彼らの政治的な意図が、物語の不変的な特徴です。似たような人を知りませんか？　鏡の中に彼らを見たことはないでしょうか？

この箇所では宴会、「最後の晩餐」の前に行われた最後の晩餐、が行われています。無名の女性が登場し、イエスに対する彼女の愛が、美しい無駄遣いという形であふれ出ます。それはまさに、岩壁の数百メートル上で誰にも見られることなく咲いている高山植物の美しい花のようです。もちろん、いつだってそういう花を摘み取り、何かの役に立てようとする人はいるものです――自宅の庭でそれを育て、金儲けに使うとか。しかし神様の創造の業はそうではありませんし、イエスへの献身の愛も同様です。人々がイエスによって心を捕らえられた時、そしてイエスの十字架への歩みによって心を捕らえられた時、彼らの紡ぎ出す愛は途方もない無駄遣いとなります。似たような人を知りませんか？　皆さんも同じような状況にありますか？

イエスは周囲の不平不満を退け、彼女の献身を受け入れます。ここですでにイエスは中心人物であり、これから何が起こるかを知り、その意味するところを説明し始め、長く苦しい登り坂の向こうに見える頂上を指し示すのです。解放を祝う過越の祭りが近づいています。祭司長たちにとって、この祭りは、単に政治的暗殺に都合の悪い時期という意味しか持ちません。しかしイエスにとって、過越の祭りは解放を意味する時であり、神がイスラエル民族をエジプトから連れ出した時になさったと同じことを行う時なのです。それは契約が更新される時、罪が赦される時、神様が紅海の中に道を作られる時、長子の死によって解放がもたらされる時です。

イエスは誰が長子となるか、それがどのようにして起きるかを知っています。それは突然、あっという間に起こるので、人々はイエスの亡骸にきちんと香油を塗る時間すらないでしょう。だから代わりにベタニアの宴会で、香油を塗る必要があったのです。こうして物語は、切迫感を持って始まります。先を急ぎましょう。これからが長い登り坂です。

二六章一四―二五節　過越の祭りと裏切り

[14]その時、イスカリオテのユダという一二弟子の一人が、祭司長たちのところへ行って、[15]こう
言いました。「彼をあなたがたに引き渡せば、私に何をくれますか」。
彼らは銀貨三〇枚で合意しました。[16]その時から、ユダはイエスを引き渡す機会を狙っていま
した。
[17]種なしパンの祭りの最初の日に、弟子たちはイエスのもとに来て言いました。「過越の食事を
なさるのに、どういう場所を用意すればよろしいですか」。
[18]イエスは言いました。「都に入り、ある人のもとに行ってこう言いなさい、『私の時が近づい
た、あなたの家で弟子たちと一緒に過越を祝いたい、と先生が言っておられます』」。
[19]そこで弟子たちはイエスが命じた通りにして、過越を用意しました。
[20]夕方になって、イエスは一二弟子と一緒に食卓に着きました。[21]彼らが食事をしている時、イ
エスは言いました。「あなたがたによく言っておきますが、あなたがたのうちの一人が私を裏
切ろうとしています」。[22]弟子たちは大変取り乱して、口々に「主よ、まさか私ではないでしょ
う？」と言い始めました。
[23]イエスは答えて言いました。「私と一緒に手を鉢に浸した人、その人が私を裏切ります。[24]人

の子は、聖書がそう言っている通り、去って行きます。しかし、人の子を引き渡すその人は悲惨です。そういう人は生まれてこないほうがよかったのです」。
25 この言葉に、イエスを裏切ろうとしていたユダが言いました。「先生、まさか、私ではないでしょう?」
イエスは「いや、あなたが言った通りです」と答えました。

「君を友人だと思っていたのに!」

棘のある言葉でしたし、実際にその言葉は相手の感情を害しました。私は一方の人からもう一方に目を向けました。会議は、辛辣な非難合戦となり、この言葉がその締めくくりでした。そう言うと彼は椅子から立ち上がり、窓のところへ歩み寄り、涙を見せまいとしました。もう一方は押し黙ったまま、張り手を食らったかのような面持ちです。私は何も言えず、何もできませんでした。議長は静かに一時休会の提案をし、私たちは皆、人間関係が壊れた時のきまり悪さや恐れから逃げたい一心で、ありがたくその場からそそくさと退散したのでした。

仕事においても、政治や恋愛においても人を欺くことは、常に醜く卑劣であり、間違っていますが、裏切りによって別の次元が加えられます。裏切りは、欺きにいわば旋律をつけ加えたようなものです。そういう種類の音楽というのは決まって椅子に座る聴衆を悶絶させ、不協和音と衝突音で頭をクラクラさせ、ハーモニーが元に戻るかどうか聴衆を心配させるものです。

なるほど、それも場合によるかもしれません。ただ、裏切りには恐ろしく決定的な何かがあります。

赦すことはできますし、もちろん私たちには赦すことが求められています。しかし人を赦す――復讐することなく、私たちが自分を愛するようにその人を愛し続ける――としても、それはこれまでと同じ信頼をその人に置くことができることを意味してはいません。折れた木の枝を、元通りにしたからと言われても、登りたいとは思わないでしょうし、自分の妻を誘惑した親友と、以前と同じように、一緒にくつろぐことはできないでしょう。

身にしみるこうした人間の問題を取り上げるのは、私たちがこれから扱おうとしている記事の性質によるものです。ユダという人物は福音書のみならず、あらゆる文学の中でも非常に難解、かつ闇の深い人物の一人です。ユダは具体的に何をしたのか、なぜそうしたのかを探り当てようと多くの本が書かれてきました。また、後世のいわゆるキリスト教思想では、ユダヤ人を攻撃する口実としてもユダはよく使われてきました。なんといっても、名前がユダですから、「ユダヤ」と同じ語源ですし、ギリシア語で「ユダヤ人」を表す *Ioudaioi* は、「ユダヤの人々」、「ユダヤ民族」、そして「ユダの民」という意味です。最近では、そうしたユダヤ人攻撃の愚挙に反発して、正反対の極端な主張をする人もいます。つまり、ユダは存在しなかったとか、福音書記者たちがユダヤ教に対抗する手段としてユダをでっち上げたとか、ユダは裏切ったのではなく、イエスが意図した計画の片棒を担いだとかいう主張です。

こうした主張はどれも的外れです。この物語の登場人物たちは皆、ローマ帝国の役人たちを除いて、言うまでもなくユダヤ人です。そして「ユダ」は「イエス」と同様、紀元一世紀のユダヤ人の中では、非常にありふれた名前でした。ダビデ王の家系の始祖はユダですし、ユダ・マカバイはシリア人からユダヤを解放した二世紀前の偉大な英雄でした。イエスの少年時代に起きた反税一揆の指導者は「ガリラヤのユダ」と呼ばれていました。この名前には高貴で革命的な響きがありました。イエスの兄弟の一人もユダです。一二弟子の中にユダという名前の人物が二人もいるのは珍しいことではありませんでした（もう一人のユダは、おそらく一〇章三節の「タダイ」と同一人物でしょう）。

この物語を読む時に、常に心に留めて置かねばならないのは、イエスが「あなたがたの一人が私を裏切るであろう」と言った時、他の一一人の弟子たちは誰一人として、即座に周りを見回し、心得顔でユダを指し示しはしなかった、ということです。一〇章二―四節に見られる弟子のリストでは、ユダは最後に持ってこられ、当時から今日に至るまでユダの名を汚すことになった彼の恐ろしい所業が言及されていますが、それは単にこのリストがあとになって作成されたことを示しているだけです。他の一一人の弟子たちにしてみれば、ユダは生活を共にする弟子の一人であり、信頼され、重んじられている友人、そして仲間でした。ユダはイエスの素晴らしい癒しの業を目撃しました。譬え話に耳を傾け、イエスはメシアであると言ったペトロに賛同しました。弟子たちと一緒にエルサレムに上り、ホサナと歌い、道に自分の上着を敷き、イエスが神殿でテーブルや椅子、お金や鳩をひっくり返した時には、歓喜してそれを見つめていました。ユダは他の弟子たちと何一つ変わることがなかったのです。

しかし今や、調子がまったく狂い始めました。たとえ心理学の知見をすべて一世紀の時代へと持ち込み、最後の晩餐の日にユダに直撃インタビューを試み、彼がそれに応じてすべての質問に答えてくれたとしても、私たちは彼の心の奥底を理解できないでしょうし、「まさしくこれこそ裏切りの原因だ！」と納得させてくれるような動機を、たったの一つも割り出せないでしょう。悪とはそんなものではありません。悪とは究極の愚かさであり、私たちに見えているのはその脅威と闇の一部なのです。

お金は動機の一つだったかもしれませんが、単にお金が原因だったわけではありません。もし弟子たちの結束を乱すつもりだったのなら、どこか別のところで人生をやり直すための何らかの策が必要だったでしょう。おそらく一番の動機は、イエスを引き渡すという決心でした。その原因として、ある程度、怒りと失望があったかもしれません。イエスが、エルサレムであれだけのセンセーションを巻き起こしたにもかかわらず、エルサレムを占拠して王となる最高の瞬間を着々と準備するどころか、この段になってまた自分の死すべき運命について語るなんて、という怒りと失望です。おそらくユダは、来たるべき新しい国で自分がイエスの右の座につくことを、ヤコブやヨハネと同様に、望んでいたことでしょう。何と言ってもユダは弟子グループの会計係であり、信用され重宝されていた人物でした。**神の王国**が来たら何をするか、そのためのさまざまな計画をひそかに温めていたことでしょう。ガリラヤにはおそらく、彼が前から目をつけていた小さな良い農地もありました。

誰にも分かりません。もちろん私たちにも分かりませんし、正直に言うと、私は井戸の中の暗闇をずっと覗き込んでいたくはないのです。というのは、その水に映った自分の姿に心をかき乱されそうだからです。

しかし前回と同様、繰り返して言いますが、その状況の中心人物として存在しているのは、深い悲しみを湛えつつも平静を保ち、エルサレムの町にいる無名の支持者とひそかに過越の食事会を計画し、一二弟子と卓を囲み、これから何が起こるかを教えるイエス自身です。イエスがこれから受けようとしている厳しい試練の悲しみに、裏切りの悲しみが塗り重ねられました。そしてその瞬間に私たちは、十字架の意味の一端を垣間見るのです。

人類に共通する傷を自身に負いながら、イエスは死に向かおうとしていました。貪欲や色欲、野心、これらのありとあらゆる生来の衝動や欲望は、本来、創造主が意図したように他者に向けて用いられるべきものでしたが、それが自分に向けられるようになりました。イエスが「私たちの罪のゆえに」死んだと言う時、これは単に大袈裟かつ抽象的な意味で言っているのではありません。イエスを十字架につけたのは、まさに私たちすべてが犯しているだけでなく、どっぷり浸かっている罪のためだった、という意味です。「それは私ではありませんよね、先生」。そのような言葉が口から洩れて、もしかすると裏切り者は自分自身かもしれないと思うなら、その時初めて私たちは、イエスがテーブルに座り、過越の食事を弟子たちと、そしてユダとも、共に分かち合った意味を理解することができます。そしてイエスが同じように食卓を私たちとも共にすると約束してくれた意味も理解することができるのです。

二六章二六―三五節　最後の晩餐

26 一同が食事をしている時、イエスはパンを取り、祝福してそれを裂き、弟子たちに与えて言いました。

「取って食べなさい、これは私の身体です」。
[27]そして杯を取り、感謝の祈りを献げたあと、彼らにそれを与えて言いました。
「皆、この杯を飲みなさい。[28]これは私の契約の血であり、多くの人のために、罪の赦しのため
に流されるものです。[29]ただ、あなたがたに言っておきますが、私が父の王国であなたがたと新
しく飲むその日まで、私は二度とぶどうの実から造ったものを飲むことはありません」。
[30]彼らは賛美の歌を歌い、オリーブ山へと出かけて行きました。
[31]その時、イエスは弟子たちに言いました。「あなたがたは皆、今夜、私のゆえにつまずき倒れ
るでしょう。このように聖書には書いてあります。

　私は羊飼いを打つ。
　すると羊の群れは散らされる。

[32]しかし私は甦ったあと、あなたがたより先にガリラヤへ行きます」。
[33]するとペトロがイエスに答えて言いました。「たとえ他の皆がつまずき倒れても、私は決して
そうはなりません！」
[34]イエスは彼に言いました。「あなたによく言っておきます。今夜、鶏が鳴く前に、あなたは三
度、私を知らないと言うでしょう」。
[35]ペトロはイエスに言いました。「たとえ、あなたと一緒に死なねばならないとしても、あなた

を知らないなどとは決して申しません！」

すると弟子たちも皆、同じように言いました。


今日の新聞に、高額な訴訟を起こして対立する二つの家族に関する記事が出ていました。しかも彼らはお隣同士だというのですから、なおさら悲惨です。

この訴訟は、一つの家族が敷地に、一般的な世間の基準からすると、どのくらい多くの犬を飼う権利があるかを争うものです。犬を所有する家族は田舎で育った人々で、住んでいるところも田舎の村です。隣の家の人は都会から引っ越してきたのですが、動物を飼ったことはなく、四六時中、動物の鳴き声や臭いなどに煩わされたくないと思っています。

取るに足らない例かもしれませんが、これは最近顕著になっている現象をよく表しています。都会に住んでいる人が、「牧歌的」な感じのする田舎のコテージに引っ越してくると、あたりから聞こえてくる牛や羊の鳴き声がうるさくてしょうがないと苦情を言うのです。先日、私自身も、農場の隣に引っ越した人が不満をこぼしていると耳にしました。なんでもその農場の雄鶏には迷惑な習性があって、彼が朝起きたいと思っている時間よりも少し前に鳴くので、目が覚めてしまうとか。田舎ではこうしたことが日常茶飯事だと誰でも分かっているだろうと皆さんは思うでしょうが、これが田舎暮らしというものなのです。

これから繰り広げられる話は、雄鶏の鳴き声が忘れがたい、暗いイメージを西欧文化に与えるようになった大もとの話です。ここで登場する雄鶏は、必ずしも誰かを目覚めさせるわけではありません。

いや多分、正確に言うと目覚めさせます。道徳的なまどろみに陥っていたペトロを覚醒させるのですから。朝早く――特に復活祭前の金曜日の早朝に――イエスがピラトにより裁判を受けた朝と彼の磔刑とを思い起こしつつ、エルサレムを歩き回ったことがある人であれば、誰でも経験することがあります。それは、夜明け前後の数時間、たくさんの雄鶏が繰り返す鳴き声を聞いているうちに、二〇〇〇年前に同じ町で、同じ鳴き声がペトロにどう響いたか想像して背筋に寒気が走る、という経験です。

鶏の鳴き声とペトロの否認は、ちょうどその時起きていた出来事を考えると、なおさら心に強く訴えかけます。弟子たちはその時、おそらく食事の意味を――あまりに不可解で予想外のことでしたから――理解していませんでしたが、弟子たちがイエスと共にした食事はその後、何世紀にもわたって、繰り返し模倣されるようになりました。それは、けたたましい鶏の鳴き声が私たち自身の失敗だけでなく（確かにそれもありますが）、どんなに私たちが弱くてもイエスは私たちと会うためにやってきて、自身が食物となり飲み物となる食卓へと私たちを招いていることを思い起こさせてくれるのと同様です。自分が食べ物となり飲み物となるという考え方は、とても奇妙で不快感すら与えるものなので、二、三歩下がってから慎重に近づいて行かねばなりません。

弟子たちにしてみれば、これは過越の食事でした。実際、彼らが用意したのはその食事だったのですから。今日に至るまで、ユダヤ人家族が世界中で過越を祝う時には、数千年もの間に慣習となった特別な食べ物と飲み物を用意します。特別な式文もあります。

その式文は、神の民イスラエルがどのようにエジプトから出て、紅海を通り、奴隷状態から抜け出して約束の地で自由へと至ったかを語ります。食べ物と飲み物は、一大イベントである**出エジプト**の諸相を象徴し表現するのに、注意深く選ばれています。例えば、苦い薬草は、イスラエルがエジプトで受けた苦しみを象徴しています。世帯主は式文を読んで、食事に出される品々を説明しなければなりません。

これらすべては、現代社会の多くの人々にとってとても奇妙なことでしょうが、弟子たちにとっては習い性となったことでした。当然、彼らはイエスが毎年恒例の祝宴の主宰者《ホスト》となり、神によって約束された自由を祝うものと思っていたことでしょう。

確かにイエスは宴の主宰者となったのですが、しかしその時、主宰者としての役割を果たしながら、イエスは過越の食事全体の意味を自分自身に重ねたのです。イエスが提示したのは、まったく新しい考え方でした。彼に従い、彼を信じる者たちのために、過越に刷新的な方向性を与えたのです。そしてそれが、過越と同様に、今日まで受け継がれています。弟子たちの衝撃は想像に難くありません。なぜなら、祝宴の主宰者がいつもの式文から逸脱して語り始めたのは、なんと、イ、エ、ス、自身のことだったからです。

「私の身体、私自身、それがここにあります！」

「私の血、私の命、私の死、すべてはあなたがたのため、すべては罪が赦されるため、それがここにあります！」

部屋の様子を想像して、弟子たちの反応を思い描いてみましょう。ペトロはイエスが、よりによってこんな特別な夜に、相変わらず死ぬ話をしていることに腹を立てています。トマスは首を少し横に振っていますが、これまで起きたことの三分の一も理解していませんでしたし、今イエスが語ることについてはまったく理解できていません。ヨハネは（もしイエスにもたれかかっているのがヨハネだとすればですが）驚いて目をあげ、愛と怖れの入り混じった眼差しを向けています。ユダは（この時点で、まだその場にいたことをマタイはほのめかしていますが）その場で凍りつき、イエスがどの程度知っていて、どの程度推測でものを言っているのか、測りかねています。

皆さんはどうでしょう。イエスの常軌を逸した主宰者《ホスト》ぶりにどう反応するでしょう。最後の晩餐を思い出し、その所作を繰り返すことで、感情も心も当時の状況に立ち戻り、イエスの生涯と死、臨在と人格で私たち自身を再び養う定期的な祝宴――私たちキリスト者の多くにとって、それは信仰生活の本質的な部分をなすものです。なくてはならないものです。しかしキリスト者でも、人によっては、それは謎のままであり、ちょっと避けておきたい問題かもしれません。その祝宴はさまざまな意味がつけ加えられ、とても多くの論争の原因になったように思われるので、人々はその問題から尻込みしてしまうのです。

問題の核心はかなり単純な、とはいえ、あっと驚くようなものです。イエスは一つの行事に、一〇〇〇年以上にも及ぶユダヤ人の祝祭行事をまるごと組み入れたのです。ユダヤ人はかなり長い間、かつてのエジプトからの解放が、来たるべき新たな解放を予兆したものであり、その時にこそ、神は長い間約束しておられたことを成し遂げる、すなわちイスラエルとこの世の罪を完全にお赦しになる、と信じてきました。罪は人々を徹底的に、エジプトがイスラエルをそうした以上に徹底的に、奴隷として支配しているけれども、やがて神は、エジプトだけでなく紅海をも支配下に置かれたように、罪をその支配下に置かれるであろう、と信じてきたのです。そして今やイエスは、エルサレムでひそかに晩餐の席に座り、彼が語る言葉だけでなく彼の行いによって、今こそまさにその時だと言うのです。今こそまさにその時であり、それはひとえにこれから私に起ころうとしていることによるのだ、と。

最後の晩餐におけるイエスの所作は、まさに、イエスの象徴的な言葉と平行するものであり、それが（象徴という非常に力の強いコミュニケーションの方法を用いて）伝えようとしたのは、人の子が渡され、多くの人々の身代わりとして命を与える（二〇・二八）ということでした。パンを（死において引き裂かれようとされている）身体に、ぶどう酒を（十字架の上で流されようとしている）血と同一視し、イエスに従う者たちにそれを分かち合うよう促し、その中に罪の赦しと新しい命、神の王国という賜物を見出すよう勧めること――その所作はどういうわけか、当時、言葉以上に訴えかける力を持っていましたし、今日もそれは変わりません。私たちの壊れたり汚れたりした人生の一部に触れ、それを癒す力、世の中に対してイエスこそ主です（Ⅰコリ一一・二六）と告げ知らせる力をそれは持っているのです。

しかし、おそらくそうした力は常に不思議なものであり、私たちが自由に使えるものではないために、多くの人々は今も昔もそれを持て余してしまうのです。だから弟子たちは、それによって鼓舞され、励まされるどころか、みんな散り散りになってしまい、イエスだけが一人でこの世の暗黒の闇に立ち向かうことになりました。あの大柄で頑強、かつ居丈高なペトロも、しどろもどろになって嘘をつき、メソメソする道化に成り下がってしまったのです。おそらくこれらのことは私たちに、イエスの所作が持つ力について、何らかのことを教えてくれてもいるのでしょう。それが力を発揮する時にはおそらく最初に徴候が現れます。それは、いかに自分が貧しく弱い存在であるかを思い知るという徴候です。やがて夜が明けて、神の王国で新しいぶどう酒をイエスと分かちあう時まで、最後の晩餐と鶏の組み合わせは、いつも私たちにつきまとい、私たちを挑発し、私たちが常に神の贖いの愛を必要としている現実に気づかせてくれるのです。

二六章三六―四六節　ゲツセマネの園

36 そこで、イエスは彼らと一緒に、ゲツセマネと呼ばれる場所へ行きました。
そして「私が向こうへ行って祈っている間、ここに座っていなさい」と弟子たちに言いました。
37 彼はペトロとゼベダイの子二人を一緒に連れて行き、心を乱して悲しみ始めました。
38 「私の魂は悲しみに圧倒されて死にそうです。ここにいて、私と一緒に目を覚ましていなさい」とイエスは彼らに言いました。
39 それから彼は、少し進んで行って、ひれ伏して祈りました。
「私の父よ、もしできることでしたら――どうか、どうか、この杯を私から過ぎ去らせてください！　しかし、私の思いのままにではなく、あなたの思いのままになさってください」。
40 イエスが弟子たちのところへ戻ってくると、彼らが眠っているのを見て、ペトロに言いました。
「このように、一時間たりともあなたがたは私と一緒に目を覚ましていることができなかった

のですか。41試みに陥ることがないよう、目を覚まして祈っていなさい。心は熱くなっていても、
身体は弱いのです」。
42再び、イエスは離れていって、二度目にこう祈りました。「私の父よ、私がこの杯を飲まなけ
ればそれが過ぎ去らないのでしたら、どうか、あなたの御心が行われますように」。
43再び彼が戻ってきて見ると、弟子たちは眠っていました。まぶたが重くなっていたからです。
44再び、イエスは彼らを残して離れていき、三度目に同じ言葉でもう一度祈りました。45それから
弟子たちのもとに来て言いました。
「まだ眠って休んでいるのですか！　見なさい――時が来ました。人の子は悪者たちの手に渡
されます！　46立ちなさい。さあ、行きましょう。ご覧なさい！　私を裏切ろうとしている者が
近づいてきました」。

ある小さな女の子は、いつもお父さんがニコニコしているところしか見たことがありませんでした。思い出すことができる限り、お父さんは彼女にいつも微笑みを絶やさないような人でした。彼女が生まれた時も、待ち望んでいた娘でしたので、微笑んでいましたし、腕の中に娘を抱きしめる時も、食べ方や飲み方の練習で娘を手伝う時も、にこやかでした。娘と遊ぶ時、ゲームやおもちゃで励ましながら、よちよち歩きの練習をさせる時、学校に連れて行く道すがら、明るくお喋りする時、いつも笑っていました。彼女が怪我をすると、お父さんの微笑みと優しいキスが気持ちをなだめ、怪我を乗り越えさせてくれました。娘に心配事や困難があっても、彼の顔の陰りは、太陽を隠すことができな

い小さな雲のようでした。すぐにお父さんの微笑みが雲間から顔を出し、彼女の注意を他に向けさせるような何か新しい計画に対する興味を喚起し、新しい世界へと導いてくれました。

ある日のこと、その事件が起きました。

最初、理由は教えてもらえませんでした。お父さんは出先から家に帰ってきて、これまで見たことがないような面持ちで自分の部屋に直行しました。彼女が耳にした声は、それまで聞いたことのないような声でした。それ以来、彼女はその声を忘れることができません。

その声は、大柄で頑丈な三〇歳のお父さんが、お姉さんを亡くして泣く声だったのです。

もちろん、こうしたことは、人間が成長する上で必要な一段階でしょう。家族を失う悲しみをもっと早く経験された方も多くおられることでしょう。彼女の場合、人生を振り返る時にはいつも、自分の思い出すべてを微笑みと笑いで満たしてくれたお父さんとの年月に感謝する気持ちで一杯になったそうですが、その日、思いがけず垣間見たお父さんの弱さから彼女が受けた大きな衝撃は、叔母が亡くなった事実や悲しみすべてにもまして、はるかに大きなものでした。

同じように、弟子たちにとって、ゲッセマネは衝撃的瞬間だったと私は思います。

イエスは何度も悲しみを覚えました。語っていることを理解しない弟子たちに苛立ちました。自分を攻撃し、誤解し、ありとあらゆる馬鹿げた難癖をつけて非難する人々にイエスは憤りました。自分自身の家族との間にさえ対立がありました。しかしイエスは基本的にいつも力強い人でした。いつも手回しよく代わりの話を用意したり、探りを入れてくる質問者相手に形成を逆転させるような鋭く気のきいた言葉や、神と王国に関する高邁な見解を用意したりしました。問題を抱えていたのは決まって弟子たちであり、イエスはそれを解決する方でした。

さて、ところが今はどうでしょう。

イエスは目覚めながら悪夢を見ている人のようでした。彼には杯が、あたかも眼前に存在するかのように、見えていました。この杯は、一、二時間前に最後の晩餐の最中、イエスが緊張と興奮のただ中で弟子たちに飲むよう与えた杯のことではありません。それは、イエスがヤコブとヨハネに語った杯（二〇・二二―二三）、すなわち預言者たちが語った神の怒りの杯です。

イエスはその杯を飲みたくはありませんでした。絶対に飲みたくはなかったのです。イエスはこの時点で、来たるべき運命に果敢に向かって行く英雄的な存在ではありませんでした。ソクラテスは毒を飲み、友人たちに、自分はずっと良い人生を送ることになるのだから泣くのをやめるよう言いましたが、イエスはソクラテスとは別人でした。イエスは、言うならば、感情制御不能な状態にありました。闇の中を覗き込むと、そこに見えたのは、世界中のありとあらゆる悪霊たちが肩越しにニヤッと笑う顔でした。イエスは何度も父なる神に、最悪の事態に陥ることがないよう、願い求めました。弟子たちに自ら教えた祈りを祈ったのです、つらい試練や苦難から救い出してください、と。

神の答えは「否」でした。

実際、その答えが名状しがたい形でイエスに与えられていることを、私たちはこの箇所に読むことができます。恐れのあまり取り乱したような最初の祈りが二度目の祈りに変わり、そして三度目の祈りになっていく様子に注目してください。最初に来るのは（「杯を私から過ぎ去らせてください」という）直截な願いと、自分が杯を飲まねばならないのなら、神が自分の願いに「否」と言う権限を持っておられるという悲壮な認識です。次に来るのが、主の祈りの一節を彷彿とさせる祈りです。すなわち、もし飲まねばならないのなら、「御心が行われますように」という祈りです。イエスが弟子たちに主の祈りを教えた時（六・九―一三）、その祈りの大部分が直接的にイエスとかかわるものになろうとは、おそらく弟子たちは思いもよらなかったでしょう。イエスは自分で教えた通りに生きなければなりませんでした。まさに、山上の説教全体がイエスにおいて現実のものになろうとしているように思えたことでしょう。なぜならイエス自身が彼の語った苦しみや悲しみに直面し、やがて頰を打たれ呪われても、祝福で応える道を辿っていたからです。福音書の記事では二回目（悪魔の誘惑を受ける四・一―一一が一回目）になりますが、ここでイエスは霊的な戦いを――もしイエスが公然と立ち上がって語り、神の王国のために生き、そして死ぬつもりなのであれば、勝利しなければならない戦いを――独りで戦っているのです。

弟子たちにとっては不面目な教訓でも、もし私たちが、自分たちの祈りの中で、弟子たちと共にイエスを待ち、イエスと共に目を覚まし続けるなら、もちろん、それは素晴らしい効用を生み出します。どんな時であっても、病気や死、死別、拷問、災害、損害という暗闇と恐怖に直面している知人たちは、私たちの周りにいます。そういう方々が私たちに求めているのは、おそらく静かに一緒につき添い、目を覚まし、彼らのそばで祈ることでしょう。

離れていることは問題ではありません。どんな日でも私たちはゲツセマネへと招かれ、ナイロビの病院で死にゆく方に寄り添って祈り、ミャンマーで信仰ゆえに拷問を受けている方、ニューヨークで職を失った方、エジンバラで医師の診断を不安そうに待っている方に寄り添い、祈ることができます。

私たちの友人、隣人、家族、そして私たちが頼りにしてきた人々ですら、弱さゆえに私たちの支えを必要としている――イエスでさえ友人たちの支えを切望したのですから、私たちの場合はもっと支えが必要なはずです――その事実を知った衝撃から私たちが立ち直ったら、自分たちにできる最善を行って、彼らを支えていきましょう。

自分の拠り所が崩れていく時――そういう時は遅かれ早かれ来るものですが――その時に赴く場所こそゲツセマネです。そこで私たちはこの世の主、現時点ですべての権威を委ねられている方（二八・一八）が、私たちよりずっと前から、そこにいてくれたことに気づくのです。

二六章四七―五六節　イエスの逮捕

47イエスがまだ話しているうちに、一二弟子の一人、ユダがやってきました。祭司長たちや民の長老たちから差し向けられ、剣や棒を手にした大勢の群衆も、彼と一緒でした。48イエスを裏切ろうとしていた者は、あらかじめ彼らに、「私が口づけをする者――それがその人だ！　その人を捕まえろ！」と合図を与えていました。

49そこで彼は、すぐイエスのもとに近寄り、「先生、ご機嫌いかがですか」と言って、口づけしました。

50イエスは彼に言いました。「友よ、何をしに来たのですか」。その時、人々が近寄り、イエスに手をかけて、彼を捕らえました。
[51]それを見て、イエスと一緒にいた者たちの一人が、手を伸ばして剣を抜き、そして大祭司の奴隷に切りかかり、その片耳を切り落としました。
[52]「あなたの剣をもとに収めなさい！」とイエスは彼に言いました。「剣を用いる者は皆、剣によって滅びるのです。[53]私が父に願って、一二軍団よりも大勢の御使いたちを、今すぐ遣わしていただけないとでも、あなたは思っているのですか。[54]しかし、そんなことをすれば、こうならねばならないと書いてある聖書の言葉が、どのようにして成就するでしょう」。
[55]その時、イエスは群衆に言いました。「あなたがたは、まるで私が強盗か何かのように、剣や棒を持って私を捕まえに来たのですか。私は毎日、宮で教えていたのに、あなたがたは私を捕まえなかったではありませんか！ [56]しかし、これらすべてが起きたのは、聖書の中で預言者たちの語った言葉が成就するためです」。
その時、弟子たちは皆、イエスを見捨てて逃げ去りました。

ラジオ局から電話がかかってきて、何が何だか分からないうちに、気がついてみると、多くの見えない聴衆の前で、生で、しゃべっていました。イギリスでイスラム教徒の指導的立場にある作家が、反冒瀆法――ある宗教やその指導者たち（例えばムハンマドやイエスなど）に関する無礼な発言を禁じる法律――の厳格化を政府に求めました。他の人々は、どんな人やどんなことに関しても、言いたい時に言いたいことを言う自由がなくてはならないと発言しました。結局のところ、西欧社会において、多くの人々は検閲それ自体を、検閲が禁じようとするものより、ずっと悪いとみなしているのです。白状して言うと、私は電話がかかってくるまで、そういう問題についてよく考えたことがありませんでした。ただ、改めて（「イエスに対する冒瀆的発言を人々に禁じる法律の厳格化が必要だと思うか」と）質問されて考えてみると、どこに答えを見出せばいいか、すぐに分かりました。私はゲツセマネの園で剣を取った弟子に注目したのです。

もちろん、問題は見かけよりも複雑です。多くの家族や集団が、みんなほとんど同じ宗教を信じていた自分の国から出て、新しく生活し始めたよその国で宗教的少数派になってしまうと、居心地の悪さを感じることが多くあるものです。そうした状況の中、移り住んだ地域社会で、もし人々が自分たちの宗教を侮辱し始めたら、彼らは当然、自分たちを地域社会の一員として認めたくないという気持ちの表れだと感じることでしょう。しかし、もし見かけ上の宗教的多数派が、一切の批判や否定的言辞を排除しようとするのであれば、それは権力の濫用であるように思えます。広範囲に及ぶ法律は切れ味の悪い道具になりかねず、重要なのは常に社会的弱者を守ることです。

暗いゲツセマネの園、そのオリーブの木の間で、剣を振り回していた人物は、イエスを守ることこそ、神が自分に与えた使命なのだと思っていました。しかしその時、イエスは彼に、そんなことをする必要はないと言いました。それどころか、そんなことをする者には最悪の事態が待ち構えている、剣によって生きる人々は剣によって滅びる、と言ったのです。その夜、イエスはこれからまさに、侮辱され拷問され、嘲けられ、唾をかけられ、呪いの言葉や辱めを受ける、そんな長い夜に立ち向かおうとしていました。しかし彼は、いくつかの非常に穏やかな言葉を除いて、ほとんど沈黙したままでした。もし弟子たちの誰かがそこにいて、イエスを守ろうとしたならば、イエスはきっと彼らにも、ゲツセマネの園で語ったと同じことを語ったでしょう。

これが現代において、国家の法律とどうかかわるか、私には分かりません。ただ、改めて強調しておきたいのは、すべての国家はまず弱者を、危険や偏見にさらされている人々を、その理由にかかわらず、守る責任があるということです。他人が不快に感じるようなことを人々にさせないという責務はその次です。私たちの多くが暮らす今日の多文化社会では、不快感の線引きをどこにすべきか決めるのは容易なことではありません。しかし私たちは、人々がイエス自身に対して最初から不快感を覚えたという事実をしっかり心に留めておくべきです。私たちにとってそれがどんなに承服しかねることであっても、イエスに対する人々の反発は、しばしば、今日のキリスト者に対する反発の根本的原因になっているのです。

その夜の出来事を振り返ってみましょう。イエスを逮捕するためにやってきた群衆は、剣や棍棒を持ってきました。彼らはあたかもイエスが警護部隊に守られ、完全武装した山賊か何かのようにみなしていたわけで、イエスがその様子をからかうのも無理はありません。しかし彼らは、イエスが**神の王国**について語り、その擁立に向けて数々の驚くべき業を行っていることを知っていたわけですから、万全の警戒態勢が必要と判断したのでしょう。過越の祭りの最中に事を起こすなら、手っ取り早く夜中に、エルサレムにあふれつつあった多くの群衆の目の届かないところで、それを行う必要がありました（ゲツセマネは市の城壁のすぐ外側、**神殿**のある山の険しい斜面を東に降りていったところ、キドロンの谷の向こう側にそそり立つオリーブ山の麓にありました）。イエスの言動は、私たちの考えるような「宗教的」なこととして認識されてはいませんでした。過越の時期に神の王国について語るとすれば、それは単に一個人の霊性の話ではなくなり、政治的な革命を意味したのです。他の誰かがそれに匹敵する計画を立てたとすれば、それは暴力行為を意味しました。捕まれば、死を免れることはできなかったでしょう。

ユダの動機、もっと厳密に言えば、その動機の計りがたさ（二六・一四―一六、二一―二五）については、すでに見てきました。そこで私たちは、ユダが目星をつけていたイエスの居場所に捕縛隊を引き連れて入ってきた時、この裏切り者に対して取ったイエスの最後の態度に、哀感を覚えつつ、注目してみましょう。「友よ」とイエスは言いました。「あなたはここで何をしているのですか」（もしくは「あなたがやりに来たことをやりなさい」）。原文の表現は少々謎めいていますが、それらしいと思える解釈は、イエスがユダに最後の穏やかな質問をしていると考える解釈です。すなわち、あなたは本当にこのことをやり通したいのですか）。もちろん「友」という言葉は私たちをはっとさせます。イエスにとって友情とは、今たとえ深い悲しみの色を帯びてはいても、裏切りでおしまいになってしまうものではないのだ、と。

この場面で際立っているのは、イエスの抱いている強い確信です。すなわち数百年も前に聖書に書き込まれた筋書き――正確に解読して初めて見えてくる筋書き――の役を、自分が現実世界で引き受けているのだというイエスの確信です。預言者や他の著者たちは、イスラエルに対する神の救いの計画が、神の王国という新しく輝かしい昼として姿を現す前に、受難と死という真っ暗な夜を経ることになると語りました。イエスは全生涯を通して、聖書が語る脚本を意識し、その筋書き通り忠実に生き、それを完成させる者になろうとしていたのです。

マタイ自身は、これまでと同様、預言の成就というテーマに関心を払っていますが、彼がその筋書きをでっち上げたわけではありません。なぜイエス自身がそのような言動を取り、何が自分に起こると確信していたのか、それにどういう意味があると思っていたのか——こうしたことを理解したいのであれば、赴くべきところはただひとつ、イエスが知り、拠って立っていた聖書の物語や預言です。そこに私たちは、苦しみを受ける羊飼い、飲み干されるべき杯、罪人たちのために命を捨てる召使い、苦しみを受けたあとで名誉を回復される**人の子**についての一風変わった記述を見出すのです。ゲツセマネで身もだえしながら祈るイエスの祈りは、聖書に基づく自らの召命を、もう一度、心にしっかりと植えつけるものでした。祈りとは往々にしてそういうものなのです。

二六章五七—六八節　カイアファの前に立つイエス

57イエスを捕らえた人々は、彼を大祭司カイアファのところに連れて行きました。大祭司の公
邸には、すでに律法学者や長老たちが集まっていました。58しかしペトロは遠くからイエスのあ
とについて、大祭司の公邸まで行き、成り行きを見届けようと、中に入って下役たちと一緒に座
りました。
59大祭司と最高法院全体は、死刑に相当する罪をイエスに着せて彼を殺すために、イエスに不

利な偽証を提出しようとしました。[60]しかし、彼らは多くの偽証者を召し入れたものの、必要な
証拠を得ることはできませんでした。最後に二人の者が進み出て[61]こう断言しました。
「この人は、『私は神の神殿を壊して、それを三日のうちに建て直すことができる』と言いまし
た」。
[62]すると大祭司が立ち上がって、イエスに言いました。
「反論しようとしないのですか。この人たちはあなたを告発していますが、どういうことです
か」。
[63]しかしイエスは黙っていました。
すると大祭司は彼に言いました。

「生ける神の御前で誓って答えてもらいたい。あなたは神の子メシアですか？」
[64]イエスは彼に言いました。「あなたが言った通りです。しかし、私はあなたに言っておきます。
あなたがたは間もなく、『人の子が力ある方の右の座につき、天の雲に乗って来る』のを見るで
しょう」。
[65]すると、大祭司は自分の衣を引き裂いて言いました。
「この男は神を冒瀆しました！　これ以上、証人が必要でしょうか。いいですか――今ここで、
皆さんは、神への冒瀆を耳にしたのです。[66]どういう評決を下しますか？」彼らは答えて言いま
した。「彼は死に値します」。
[67]そこで彼らはイエスの顔に唾を吐きかけ、イエスを殴りました。また何人かはイエスを平手

で打ち、こう言いました。68「当ててみろよ、メシアさん。お前を叩いたのは誰だ」。

二人がお互いに別々の言葉で話しているために意思疎通できない様子を見たことはありませんか。その様子はしばしば滑稽なものです。でも意思疎通ができることもあります。私の娘が五歳ぐらいだった頃、同じ年格好の女の子と休日に遊んでいて、一人は英語、もう一人はフランス語で話している様子を、驚き楽しみながら見ていたことを思い出します。どちらも相手が言うことを一言も理解できなかったのですが、身振り手振りや声の調子、一緒に砂場にいることで、かなりの意思疎通ができたのは驚きでした。

意思疎通のできない状況はしばしば、とても近づきがたい雰囲気を醸し出します。かつて愕然としたのは、二人の外国人が、ちょっとした車の事故で、お互いに怒鳴り合うのを見た時でした。今にも国際紛争に発展しそうな――その時はそう思われたのですが――状況でした。二人とも相手が自分の言葉を理解できると思ったのか、それぞれの国の言葉で（ドイツ語とイタリア語だったと思いますが）怒鳴り合い、その声がどんどん大きくなって行き、それで自分の主張を相手に分からせることができると思っているかのようでした。もちろん、私はそのままその場を失礼しましたが。

この箇所で私たちが見ているのは、同じような類いの対決がイエスとカイアファとの間に行われる様子です。もちろん、それは単なる勝負でも、国際紛争でもありません。遠目にお互いをしばらく観察したあと、二つの世界観がぶつかり合い、劇的な対決が繰り広げられるのです。世界観が真っ向から違えば、言葉も違います。もちろんお互いの使用言語が違うわけではありません。おそらくイエスもカイアファもアラム語を話していたのですが、両者の世界の見方やとらえ方の違いが、両者の異なる、相互理解不能な話し方を生み出していたのです。

　私の言いたいことは、両者が問題とした核心部分に注目すれば分かっていただけるはずです。その問題とは、神殿とメシア性についてでした。

　カイアファは、イエスが神の王国の運動を、とりわけエルサレム、すなわちカイアファのお膝元、で先導してきたこと、そしていくつかの不思議な業を行ってきたことを知っていました。イエスは、ある種の神殿に関する権限を要求しているように思えました。しかしカイアファが生きていた世界は、彼が大祭司として神殿に関する一切の権限を持っていた世界です。彼自身が大祭司として神の油注ぎを受けた（「メシア」が文字通り「油注がれた者」を意味することに注目してください）世界にカイアファは生きていました。終末において、神の来たるべき王が祭司職を廃するのか、それとも王が祭司と並び立つのか、そういう議論があることもカイアファは知っていたに違いありません。しかしカイアファは神学的なことであまり頭を悩ませはしなかったでしょう。むしろ重要なのは現実的な事柄でした。すなわちローマとの平和を維持し、群衆を喜ばせ、トラブルメーカーを、とりわけ過越の祭礼時に、首尾良くエルサレムから遠ざけておくことでした。現実の政治の世界こそ、彼の言葉がすべてにおいて意味をなす世界だったのです。

　しかしながら、イエスはまったく違う世界に生きていました。ガリラヤやユダヤ地方をめぐり、さまざまなことを行ったり語ったりしましたが、それらがはっきりと指し示していたのは、神が新しいことをなさる、さらに言えば神殿自体を食ってしまうような新しいことをなさる、ということでした。

イエスがどこにいようとも、イエスのもとで人々は、自分が神殿で盛大な祝祭に加わっているかのように感じました。人々は癒され、祝い、罪の赦しや神の愛と臨在さえもそこに見出しました。そうしたものは、神殿の中にしか、あるいは律法の研究によってしか見出せない、と人々は思っていたのです。しかし今や、そうしたものを手に入れるのに、神殿に行く必要はなくなりました。神殿のほうから彼らに会いにやってきて、彼らを取り囲んだからです。

イエスが住んでいたのはそういう世界であり、彼の周囲に突如その世界は生き生きと現れました。イエスは確かに、神殿が破壊されるだろうと言いましたが、自分でそれをするとは言いませんでした。おそらく「偽証者たち」は、二四章二節やヨハネ福音書二章一九節のような言葉について、事実を歪めた報告を入手していたのでしょう。しかしイエスがその警告を発したのは、神殿がイスラエルの犯した過ちの象徴となったことに気づいていたからです。イエスにとって神殿は、イスラエルの多くが、とりわけ指導者たちが、この世の光として彼らを召した神の御心から離れ、反逆の暗い道へと突き進んだ、その象徴でした。

イエスは、自分の世界とカイアファの世界との間には根本的な違いがあること、そしてカイアファの理解できるような言葉で自分の言動を説明するのが不可能であることを認識し、黙っていました。イエスが初めて口を開いたのは、大祭司が、ローマ帝国長官に翌日に報告できるような、ある種何らかの準合法的な有罪判決をなんとか引き出そうと、イエスに神の御前で誓って証言させようとした時です。イエスが口を開いたのはその時です。いや、その時だけです。しかしイエスが自分の言葉として話したのは、長い年月にわたり学び、生きてきた言葉、すなわち、聖書の預言の言葉でした。

自分がメシアかどうかに関する答えは、二六章二五節でユダに与えたのと同じ、「そうです」の婉曲的表現である「今、あなたはそう言いました」もしくは「あなたが言った通りです」でした。この表現は、おそらく傲慢さや自尊心があると思われることを避ける方法だったのでしょう。しかしそれに続く凛とした肯定的な返答が明らかにしているのは、イエスが自分自身とその業を、聖書の語るメシア像の観点から見ていた（ここで引用されているダニ七章の**人の子**に関する箇所は、当時しばしばメシアについて言われていることと解釈されていました）ということです。さらに、イエスは自分とカイアファとの対立を、「人の子」と第四の獣（ダニ七・七―八）との衝突の具現化ととらえていました。第四の獣とは、神の民の真の代表者に対して戦いを挑む怪物のことです。

二人の言葉はそれぞれ、相互理解の不可能な相容れない二つの世界に属する言葉であり、両者は真正面から衝突せざるを得ませんでした。神が正しいとお認めになるのは、どちらか一つです。イエスは自らの命を賭して、神が自分を正しいと認めるだろうと確信していました。ダニエル書七章の引用が意味しているのは、二四章三〇節の箇所でも見たように、まさにそのことです。イエスは自らの主張を、詩編一一〇編一節からの引用、すなわち神の右の座につくメシア、と結びつけました。カイアファがそれを冒瀆と考えたのも無理はありません。

ここからさまざまな事態が動き出します。カイアファは群衆にイエスの冒瀆の罪を指し示し、イエスがイスラエルを迷わせる詐欺師、ペテン師だったと彼らに説明し、その一方でローマ人には、イエスは自称メシア、すなわち反逆者たちの王だったと語ることができました。こうして裁判は夜中、混乱のうちに終わり、時を移さずカイアファたちは、自分たちがイエスの主張をどう判断するか示したのです。

大祭司とメシアとの緊迫したやり取りに隠れて、考えるべき問題がまだ残っています。虚偽や歪曲、不正と野望が作り上げた世界は、言葉の示す内容に食い違いがある世界なのですが、そういう世界情勢の中で、私たちはどのように神の真実を語ればいいのか、という問題です。社会的、政治的、文化的、宗教的状況は、それぞれに独自の新しい言葉を生み出しており、そうした状況に直面する教会は、どのようにイエスについて誠実に語り続ければいいのでしょうか。危機的状況下で真実を語ろうとする人々が直面するのは、自分たちの真意がどうしても正しく伝わらないように思えるという現実です。どのようにすれば、キリスト者一人一人は、沈黙する時、語る時をわきまえて、真実の知恵を伝えることができ、イエスに誠実であり続けることができるのでしょうか？

二六章六九―七五節　ペトロの否認

69 その間、ペトロは外の中庭に座っていました。召使いの女たちの一人が彼に近づいてきて、言いました。「あなたもあのガリラヤ人イエスと一緒でしたよね」。

70 ペトロは皆の前でそれを否定して、「何を言っているのか分かりません」と言いました。

71 彼が入り口まで出て行くと、もう一人の召使いの女が彼を見て、そこにいる人々に言いました。「この人はナザレ人イエスと一緒でした！」
72再び彼はそれを否定して、今度は誓って「そんな人は知らない」と言いました。
73ほどなくして、周囲に立っていた人々が近寄ってきて、ペトロに言いました。「あなたは確か
に仲間の一人だ！　ほら――言葉の訛りではっきりと分かる」。
74すると彼は、嘘なら呪われてもいいと誓い始め、「そんな人は知らない」と言いました。する
と突然その時、鶏が鳴きました。
75そしてペトロは思い出しました。イエスが彼に語った言葉を思い出したのです。「鶏が鳴く前
に、あなたは三度、私を知らないと言うでしょう」。
それから彼は外に出て行って、赤子のように泣きました。

イギリスの作家デイヴィッド・ロッジが書いた小説『考える…』〔高儀進訳、白水社、二〇〇一年〕の中に、自分の愛し、信頼してきた夫が実は何年にもわたって不実だったことを夫の死後に知る、という女性が登場します。同じ頃、彼女は不道徳なコンピューター科学者と出会います。その科学者は、人間ができることは、自分で考えることも含めて、原理的にはコンピューターで可能だ、などと彼女を説得しようとします。彼女はこの考え方に反発するものの、なかなか確信が持てません。

一方で、亡き夫に対する彼女の激しい憤りと憎しみは募っていくばかりでした。本の終盤で、最終的に彼女は自分の住み慣れた家に戻り、夫の写真を眺めているうちに心の中の何かが決壊して彼女は泣き崩れ、泣きあかした末に、夫を赦すのです。

その時、別の問題にも解決の光が差し込んできます。つまり泣くことこそ、コンピューターには決してできないことなのだと彼女は気づくのです。「泣くことは難問」と彼女は言います。泣くという行為は、コンピューターによって複製可能な私たちの断片的情報が何らかのところと共鳴することで生じるように思えますが、それは到底コンピューターにできるようなことではないので、悲しみこそ人間であることの意味を理解する重要な手懸かりなのだと考えずにはおれません。

この聖書箇所の最後でペトロが流す涙は、次の章で登場するユダとペトロとを区別する大きな違いです。真の**悔い改め**と単なる後悔との間には広い隔たりがあり、そのことはパウロがコリントに宛てた手紙の中で、皮肉な口調で述べている通りです（Ⅱコリ七・一〇）。一方は命に、他方は死に至ります。ペトロの涙は、たとえそれが屈辱的で不面目で散々なものであっても、命へのしるしであり、ユダの怒りと苦々しさは、死へと一直線につながっています。

ペトロの悔い改めの涙は、長い時間を経てようやく実現したことでした。水の上を歩こうとして助けられた屈辱的な出来事（一四・二八―三二）からの立ち直りは、かなり早かったと考えられます。イエスが振り返って「下がれ**サタン**」と叱りつけた時は（一六・二三）、さすがにペトロも自尊心を傷つけられたことでしょう。エルサレムで数々の偉業を行ったにもかかわらず、イエスはそれを自分のプラスになるよう活用もできず（とペトロには思えたに違いありません）、それどころか、まんまと敵の罠に嵌まる決意を変えようともしないので、ペトロは他の弟子たちと一緒に困惑していました。ゲツセマネの園で、ペトロは公言していた通り最善を尽くしましたが、その最善はあまり芳しいものではなく、ペトロは二つの点で、すなわちイエスを守れなかったことと、間違ったやり方で守ろうとしたことで、イエスを落胆させたと思っていたに違いありません。

そして今度の一件です。疲れて、怖じ気づき、睡眠時間は短く、つい先ほどの晩餐で酔いは長く、という状況でした。その動機（傷ついた自尊心）は間違っていたけれど、正しいこと（イエスに従うこと）をした、もしくは、見方によりますが、間違ったこと（イエスが試練の時に備えて弟子たちに警告を与えていたにもかかわらず、まんまと敵の罠に嵌まってしまったこと）をしたけれど、動機（断固とした忠誠心）は正しかった、とペトロは考えていたかもしれません。それは誰にも分かりませんし、どうでもいいことです。ペトロの真意の曖昧さや複雑な感情など、二人の召使いの女と北部訛りを判別できる中庭の人物が発した小さな三つの問いの前には、ひとたまりもありませんでした。彼らの質問は、あたかも大きな風船に刺さった針のように、ペトロの世界を跡形もなく粉砕して彼の誓いの言葉を鳴り響かせ、悲しい涙の氾濫をもたらしたのでした。

イエスを否定することは、そのような悲しみを伴いますが、でも私たちは皆同じことをしてしまいます。文化や状況の違いがあるとはいえ、私たちはペトロとの共通点に気づかされ、ペトロがあの夜に置かれていた状況と私たち自身が置かれている状況との近さに失笑を禁じえません。

美味しい食事と十分なぶどう酒。たくさんの刺激。睡眠時間は足りていないものの、仕事をする気は満々です。そんな時、知りもしない人から問われるのです。

「熱狂的にキリストを信じている連中とは違うんだろう？」

「て言うか、ここにはイエスを本気で信じてます、なんていう人はいないよね」。

「いや、イエスに興味があるというのはいいけど、ぞっこんハマっているなんてことはないでしょう」。

むしろ問いはもっと巧妙かもしれません。正面突破ができなければ、敵は搦め手から攻めてくるでしょう。

「もし明日、僕がなんとかならなかったら、代わりに会社の出欠簿に僕の名前を書き入れて、居たことにしてほしいんだけどな」。

「ま、いいか――たったの一度だけだし、誰にも分からないだろうから」。

「ちょっとくらい内緒でやっても構わないよね」。

ペトロの記事が四つの福音書すべてで写実的かつ精細にはっきりと残っていることは、福音書の精度だけでなく初代教会の指導者たちの謙虚さを雄弁に物語っています。もちろん、その記事が物語ることは他にもあって、特にペトロの裏切りをはっきりと預言したという点でイエスは、大祭司や他の人々がどう考えようとも、真の預言者だった、ということもその一つです。ただ、この物語が繰り返し語られる主な理由はおそらく、まさにこの物語のペトロが非常に優れた反面教師になっているからでしょう。初代教会の中には、心を熱くして第一歩を踏み出したけれど、途中で失速して立ち止まってしまう恐れのある人々が多く存在していました。現代の教会も同じような問題に直面しています。

同時に、初代教会の時代には、偉大な指導者から取るに足らない女の召使いまで（神の家族において取るに足らない人は誰もいませんが）、イエスを否定するどころか、尋問や迫害、拷問や死に雄々しく立ち向かう人々がいました。ペトロの時代から二〇〇年後、無実の若いキリスト教徒たちは、主を否定するどころか、闘技場でライオンに毅然と立ち向かいましたが、もしペトロがその場にいたとし

たら、きっと自分が反面教師として何かの役に立ったと感じたかもしれません。もしペトロが現代の
教会の状況を見たとしたら、彼は何を思うでしょうか。

二七章一—一〇節　ユダの死

[1]夜が明けると、祭司長たちや民の長老たち全員は、イエスを死刑にするために協議を行いま
した。[2]彼らはイエスを縛り上げ、連れ出して、総督ピラトに引き渡しました。
[3]一方、イエスを裏切ったユダは、イエスに刑が言い渡されたのを知って、自責の念で胸が一
杯になり、銀貨三〇枚を祭司長たちや長老たちに返して[4]言いました。「私は罪を犯しました。罪
のない人を裏切り、私の手は今その血で染まっています」。しかし彼らは言いました。
「私たちの知ったことか。自分で始末することだ」。
[5]そこで彼は、銀貨を神殿に投げ込んで立ち去り、出て行って首を吊りました。
[6]祭司長たちは、その銀貨を拾い上げて言いました。「さて、律法によれば、この金を神殿の金
庫に入れることはできない。血の代価だから」。
[7]そこで彼らは協議の上、その金で陶工の畑を買い、外国人の墓地としました。[8]（この畑が今日
まで血の畑と呼ばれているのはそのためです。）[9]その時、預言者エレミヤによって語られた言葉が
成就しました。すなわち、

彼らは銀貨三〇枚を取った、
イスラエルの子らによって値踏みされた
その人の値段である。
10彼らはその金で陶工の畑を買った、
主が私にお命じになったように。

おそらく、この記事で一番興味深いのは、自責の念を示さない人々です。

多くの国々において、刑事司法制度の特徴の一つは、重罪で投獄されている人々でも、もし自分のしたことの非を誠実に悔いるなら、しばしば仮釈放の資格、場合によっては早期釈放の資格すら得られるということです。もちろん制度的欠陥はあります。不当に投獄された人は、自分が犯してもいない罪に対して自責の念を表明することを拒むので、誤った評決を甘受して調子を合わせた人よりずっと長い間刑務所にいなければなりませんから。しかし少なくともいくつかの司法制度は、自分の行為の結果に対して責任を取る態度の重要性を積極的に認めようとしています。

とはいえ、自責の念には水準や程度があります。前章の終わりでペトロの例を見ましたが、ユダの自責の念とペトロの誠実な**悔い改め**との間には大きな違いがあります。両者を分水嶺が隔てているのです。山頂近くに降る雨粒のように、最初はお互いに近くを流れているかもしれませんが、山のどちら側に流れていくかによって、国のこちら側に向かうか、反対側に向かうかが変わります。エルサレムの東に流れていく雨は（めったにないケースですが）死海に注ぎます。西に流れていく雨は地中海へと向かいます。自責の念と悔い改めはどちらも、自分のした行為を見つめ、それが間違いであったと認識するところから始まります。しかし前者は自分に対する怒り、そして自己批判と自己嫌悪を通って最終的には自己破壊へと下り、死に至る道を進みます。後者はペトロが通った道、すなわち号泣し、自らを恥じ、そして命に至る道に戻るのです。

祭司長や長老たちは、自分たちが夜中にした仕事に対して、何の自責の念も示しませんでした。彼らに言わせれば、自分たちは神と国家に対する忠誠を果たした、ということでしょう。彼らにとって、イエスが有罪か無罪かなどということは、最終的にどうでもよかったのです。問題は、イエスが騒ぎを起こして、厄介な状況を作り出し、ローマの逆鱗に触れる危険性を帯びていたことでした。祭司長たちは、これから見ていくように、必ずしもローマと良好な関係ではありませんでしたし、ローマ総督もどちらかと言えば彼らが苦手でした。彼らにとってローマは面倒な存在なので、そういう面倒な存在とは距離を取っておくに限ります。言い方を変えれば、もし鷲どもが死肉を食べたがっているのなら、**メシア**になりそこなった男でも与えておけば、自分たちのことに首を突っ込んではこないだろう、と考えたわけです。

ですから、ある男が**神殿**にやってきて、自分の犯した罪をつらい思いで訴え、何らかの救いを懇願しても、誰一人進んで助けようとする者はいなかった、という結果になったのです。ここに込められた皮肉を見逃してはなりません。これは単に、ユダが生まれてこなければよかったと悔い、それに対して祭司たちが冷たい態度を取ったというだけの話ではありません。これは神殿終焉の始まりです。

結局のところ、砂の上に立てられた家は、やがて崩壊することになります。イエスは神殿の建つ丘に「海に投げ込まれよ」と言いましたが、それがいよいよ現実のものとなります。メシアはテーブルをひっくり返し――短い時間ではあっても重要な場面で犠牲の献げ物を差し止めました――そして今や神殿の権力者たちは、自らの罪と汚れの苦しみを訴え出た男に、助けの手を差し伸べることもできません。祭司長はメシアの警告と異議申し立てに耳を傾けようとしないわけですから、その祭司長が代表となる組織制度は瓦解することになるでしょう。

ユダの悲劇はリアルで恐ろしく、強い印象を私たちに与えます。しかし神殿の悲劇はもっと深刻です。神殿の管理を公的に任された人たちは、自分たちの利益を追いかけるのに熱心なあまり、神殿の土台が砂の中に沈み、石垣に走る隠しようのない亀裂に気がついていません。

動機不明の哀れなユダが何をしようと思っていたのか、この箇所はさらに気づかせてくれるように思われます。イエスが死刑を言い渡された時、なぜ彼は自責の念しか示さなかったのでしょうか。イエスとカイアファとの対決をお膳立てすれば、イエスはカイアファに誰もが納得できる見事な受け答えをするだろうと考えたのかもしれません。もしくは、今こそイエスは、緊急対応に備えて待機している一二軍団の天使たちを召喚する潮時と判断するだろう、そんなふうにユダは期待していたのかもしれません。もちろんそれで銀貨三〇枚を説明することはできませんが、前述したように、そういう時、邪悪な行いというものは、必ずしも一貫性や合理性があるわけではないのです。

さて一方、イエスは総督のところへと向かっている最中です。

新約聖書以外の情報源（ほとんどは歴史家ヨセフス）から、ポンティオ・ピラトについては、比較的とても多くのことが知られています。ピラトは僻地へと送られたローマの下級官吏であり、高圧的な態度や思慮の足りなさから、部下によって度々告発されるような人物でした。大きな過失を犯して窮地に陥ったことは一度だけでなく、罪のない無防備な市民の殺害も軍に許可しています。ユダヤ教とは関係のない（水道建設という）目的で、神殿資産を使いました。ユダヤ地方を一〇年間（紀元二六―三六年）治め、その後、不名誉にも解任された時、涙を流す者は中東に誰一人いなかったそうです。

この人の前にイエスは立とうとしていました。そのイエスこそ、マタイが福音書を通して私たちに指し示してきた方です。イエスとカイアファとの対決に私たちは世界観の衝突と意思疎通の不可能性を見たわけですが、ナザレのイエスとポンティオ・ピラトとの対決において、私たちはいよいよ、キリストとカエサル、すなわちユダヤ人の王と（自称）世界の支配者、との最終決戦とでも言うべき箇所へとやってきました。双方それぞれが独特な主張を行うにふさわしい武器を用いますが、福音書の読者である私たちは、双方の――統治者に都合よく設計された「司法」制度へと姿を変えた侵略国の権威か、それとも沈黙と受難と愛の権威か――どちらが、神によって正しいとされるか、畏敬の念をもって見守るよう招かれます。それこそ、福音書記者たちが私たちに十字架の意味について語ろうとすることの肝なのです。

二七章一一―二六節　ピラトの前に立つイエスとバラバ

[11]こうしてイエスは総督の前に立ちました。
総督はイエスに「あなたはユダヤ人の王なのか」と尋ねました。
イエスは「あなたがそう言うのであれば」と答えました。
[12]祭司長たちや長老たちがイエスに対する非難を浴びせましたが、イエスは何も答えませんで
した。
[13]するとピラトは言いました。「あなたに不利な証言を彼らは申し立てているが、それがまった
く聞こえないのか」。
[14]イエスは一言も答えなかったので、総督は非常に驚きました。
[15]ところで総督には、ある慣例がありました。それは、祭りのたびに群衆が望む囚人を一人、
彼らのために釈放することだったのです。[16]ちょうどその頃、バラバ・イエスと呼ばれる有名な
囚人がいました。[17]そこで、人々が皆集まった時、ピラトは彼らに言いました。「お前たちは誰を
釈放してほしいか。バラバ・イエスか、それとも、メシアと呼ばれているイエスか」。[18]（ピラト
は、彼らがイエスを引き渡したのはまったくの妬みからであることをよく分かっていました。）
[19]ピラトが裁判の席についている時、妻は言伝を彼に送り、
「あの人とはかかわらないでください」と言いました。「あの人は無実です！　あの人のことで、
私は今日、夢でとても苦しみましたから」。
[20]祭司長たちと長老たちは群衆を説き伏せて、バラバの釈放とイエスの処刑を要求させました。
[21]こうして総督が再び群衆のもとに戻ってきて、「二人のうち、あなたがたはどちらを釈放してほ

しいのか」と尋ねた時、彼らは「バラバ！」と言いました。
[22]「それではメシアと呼ばれているイエスは、どうすればよいか」とピラトは言いました。
彼らは皆「十字架につけろ」と言いました。
[23]「なぜか」とピラトは言いました。「あの人がどんな悪いことをしたというのか」。
しかし群衆はますます激しく「十字架につけろ」と叫びました。
[24]ピラトは説得にまったく効果がないことを察知しました。実際、暴動になりそうだったため、
ピラトは水を取り、群衆の面前で手を洗って言いました。
「この人の血について、私には責任がない。あなたがたの問題だ」。
[25]人々は皆答えて言いました。「その血の責任は、私たちと私たちの子孫の上に！」
[26]そこで、ピラトは彼らのためにバラバを釈放しました。ピラトはイエスを鞭打たせ、十字架
につけるため引き渡しました。

チャールズ・ディケンズの小説の中で最も劇的な場面の一つは『二都物語』の結末です。フランス革命を舞台にしたこの小説の主人公はシドニー・カールトンという人物で、人生で何一つ良いことをしてこなかった男、控えめな言い方をすれば、決して良いとは言えないことを色々してきた男です。小説のクライマックスは、貴族たちが群れをなしてギロチン断頭台に送られる場面です。その様子を見ていたカールトンは、自分がひとかどの人間になる好機に巡り会います。価値あることを行い、今までの自分のやり方とは違うやり方で人格高潔な人物となり、そして家族が自分のことを思い出す時、

誇りに思えることを家族に残す好機に巡り会うのです。それは彼が、まさに処刑されようとしているフランス人貴族の身代わりになることでした。自ら断頭台に登り、その人を自由にするのです。この行動は、カールトン自身が述べるように、これまでしてきたどんなことより、はるかに良いことでした。

私がこの物語をよく覚えているのは、テレビドラマ化されたものを見たからです。それを初めて見た時の私はまだ若くて、ぎょっとするようなこの手のドラマは刺激が強すぎました（これが私のディケンズとギロチン、おまけにフランス革命の初体験でした）。しかしもちろん、この物語が衝撃的な理由は、それがイエスの物語、すなわち福音が浸透したすべての文化の思考に深く編み込まれたさらに昔の物語、をある程度典拠としているからです。イエス磔刑の物語がさらにたくさんの登場人物やモチーフを物語の流れに引き込みながら佳境に入っていくにつれ、今や一人の人物が、物語の中心的主題の一つを集約した人物が、予期せぬ形で立ち現れてきます。イエスが死に、その代わりにバラバが解き放たれるのです。

バラバの釈放はピラトが意図したことではありませんでした。誰かが意図してこういう形になったわけでもありません。それは、たまたまエルサレムの監獄に、（当時の他の反乱指導者たちと同様）イエスというありふれた名前の札つきの盗賊頭領が入れられていた、という不思議な巡り合わせによるものでした。彼は「イエス・バラバ」と呼ばれており、ピラトが祭りのお祝いとして、どちらのイエスを釈放するか群衆に選ばせたという事実を、マタイは執拗に指摘します。マタイの言わんとすることを、読者がそう易々と見過ごすはずはありませんが、彼は執拗に言い続けるのです。ですから、この箇所を最後まで読んでいくと、マタイの主張は明々白々となります。つまりバラバは私たちすべてを表しているということです。イエスが死ぬことにより、盗賊は自由となり、罪人は自由となり、私たちすべては自由になります。結局のところ、これは一つの過越の物語とでも言うべきものなのです。

このことの深遠さをピラトはまったく理解できませんでした。この悲劇全体を通して、唯一ピラトがはっきりさせたかった微妙な点は、自分に罪はないということでした。福音書の記者たちがピラトに同情的だったと考える人々もいますが、それはまったくの間違いです。当時のユダヤ人たちが憤りを感じていたのと同様、記者たちもピラトを軽蔑しています。ピラトは軍隊の指揮官でした。反乱を鎮圧するため、以前、軍隊を派遣したこともありましたし、再びそうすることもできたのです。群衆に振り回される必要はありませんでした。ただ、すべてのいじめっ子がそうであるように、彼は臆病者でした。ですから、偉そうな裁判官を演じようとしたかと思うと、大きくなる群衆の声に少し耳を傾け過ぎて、行動がブレるのです。

ピラトが自分の手を洗っても、マタイは彼が潔白だとはまったく考えていません。罪は群衆とその子供たちに転嫁されたのだ、とマタイは言いたいわけでもありません——ちなみに、群衆の子供たちは第二世代として成長し、やがてピラトの後継者や後任たちによって、エルサレムが紀元七〇年に最終的な破滅を迎えた時、何千人と殺され、磔にされました。むしろマタイが強調しているのは、すべての人、すなわちイエスを引き渡した祭司長や長老たち、気弱な暴君ピラト、そして群衆一人一人に罪があるということです。すべての人の罪に強調点が置かれる理由の一つは、イエスの死によって、すべての人に救いが提供されることになるからです。バラバだけにははっきりと焦点を絞って詳細に語られたことが、今度はすべての人に適用されます。ユダヤ人の王としてイエスが死んだことにより、イエスは自分の身にイスラエルの罪と死を引き受け、さらにはこの世の罪と死をも引き受けたのです。「彼は無実だ！　無実だ！」という囁き声は常に聞こえていました。ピラトの妻は彼に言伝をします。この人を死刑にするのは何か大きな間違いだ、と直感的に感じたからでしょう（この物語の中で正しく語り、行動しているのは女性たち、すなわちイエスに香油を注いだ無名の女性、ペトロの隠し立てに疑義を唱えた女の召使いたち、十字架の下や墓のそばにいた女性たちです）。「あの人は無実です」とピラトの妻は言いました。ピラトも直感的にそれが正しいと分かっていましたが、同時に、それを自分が無視するであろうことも分かっていました。

しかし、イエスの無実こそ、マタイがここで言わんとする核心部分です。もしイエスがバラバと同様、扇動家の一人だったとしたら、二人を入れ替えたところで何も変わりません。見回してみれば犯罪行為と恥辱ばかりです。実際、ペトロとユダは完全に置き去りにされたまま、祭司長とその他の指導者たちは勝手なことを行い、群衆たちは喜んでそれに荷担しています。一方、ローマによる統治は、高く評価されるその「正義」の実態が本当はどんなものなのかを体現し、罪と嫌悪すべき偽善という重い責任を背負い込んでいます。世の中を自分たちで勝手に切り分けている人間の諸体制が、共謀してイエスを十字架にかけたのです。しかしイエスには彼らが告発したような罪はなかった、それこそマタイがここで私たちに示そうとする核心部分です。イエスは罪人の身代わりとなって死にます。その偉大なる過越の行為が、罪と死という紅海を渡る道を切り開き、バラバだけでなく、それ以来増え続ける大勢の人々を招き、自由へと到達できるよう導くのです。

二七章二七—三八節　嘲られ十字架にかけられたイエス

27それから総督の兵士たちは、イエスを総督官邸へと連れて行き、全部隊を結集させました。

28彼らはイエスが着ていた物を脱がせて、真っ赤な軍服マントを着せ、
29イエスの頭に茨で編んだ冠をかぶらせ、右の手に葦の棒を持たせました。そして彼らはイエスの前にひざまずき、「ユダヤ人の王、万歳！」と言ってからかいました。

30兵士たちはイエスに唾を吐きかけ、葦の棒を手に取り、彼の頭を叩きました。

31こうしてイエスを嘲弄してから、マントをはぎ取り、元の着物を彼に着せ、十字架につけるために連れ出しました。

32兵士たちが出て行くと、シモンという名のキレネ人を見つけたので、彼らはその人にイエスの十字架を無理やり背負わせました。

33彼らがゴルゴタすなわち「髑髏の地」と呼ばれている所に来た時、
34彼らはイエスに、苦い薬草を混ぜたぶどう酒を飲ませようとしました。イエスは少量それを口にすると、飲むのを拒絶しました。

35こうして兵士たちはイエスを十字架につけました。彼らはくじを引いて、イエスの着物を分け、
36そこに座って、イエスを見張っていました。

37そしてその頭の上のほうに、「これはユダヤ

人の王イエス」と書かれた罪状書きを掲げました。
38それから兵士たちは、二人の強盗をイエスと一緒に、一人は右、一人は左に並べて、十字架につけました。

今日、ほとんど世界中が観光地化されています。国々はお互いに競い合って観光客、とりわけ豊かな国々の観光客を引き寄せ、思い出深い休暇を過ごしてもらう一方、彼らのお金を地域経済に落としてもらおうとしています。

そうした状況をうまく題材にして、ジュリアン・バーンズという小説家は、『イングランド・イングランド』〔古草秀子訳、東京創元社、二〇〇六年〕という作品を書いています。ワイト島——イングランドの南海岸から少し離れた小さな島——が国全体のミニチュア版になり、イギリスでお馴染みの史跡建造物がそこに建てられ、お馴染みの行事がそこで実施される様子をバーンズは描くのです。旅行者たちは、あちこちの有名な観光地をせわしく移動する必要はなくなり、ロンドンにすらわざわざ足を運ぶ必要もなくなります。すべてがその島にあるのですから。

その小説の中盤で、王室——何と言ってもそれを見物するために多くの旅行者がイングランドにやってくるわけですが——に、一つの役割が与えられることになるという話をバーンズは書いています。国王や女王を選んで、彼らにお金を払い、王宮の一つを模したレプリカに住んでもらうのです。彼らは決まった時間にバルコニーに登場し、群衆に向かって手を振ります。旅行者が本物を見た気になれるよう、「王室」行事が演じられるのです。しかしもちろん、これらはすべてまがい物に他なりません。誰もが分かるように、これはまさに巨大なテーマ・パークなのです。

こうしたことすべてに人々を駆り立てるのは、もちろん、お金ほしさでしょうが、マタイ福音書において、まがい物の「王室」行事へと人々を駆り立てるものは、バーンズの小説よりずっと複雑です。イエスを嘲る兵士たちは、彼を王のように着飾らせ、恭しく挨拶し、足下にひざまずく素振りをしましたが、それによってお金をもらえるわけではまったくありませんでした。兵士たちの念頭にあったのは別のことです。彼らは、今日の私たちならテロリストと呼ぶような人々――自由のためにならどんなことでもやる命知らずの反ローマのユダヤ人反逆者たち――と戦っていました。ローマ兵たちはおそらく自らの友人が、そうした反逆者に殺されるのを見たこともあったでしょう。兵士たちは、自分の居住地から遠く離れた辺鄙な場所の治安を維持したり、暴発寸前の多種多様な反乱分子による不安定かつ危険な状況を鎮静したりすることに、うんざりしていました。

さてそこに、自分を「ユダヤ人の王」とした罪で告訴された者がやってきました。彼は数時間のうちに死ぬことになるでしょう。であれば、そいつをだしにして、ちょっと楽しもうじゃないか。なぶり物にして少々打ち据えてやり、ローマ人が他民族の「王」をどんなふうに考えているか教えてやろう。ジュリアン・バーンズのミニチュア版イングランドに登場する「王」と同様、本当のボスはお前じゃないと思い知らせてやろう、というわけです。

この箇所を読んでいると、これがほんの数日前まで神殿でユダヤ人指導者たちと対決していたイエスなのか、数週間前まで人々を癒し、共に祝い、神の王国について人々に教えていたイエスなのか、と考え込んでしまいます。しかしマタイはこの箇所に色々な含みを持たせて、イエスの十字架が、輝かしい足跡の最後に起きた面倒な偶発事件ではなく、実はイエスの足跡の中でも、ショッキングではあるものの、最大のクライマックスだと私たちに気づかせようとしているのです。

イエスは、マタイが私たちに示唆するように、真の称号を頭上に掲げて、いわば十字架という「王座についた」だけではありません。確かに頭上の称号は、それだけでとても印象的です。死刑囚は普通、頭の上に罪状札をつけられました。ピラトと兵士たちにとってのイエスの「罪状」――イスラエルの真の王であるというイエスの主張――は、マタイにとって厳粛な事実でした。しかしさらに、十字架こそ彼の王国を確立するための手段だったのです。ヤコブとヨハネに語ったように（二〇・二三）、右手に一人、左手に一人を従えて、イエスが王座につく日はやがて必ず訪れるでしょう。ただ、イエスが念頭に置いていた王座とは十字架のことでした。

なぜ十字架なのでしょう。それは、山上の説教からずっとイエスの語っていた神の王国が、軍事力によって確立され、維持される王国のことではなかったからです。イエスの語る国が神の王国ならば、その王国は神の用いる方法によって成立するでしょう。そして真実の神が採る方法とは、自己犠牲の愛という方法です。この箇所に山上の説教のいくつかの部分が取り入れられていることに注目してください。イエス自身が兵士に頬を打たれることになりますが、彼は報復しません（マタ五・三九）。兵士たちは上着どころか下着までも取り上げて、彼を裸にしました（マタ五・四〇）。イエスが十字架へと向かう道を進んで行く時、兵士たちは、自分たちの代わりに他の人に荷物を運ばせるローマ法の認めた「権利」を用いますが、これはマタイ福音書五章四一節に呼応します。もちろんその荷物とは、この時に限り、イエスを磔刑にする重い梁の木材なのですが。

ここで一番肝心なのは、イエスが先頭に立って、最初からずっと説き続けてきた道を、神の忠実なイスラエルとなり世の光となる道を、進んで行くということです。イエス自身が丘の上に置かれ、今や隠されたままでいることはできません（五・一四）。これこそ真っ暗な世の隅々にまで神の愛という光を輝かせるイエスのやり方です。この世の悪や憎しみ、残虐行為、分別のない嘲笑、この世を今も損ない続ける理由なき暴力、いじめ、拷問を甘んじて受けることによって、また世の中が加える悪逆非道を甘受することによって、イエスは光を輝かせるのです。キリスト者の信仰は非現実的な空想に過ぎず、内的、霊的に素晴らしい経験をすることがすべてであり、現実の世界とは関係がないと考えてはなりません。この記事はキリスト教とは何かという問題の核心へと私たちを導いてくれますが、そこで私たちは、創造主である神ご自身の愛を体現した方に対して非道の限りを尽くすこの世の怒りと敵意を、編集なしの大写しで、目の当たりにするのです。

ショッキングで悲劇的ではあっても、深い癒しが与えられるこの出来事を私たちは立ち尽くして見ているわけですが、それに対する適切な反応は三つあると思います。

まず、もちろん私たち自身、そうした悪逆非道に激しい憤りを感じます。イエスは私たちに語りかけることでしょう。そう、今もなお世界中で同じようなことが起きているけれども、私たちはそれに対してどんな行動をとればよいだろうか、と。

二つ目に、もちろん私たちはイエスの経験したことに戦慄を覚えます。イエスこそ数多くの素晴らしい業を行った方であり、イエスを通して、癒しと回復、赦しと愛が、これほど多くの人々に豊かにもたらされたのに、と。イエスは私たちに語りかけることでしょう、そう、私が王座についたことで、今や、癒しと赦し、希望がもっと多くの人々にもたらされるだろう。あなたがたにはその本当の意味が分かっているだろうか。もし分かっているなら、あなたがたは他の人々にもそのことを知らせているだろうか、と。

三つ目に、私たちはもちろん、マタイがこの記事に込めた深い意味を理解するにつけ、すべては私たちのためになされたのだという事実に圧倒されます。そう、私たちは心から感謝し、イエスを拝し、崇めることを学ばなくてはなりません。イエスの死によって、私たちは神が愛をもって御顔を私たちに向けておられることを知ることができるのですから。そのことを学ぶ時、私たちは、マタイが常に思い出させてくれるように、イエスと同じ道を、山上の説教で明確に示して今や自ら進んで行った道を辿るよう召されるのです。

二七章三九―四四節　十字架上で嘲られたイエス

39 通りすがりの人たちは、イエスに向かって、自分たちの頭を振りながら、悪口雑言を浴びせ
て 40 言いました。「お前は神殿を壊して、三日で建てるのだろう。もしお前が神の子なら、自分を
救ってみろ！　十字架から降りてこい」。
41 祭司長たちも同じように、律法学者や長老たちと一緒になって、イエスを嘲りました。
42 「他人は救ったが、自分自身を救うことができないとは！　やれやれ、それでイスラエルの王

なのか！――さあ今すぐ十字架から降りてもらおうじゃないか。そうすれば王だと信じるから。
43 神に拠り頼んでいたのだろう。神のお気に入りなら、今、救ってもらえばいい。何しろ自分は神の子だと言っていたのだから」。
44 イエスと一緒に十字架につけられていた強盗たちも、同じようにイエスを罵りました。

私の友人は探検隊一行を先導して地下の洞窟や坑道の中を進んでいました。皆、この探検のために訓練を受け、その道をよく知っていました。私の友人は、それ以前にすべての洞窟を探検したわけではありませんでしたが、ある別のルートを辿って地下数キロ行けば、探検隊が外へと通り抜けられる道があると確信していました。ただそのためには、ある地点で洞窟の水の中を潜って進み、水の向こう側へと続く道に出なければなりませんでしたが、かつて誰もそんな行き方を試したことはありませんでした。

洞窟を進み、まさにその地点に一行が到着した時、数人がおじけづき始めました。馬鹿げた考えだと彼らは言うのです。通り抜ける道があることを示す地図も水路図もありませんでした。水の中を潜って行き、進む道を見つけようともがいている間に、造作なく溺れてしまうかもしれません。数人は先導する友人に向かって怒り始めました。新しい道を見つけるという夢があるからという理由だけで、そんな気違いじみたことに自分たちをつき合わせる権利はないだろう、と言うのです。最終的になすべきことは一つだけだと彼は気づきました。つまり自分一人で道を進んで行き、通り抜ける道が見つかったら戻ってきて、今度は彼らを連れて行くしかないだろうと。

彼が水に潜っていく時、探検隊の何人かは黙って心配そうにそこに立っていましたが、行くことに反対した人々は彼を嘲って言いました。君のでっかい夢なんてもういい加減にしてくれ。失敗してびしょ濡れになって戻ってくるか、二度と戻ってこないかのどちらかだ。よく分かっているからと自惚れて、分かってなかったと気づいた時にはもう手遅れ、なんて話はよくあるんだから。

もちろん私の友人は通り抜ける道を見つけ――そうでなければこの話をしようとは思わないでしょうが――、結果的に不平を言った人々も含めて全員が彼についていきました。このお話をしたのは、お祭しの通り、イエスの置かれていた状況がどんなものだったのか、ということを示したいからです。つまり、死を通り抜けて、死の向こう側の新しい命に至る道を切り開いたイエスは、新しい命に至る道の存在をよく知っていましたが、イエス以外は誰もその存在を知らなかった、という状況でした。

一つ前の箇所で、異教徒の兵士たちはイエスがユダヤ人の王と呼ばれていた――ピラトの前で起訴された罪状でしたが――ために、イエスを嘲笑しましたが、この箇所で嘲笑に加わるのは、ユダヤ人指導者たちや祭司長たちをはじめとする人々です。彼らは面と向かって、イエスが直接的あるいは間接的に主張していた神殿や彼自身に関する事柄、とりわけ彼が神の独り子、真のメシアか否かという事柄に言及し、イエスを嘲笑するのです。

これによってマタイは、大祭司カイアファの前でイエスが尋問される場面、つまりこれらの事柄がまとまって出てくる箇所（二六・五九―六六）へと、私たちを連れ戻します。マタイはこれまでの章で、神殿の破壊を示唆するイエスの言動を逐一、私たちに気づかせようとしてきました。同じような例は他にもあります。前の箇所でマタイは私たちの目先を山上の説教へと向けさせますが、この箇所でも同様に、マタイは私たちを、かなり前の記事、すなわちイエスの受洗と悪魔による誘惑の記事、へと連れ戻そうとします。

あなたは私の子、私はあなたを喜ぶ（三・一七）と、神が明確かつ劇的に語られたのは、イエスの受洗においてでした。この言葉は、イエスがずっと前から認識していたと思われる召しを裏書きするものでしたが、神が現実にこれらの言葉を語られたという信仰に基づいて、イエスは公生涯を歩みました。この信仰が今、厳しくつらい試みを受けることになったのです。

この試みの発端は、言うまでもなく、悪魔の誘惑です。その記事（四・一―一一）を振り返ると、それがユダヤ人指導者たちの嘲りと直結していることが分かります。誘惑者は言います。あなたが本当に神の子なら、こんなに腹を空かせているなんて、間違っているでしょう。あなたが本当に神の子なら、神によって顧みられていることを、劇的なやり方で人々に示してはいかがですか。あなたが本当に神の子なら、近道をして手っ取り早く、神の王国を実現してみてはいかがですか。一方、ほとんど同じ口調で、嘲笑う者たちはイエスを挑発しています。お前が本当に神の子なら、自分の言ったこと――神殿の破壊とその再建――を実行に移せばいいじゃないか、お前が本当に神の子なら、十字架から降りてきたらどうだ。お前が本当に神の子なら、なぜ神はお前を助けてくれない。きっと神だって、お前が苦しみの中で磔刑になることを望むはずがない。きっと望みはしないだろう、お前が死ぬなんて。

イエスは四章で悪魔の誘惑に聖書からの引用で答えました。この箇所でも、イエスは黙ったままですが、内面的には、イエスの聖書に関する学識や献身の深い源泉は、まだ枯れてはいなかったように思えます。次の箇所（四六節）で詩編二二編の冒頭の言葉をイエスが叫ぶ時、もちろんこの時は神ご自身への訴えという形を取ってはいますが、それはあたかも人々の嘲りに対する回答であるかのようにも聞こえます。ただ、十字架に関するこの箇所においてマタイは、イエスの果たしたメシアとしての任務全体について私たちが学ぶべきことを、その任務が磔刑において大詰めを迎えた今、再び指し示しているのです。

イエスの公生涯全体は、四章における悪魔の誘惑と十字架上での嘲りとの間に位置づけられます。私たちが見てきたように、その間、イエスは何度も、実際の、あるいは自称ユダヤ人指導者たちから、そして世論から異議申し立てを受け、対決を迫られました。イエスは律法を破った罪で告訴され、また、悪魔と結託していると訴えられました。イエスが進んでいる道は神の王国に至る真実の道ではない、と彼らは思い込んでいたのです。探検隊の先導者が、暗く深い水の中を通って向こう側に抜けられるとわかっている新たな坑道まで、自分を信じてついてくるよう招いているにもかかわらず、それに猛反発したメンバーたちに似ています。彼らは受け入れようとしませんでした。まさに狂気の沙汰です。彼らはどのように神の王国がやってくるかよく知っていましたが、たとえイエスが力強く、驚くべき数々の業を行い、神の王国への招きを保証しても、彼らはイエスの対案にまったく興味を示しませんでした。

ここでマタイは私たちが注目すべき問題の核心に触れています。イエスは自分の民から敵対され排斥されるだけでなく、非ユダヤ人世界の憎しみと怒りも引き受けて、十字架につきました。実はそれこそが、彼の公生涯を通しての隠れた真の目的でした。初期の段階でイエスは成功を収めたものの、最後は失敗と敗北に終わってしまった、ということではないのです。確かに多くの人々がイエスの感動的な業と教えに興奮しましたが、そうした人々でさえも、イエスに従った目的はそれぞれ違っていました。ある人々は、現在の神殿が破壊され、神がお望みになる新しい何かが立ち現れる、というイエスの幻に感動したことでしょう。その神殿は、つまるところ、祭司たちによって自分たちの利益のために、多くの人々が不快感や圧力を感じるような方法で、支配されていたからです。しかしイエスの幻がこんなふうに終わってしまうとは、誰一人想像もしていませんでした。

例外だったのはイエスただ一人です。洗礼を受けて以降、イエスは先に何があるかをはっきり認識していました。紅海を渡ろうとしているイスラエルの眼前と同様に、イエスの先には、水の深みへと下って行く道がありました。イエスが信頼していたのは、自分がこれまで歩いてきた陸地へと連れ戻して救ってくださる神ではなく、水の中を通って反対側の陸地へと連れて行き、その先にある約束の地に導いてくださる神でした。それこそが真のイスラエルの辿る道であり、出エジプトの道、死それ自体を通って新しい世界へ、新しい命へ、向こう側へと抜ける道でした。イエスは単にローマ人を、そしてついでに祭司長たちを打ち負かそうと思っていたわけではありません。彼は死それ自体を打ち負かそうと思っていたのです。しかしそれをするためには、彼自身が死を通り抜けねばならず、そのことでイエスは人々の嘲りに耐えねばなりませんでした。奴は気が狂っている、妄想に駆られている、自分を神に選ばれた者だと自惚れているが、単なる狂信者だ、早晩自分の思い違いが分かるだろう、本当に神の子ならきっと十字架から降りてくるはずだ——そう人々は嘲ったのです。

しかし、マタイが私たちに知らせようとしているように、イエスは神の子だからこそ、十字架上にとどまらねばならないのです。それこそがこの世を救う方法であり、死を打ち負かす方法です。それこそが御父によって与えられた任務を全うする方法であり、父の御心に完全にかなう方法なのです。畏れつつ感謝しつつ十字架を見守る私たちに、次のような声が聞こえてきます——あなたも私の愛する子。人々が何と言おうと、あなたは喜んで私に従ってきますか？

二七章四五—五六節　神の子の死

45 正午から午後三時まで闇が全地を覆いました。46 そして三時頃、イエスは大声で叫びました。
「エリ、エリ、レマ、サバクタニ」。

——「わが神、わが神、なぜあなたは私をお見捨てになったのですか」という意味です。
47 そこに立っていた人々の何人かはそれを聞き、「この人はエリヤを呼んでいるぞ！」と言いました。
48 すぐに彼らのうちの一人が駆け寄り、海綿を取って、それに酸いぶどう酒を含ませてから、葦の棒につけ、イエスに飲ませようとしました。
49 他の人々は「ちょっと待て、エリヤが彼を救いに来るか見てみよう！」と言いました。
50 しかしイエスはもう一度大声で叫んで、息を引き取りました。
51 まさにその瞬間、神殿の幕が、上から下まで真二つに裂けました。地が揺れ、岩が裂け、
52 墓

穴が開いて、眠っていた多くの聖徒たちの身体が甦りました。53彼らはイエスの復活の後、墓か
ら出てきて、聖なる都に入り、そこで多くの人々に現れました。
54百人隊長や彼と一緒にイエスを見張っていた人々は、地震や色々な出来事を目の当たりにし
て、ひどく怖がり、
「この人は本当に神の子だった！」と言いました。
55そこには遠くから様子をうかがう女たちが何人もいました。彼らはガリラヤからイエスに従
い仕えてきた人たちでした。56その中には、マグダラのマリア、ヤコブとヨセフの母マリア、ま
たゼベダイの息子たちの母がいました。

今日、世界中の多くのキリスト教書店で、キリスト者の信仰生活におけるさまざまな情景を描いた壁掛け用ポスターを購入できます。そういうポスターにはよく、壮大な景色を背景にして、聖書の御言葉が書かれていたりします。笑いを誘うものもあれば、詩や短い随想が収められているものもあります。

中でも大変よく知られているのは「足跡」と呼ばれる作品でしょう。この話は、ある人物が神に信頼して歩んできた人生を振り返り、それが砂に残された二組の足跡として見えている、というものです。人生の行程のほとんどに二組の足跡が残され、あなたと神が寄り添い合って歩いてきたことが示されているのですが、時々――困難の時に限って――足跡は一人分しか見られません。そこであなたは尋ねます。神様、なぜあなたは困難の時に私を見捨てたのですか。答えが返ってきます。我が子よ、

困難の時には私があなたを背負ったのだ、と。

最初にお断りしておかねばなりませんが、今ご紹介した作品は、今回の聖書箇所を理解するのに役に立ちません。イエスが詩編二二編冒頭の言葉を用いながら、なぜ神は自分をお見捨てになったのかと大きな声で問うた時、マタイは「いやいや大丈夫。そんなふうに思えるだけで、実際は神様がずっと彼を背負い続けているのだから」と、気休めになるような読み方をするよう求めてはいません。十字架の核心部分は、まさにここでイエスがこの世の悪の重荷を一身に背負い、日の光が三時間すっかり覆い隠されてしまったのと同様、神の愛という光がイエスからすっかり覆い隠されてしまったということです（この箇所でマタイが私たちに示そうとしているのは、二四・二九のイエスの預言がまずこの時点で成就した、ということかもしれません。これらの出来事は「終末」の先触れであり、それはやがて、**人の子**が高くあげられ、名誉を回復し、**神殿**が破壊されるという山場を迎えることになります）。イエスは「多くの人々のための贖いの代価として自分の命を与え」（二〇・二八）、そして彼が背負う「多くの人々」の罪は、彼の経験の中で唯一初めて、イエスと彼が愛し従った父なる神との間に、イエスと彼を喜ばれた神との間に、暗雲を生じさせたのです。

確かに、詩編二二編では受苦者の苦しみが長々と述べられたあと、神が彼を擁護し、**神の王国**を建てあげると語られています（詩二二・二二―三一）。しかしマタイがここで私たちに注目させたいのはそこではありません。マタイはただそばに立っている人々の反応を記します。彼らはイエスの言ったことを聞き間違え、「エリ」という言葉が繰り返されることから、イエスがエリヤに向かって叫び、偉大な預言者に自分を救ってくれるよう求めているのだ、と思ったのです。

それは明らかにイエスが一番考えそうもないことですが、当時のいくつかの憶測と響き合うものでした。しかしマタイは私たちに、福音書の前のほうの記事、具体的にはイエスの姿が変貌する場面で、エリヤが現れる、もしくはエリヤに関して語られる箇所（一七・一―九）、そして洗礼者ヨハネについてイエスが語る箇所（一七・一〇―一三）を注目させたいのです。すなわち、エリヤはすでに到来し、イエスを悲惨な最期から救うのではなく、まさにそのような最期をイエスに指し示し、イエスが神の命じた道を歩んでいることを保証したのだ、と。

イエスはついにそのゴールに達します。イエスの死は――「息を引き取る」もしくは「霊を明け渡す」とマタイは表現していますが――福音書がこれまでずっと目指して進んできた地点です。神がイエスをお見捨てになった時でさえも――不思議なことに、それこそ神がイエスに与えられた使命の核心なのですが――イエスは最後まで従順でした。イエスはこの世の罪をその身に背負い、死の闇へと入って行きました。私の罪、皆さんの罪、数え切れない多くの人々の罪、この世の首筋にぶら下がり、この世を破滅へと引き摺り込んでいる罪の重荷を肩代わりして。

すると、この世自体――物質的な自然界――がまずそれに反応します。ある最近の著述家の言葉を借りれば、イエスの最期は世界の終焉の縮小版であり、特に神殿終焉の縮小版です。内陣の聖所の入り口にかけられた美しい天幕は真二つに裂けました。おそらくエルサレムの町を揺さぶった地震の力によるものでしょう。マタイがこれまでのいくつかの章で語ってきたように、いよいよ神殿に裁きが差し迫っています。神殿の祭司たちはついに自らイエスを拒み（四一―四三節）、その結果、彼らの権力基盤であり、この世の中心である神殿は、数日前のイエス自身による抗議行動（二一・一二―一四）

と同じくらい深刻な、象徴的破壊を被っているのです。イエスの死は、彼に対抗してきた神殿体制の終焉の始まりであり、彼の呼びかけに注意を払おうともせず、この世の光となり国々の馳せ参じる丘の上の都となるべき本来の使命を無視した神殿体制の終焉の始まりです。

その代わりに、今や国々は別の丘に集まることになります。市の城壁の外にあるカルバリと呼ばれる丘です。そこでユダヤ人の王は凄惨かつ恥ずべき死を遂げました。これから起こることのしるしとして（そして二・一―一二の東方の賢者たち、八・五―一三の百人隊長、一五・二一―二八のカナン人の女性の記事を思い起こさせる人物として）、もう一人の百人隊長が登場します。彼は十字架のもとで見張り番として立っていますが、誰も予期しないようなところで神の真実が突如明らかにされたことに衝撃的な驚きを感じ、数え切れない人々がやがて告白することになる**信仰**告白を口にするのです。「この人は本当に神の子だった！」と。

この言葉こそ、読者がユダヤ人であれ**異邦人**であれ、イエスの死とその結果引き起こされた驚天動地の出来事を目の当たりにした人ならば、告白してほしいとマタイが意図し、期待している言葉なのです。地震やいにしえの聖徒たちの甦りについてどう考えるかは別として――この箇所が新約聖書の中で最も不思議な記事だと言わざるをえませんが――、かなりあとの時代に生きる私たちは、当時の驚くべき出来事を一つや二つ根拠にしなくても、イエスの死が世界の様相をすっかり変えてしまったと断言することができるのです。

こんなふうに考えてみましょう。イエスが自分の命を与えた結果、世界中で今、私たちは何を目の当たりにしているだろうか、と。愛して報復せず、善をもって悪と対峙する神の王国の模範的作法、この世の憎しみと怒りをその身に負ったイエスの業、さらにはそれらの先にある悪の力の敗北、この世の罪の完全な贖い、不正という暗雲の中から輝き出る神の愛――これらのことを私たちは目の当たりにしています。そうしたことすべてを私たちは、イエスを礼拝し、十字架の死に感謝する何百万という人々の交わりの中に見ているだけでなく、そこから流れ出る癒しの業の中に、社会や個人に与えられる和解と希望の中に見ています。イエスが十字架の死において成し遂げた業ゆえに、世界はまったく違う場所になったのです。

さらにこれらすべてのことを超えて、マタイが私たちに注目させようとしているのは、最終的な再興であり、神の偉大な新世界（一九・二八）、一新された時代です。神はすでに万物を刷新しておられ、イエスの死こそ、そのための重要な出来事でした。イエスの十字架の死を通して、万物の刷新は、今や現実のものとなるのです。

しかし驚くべきことに、万物の刷新は、ずっと前に死んで葬られていた人々の復活から始まります。マタイがここで何を考えていたかは定かではありません。「眠っていた」死者たちは、イエスが死んだ時に目覚めたものの、イースターの朝まで待ってから、エルサレムの町に入ったのでしょうか？彼らはその後、何をして、どうなったのでしょう？　こうした疑問やこれに類する疑問に対して、ある人たちは、マタイが「その時以来、死の力は打ち負かされた」という事実を、絵画的表現を通して生き生きと伝えようとしたのだ、と考えます。あるいは、当時とその後に語られていた話をマタイが記事にする際、自分自身の語りの未解決な部分をあえてそのまま残し、「これから後、神が命を与える力によって成し遂げられることは、私たちの想像を超えている」と言いたかっただけなのかもしれません。もちろん、この話は、万物の終わりに何がやってくるのか、パウロたちが語っていた終末の大いなる**復活**を暗示するものだったのでしょう。

確かにマタイは、この記事を読む私たちに、イエスの死によって何が最終的にもたらされるか、しっかり注目するよう促しています。**弟子**たちが、そして遠くから様子をうかがう女たちが見ているのは暗黒と暗闇、そして死だけです。しかしマタイの読者たちは、三日後に彼らがどんな発見をすることになるか、もうすでに分かっています。イエスが死んだのは、自分を**神の子**として示すことに失敗したからではなく、神の子としてのアイデンティティや使命、宣教を確かなもの、完全なものとするために必要な方法だったからです。イエスは本当に神の子だったと、私たちは百人隊長や他の人々と声を合わせて表明しているのですから、その信仰によって生きることができるよう専念し、父なる神の愛を、その独り子に目を注ぐことによって、もっとよく知ることができるよう努めましょう。

二七章五七―六六節　イエスの埋葬

[57]夕方になって、アリマタヤ出身の金持ちがやってきました。名をヨセフといい、彼もまたイエスの弟子でした。[58]彼はピラトのところへ行き、イエスの遺体の下げ渡しを願い出ました。ピラトは彼にそれを渡すよう命令を出しました。

[59]こうしてヨセフは遺体を受け取ると、それをきれいな亜麻布に包みました。[60]岩を掘って造っ

た自分の新しい墓に遺体を納め、それから墓の入口に大きな石を転がして置き、立ち去りました。
[61]マグダラのマリアともう一人のマリアがそこにいて、墓の向かいに座っていました。
[62]その翌日（すなわち備え日の翌日）、祭司長たちとファリサイ派の人々は、集団でピラトのところへ行き、[63]言いました。
「総督閣下、あの詐欺師がまだ生きていた時、『三日後に私は甦る』と言っていたのを、私たちは思い出しました。[64]ですから、三日目まで墓の番をするよう命じてください。さもないと、弟子たちがやってきて彼を盗み出し、それから『イエスは死者の中から甦った』と、人々に言いふらすかも知れません。そうなると、この虚偽のほうが、最初の虚偽より、もっとひどいものになるでしょう」。
[65]ピラトは彼らに言いました。「番兵をつけてやろう。行って、気が済むまでしっかりと見張るがいい」。[66]そこで、彼らは行って、石に封印をし、番兵を置いて墓を見張らせました。

私はチェスがうまいわけでは決してありませんが、それでも時々、かなり上手な何人かとお手合わせしたことがあり、対局がどんな感じだったかをよく覚えています。かなり早い段階で、相手の指し手の意味を理解しかねる局面がいつもありました。ルークをここに動かし、ナイトをそこに、そしてクイーンを他のところに動かすのですが、一見、すべて脈絡もなく計画性もないように思えるのです。ところが数手動かしたあと、とても良い手を打とうとすると、ずっと前に何食わぬ顔で動かされていた駒の一つが、私の手を邪魔して立ちはだかっているのです。上手な棋士の特徴は、相手の指し手を見越して、事が起こる前に未然に相手の動きを封じることです。

マタイも、イエスの埋葬について記述する際、多かれ少なかれ同じように、先を見越して相手を封じています。もちろんこの箇所はそれだけではありません。実際、マタイは、献身的愛情や悲しみ、怖れを記し、適時適所にいてくれたアリマタヤのヨセフへの感謝も書き入れています。ただ、多くの点で、埋葬の出来事は、復活の出来事を見越して記されています。マタイは必要な駒を、重要な局面が生じると分かっている場所へと、先回りして動かしているのです。

初代教会の中心的な主張はもちろん、ナザレのイエスは死者の中から甦ったというものでした。イエスは偉大な教師だとか、腕のいい医者、霊感を与える指導者だとかいうこと、あるいはイエスは司法行政のひどい失策による犠牲者だとかいうことが、教会の中心的主張ではありませんでした。これら一つ一つはどれも正しいのですが、それらを全部足し合わせれば、それが初代キリスト教会の信仰と歩みを表すことになる、というわけではありません。教会が信じていたのは、イエスが本当に死んで葬られた後、身体的に甦ったという重要な事実です。この主張こそ、教会が世の中に対して、ユダヤ人や異邦人に対して公言し、彼らを驚かせたものでした。

もちろん人々は教会を馬鹿にして、別の説明を提案しました。イエスは本当のところ死んではいなかった、おそらく弟子たちか他の誰かがイエスの死体を盗んだのだろう、ことによると女たちは別人の墓に行ったのかもしれない、というように。こうした説明はすべて、初代教会の発信した使信に対するありふれた批判で、そのような批判は早い時期から現れ、広がっていたと考えられます。ですから、あたかもチェスの上手な指し手のように、マタイはそうした説明を、まさに福音の重要な部分を語る前に、先手を打って語り、間違った批判に対して予防線を張ったのです。

そこでまず大事な点は、イエスの墓がまだ新しく、簡単にそれと認識できたこと、そしてそれが大きな石で塞がれていたということです。ここで少し脱線しなければなりません。というのは、現代のほとんどの文化圏において、死んだ人の葬り方はイエスの時代とまったく違うからです。当時、パレスチナのユダヤ人は、死ぬとほとんどが石窟に葬られ、その上に彼らの住んでいる家が立っていたりすることもしばしばありました。遺体は棺に入れられたり火葬されたりすることはなく、香油や没薬と共に布でくるまれました。それから石窟の中の岩棚に置かれ、遺体がすべて朽ちてしまうと、友人や親戚が遺骨を集めて丁寧に包み、(オシュアリと呼ばれる)納骨箱に入れました。同じ墓の中にいくつも岩棚があって、そこに複数の遺体が置かれていることもざらでした。イエスの場合は、マタイが注意深く説明しているように、新しい墓に葬られましたから、墓の中に他の遺体はありませんでした。

古代世界において墓荒らしは日常茶飯事でしたから、多くの石窟式墓地には大きな円盤形の石、場合によっては直径二メートルにもなるような石が置かれ、人が簡単に入り込めないように、その大きな石を転がして穴の入り口を塞いだのです。それがアリマタヤのヨセフのしたことでした。この種の墓は今でも中東に見られます。

ヨセフがピラトにイエスの遺体の引き渡しを乞い、ピラトがそれを認めたという事実は、イエスが完全に死んだことを示すに十分な証拠です。ローマの兵隊や総督たちは、死刑を実行する場合、それを生半可に行うことはありませんでした。そのことを考えると、罪に定められた謀反人の指導者が、からくも死から逃れられるような事態は想定不可能です。同じように、イエスの主な弟子たちが一連の処刑手続きにまったく関与しなかったばかりか逃げ隠れていた、という事実は、彼らが遺体を盗めるような状況になかったことを良く示しています。他の誰かが盗めたわけでもありません。実際、祭司長たちは、そういう事態を避けようとして、ピラトにローマの番兵をつけてもらいました。彼ら自身で石に封印をし、それが動かされないよう入念に確かめました。

イエスの葬られた墓が判別できたかどうかという問題が残っていますが、マタイは注意深く次のように書いています。すなわち、イースターの朝に墓に行った二人の女性たち（二八・一）は、金曜の夕方にもそこにいて（二七・六一）、墓がどこにあるかを正確に知っていた、と。

もちろん、これらすべてがキリストに関する物語の真実性を証明するわけではありません。次の章にも同様のことが言えます。そもそもはじめから疑問を差し挟む余地はあるわけで、多くの人々は疑うほうを選択しました。しかしここでマタイが懸念しているのは、疑いの目が正しいところに置かれるかどうか、ということです。ですから埋葬に関する詳細について、混乱したところはまったく見受けられません。もしイエスが死者の中から復活したことを疑問視するのなら、それは、生ける神がイスラエルの救世主のために、全世界の救済という重荷を背負わせた救世主のために、そんなことを成しえたかどうかを、あるいは望んでいたかどうかを疑っているからに他なりません。ここではそのことが問われているのです。

イエスの埋葬について考察し、人間すべての宿命である墓へとイエスが私たちより先に下って行ったことについて思い巡らすうちに、私たちはイエスが、全人類でただ一人その墓をくぐり抜け、向こう側にある神の新世界に至る道を発見したことに再び思い至り、厳粛な気持ちになります。すべてが明らかになる次の章へと、話を進めたくてうずうずしているマタイが目に浮かんでくるようです。

二八章一―一〇節　イエスの復活

[1]週の初めの日の夜が明け、安息日が終わりました。マグダラのマリアともう一人のマリアが
墓を見にやってくると、[2]その時、突然大きな地震が起きました。主の使いが天からくだり、石
のところに来てそれをわきに転がし、石の上に座ったのです。[3]その姿を見ると稲妻を見ている
ようで、衣は雪のように真白でした。[4]番兵たちは彼を見て恐ろしさのあまり震え上がり、死人
のようになりました。
[5]御使いは彼女たちに言いました。「恐れることはありません。十字架につけられたイエスを捜
しているのは分かっています。[6]ここにはおられません！　前からイエスが言っておられた通り、
甦られたからです！　さあ、イエスが納められていた場所をご覧なさい――[7]そしてすぐに行っ
て、弟子たちにこう伝えなさい。イエスは死者の中から甦られました。そしてあなたがたより先
にガリラヤへ行かれます。そこでイエスにお会いできるでしょう、と。この通り、あなたがたに
確かに伝えました」。
[8]彼女たちは、恐ろしくはあったものの大喜びで、急いで墓を立ち去り、弟子たちに知らせに
行きました。[9]すると突然、イエス自身が現れ、彼女たちに会い、「おはよう」と言いました。彼

女たちは近寄り、イエスの足を抱いて、彼の前にひれ伏しました。
10「恐れることはありません」とイエスは彼女たちに言いました。「行って、私の兄弟たちにガリラヤへ行くよう言いなさい。そこで私に会えるから、と」。

少なくとも西欧諸国では、一定の年齢以上の人々は皆、ケネディ大統領が暗殺された時、自分がどこにいたか思い出すことができます。世界の他の国々でも、多くの人々は、同じくらい大きな国家的、国際的危機が起きた時、自分はどこにいて何をしていたか思い出すことができるでしょう。

また、私たちの多くは、びっくりするような、この上もなく良いことが起きたまさにその瞬間を、鮮明に思い出すことができます。私自身も、これを書いている三〇年ほど前、望みをかけていた最初の就職先が決まった時の電話は忘れもしません。人生であとにも先にも、喜びでまったく言葉にならなかったのはあの時だけです。電話を私にかけてくださった方は、今言ったことをもう一度繰り返すはめになり、それから私はやっとのことで口ごもりながら感謝を伝えました。電話を置いて妻を呼び、そのことを知らせた時の口の中の渇いた感じは、今でもよく覚えています。私の人生は、これまでと違うものになると感じました。私の眼前にはまったく新しい世界が開けていました。

その日の朝、喜びと恐怖の入り交じった感情が、墓に来た女性たちを鷲掴みにしましたが、その感情は理解に難くありません。マルコとルカの説明によれば、(金曜日の夜、安息日が始まる前に)埋葬が急いで行われたので、遺体を適切なやり方で包むことができず、そのため女性たちが香料を持ってきたことになっています。マタイのほうは、彼らが墓を見に来たと述べるだけです。つまり女性たちは、その時、死を悼む人々でしかなく、ただ墓で、イエスのそばで、できるだけ平穏かつ静かに、悲しみを注ぎ出そうとしていただけのように思えます。

しかし女性たちを待ち受けていたのは、平穏や静けさとはほど遠いものでした。マタイが記述する墓の傍らでの場面は、四つの福音書でも一番ドラマティックだと言えるでしょう。地震、天使、衝撃で呆然とする番兵たち、先にガリラヤへと向かうイエスに関する知らせ。ある人たちは、当然のことながら、マタイがこうした詳細のいくつかをつけ加えて、出来事をより劇的に見せるつもりだったと考えます。ただ逆に他の三福音書が、そうした詳細を省略したと考えることもできます。なぜなら、この種の話を世界各地で行うとなると、枝葉末節部分で人々の失笑を買い、それにより出来事それ自体が否定されてしまいかねないからです。しかしマタイはそれを問題とは考えませんでした。彼が拠って立つユダヤ教の長い伝統では、神のご計画の重要な局面において、天使がしばしば現れると考えられていたからです。

もちろん、肝心な点は、今起きていることが、神ご自身の働きによるということです。受難日には沈黙していたように見えた神が、今は主導権を握るのです。イエスの弟子たちが口にこそしなかった疑問に、そしてイエス自身が十字架上で発した疑問に、神は答えようとされます。しかも神がなさろうとしているのは、単なる例外的な奇跡でもなければ、超自然的な力やイエスに対する特別な恩寵の誇示でもありません。神は新しい何かを始めようとしておられるのです。神はずっと前に約束された新しい世界の幕を開き、まず弟子たちをガリラヤへと遣わし、それからさらに、私たちが後章で見るように、世界の果てにまで、この世の終わりに至るまで、この出来事の知らせを携えた弟子たちを遣わそうとされています。まったく新しい世界が彼らの現前には広がっていたのです。

彼らは恐れと驚きで呆然としていましたが、その日に起こったことは、死ぬまで忘れられなかったでしょう。あの時の最初の瞬間について話す時、彼らは偽りのない思い出へと立ち返り、何度も何度も懐疑的な友人や隣人に語るのです、「分かっているさ——自分だってほとんど信じられなかったんだ！　いや、まだ全部が嘘みたいだよ。でもありのままを話しているんだ」と誰かがよくこういう口調でしゃべっているように。

弟子たちはガリラヤへと向かえば、そこでイエスに会うことができる、と天使は女性たちに語りますが、女性たちのほうは、ほとんど時を移さず墓の近くでイエスに出会っています。ルカはイエスがエルサレム周辺に現れたと記すにとどめていますが、マタイとヨハネは、エルサレムとガリラヤの両方に現れたと記しています（マルコの最終章の場合は、記事がほぼ確実に途切れており、残存した八つの節で語られるのはただ、マタイのこの箇所と同様、ガリラヤへ行き、そこでイエスに会うようにという弟子たちへの伝言を、天使が女性たちに託した話です）。ここで重要なのは、イエスの復活が、何らかの主張の正しさを証明するためのものでも、人々に新しい霊的な経験を提供するためのものでもないということです。復活は、神の意志が今や実現されるためのものです。弟子たちはイエスに会わねばなりません。会うことによって彼らは一つの任務を任されることになるからです。かつてイエスによって弟子たちに語られたすべてのことが実現する新しい働きへ、新しい命へ、そして新しい人生への任務を、彼らは任されるのです。

今日、私たちは、あの朝の女性たちとは違い、イエスに出会うことはできません。ですから、もちろん、キリスト者の信仰と経験に必要不可欠なのは、イエスと霊的に出会うこと、そしてイエスを礼拝し、イエスから学びつつ、イエスとの交わりを深めること、になります。生きておられる主とのそうした個人的で親しい関係こそ、キリスト者の実人生において中心的な意味を持つものであることは確かです。しかし、もしこの記事が、単にそうした霊的な経験を述べるために、生き生きとした手法、あるいは言い換え的な表現を使って書かれたのだと考えるなら、私たちはマタイを、そして他の福音書記者たちすべてを、ひどく誤解してしまうことになります。明らかにマタイはここで、実際に起きたこと、女性たちの心を変えただけでなく、普通の歴史に風穴を開けた出来事について書こうとしています。その出来事から世界が一変してしまったからです。マタイが伝えようとしているのは、理屈ではなく事実として、神の王国が到来したこと、人の子が受苦ののち義とされたこと、イスラエルと全世界の歴史において一日や一週間に限って新しい夜明けが到来したのではなく、国々が従順に至るまで延々と続く神の新しい時代が到来した、ということなのです。

実際、マタイ福音書からイエスの復活を取り去ってしまうと、あとに残るのは、福音という良い知らせを持ち合わせていないマタイだけです。彼の物語のクライマックスは十字架ですが、それが死者の中から甦った人の十字架でなければ、彼の物語は意味をなしません。福音書の偉大な説教――山上の説教やその他すべて――を通してマタイが語ろうとしているのは、イエスが新しいモーセであるだけでなく、それ以上に、イスラエルのメシアであるということです。イエスこそ、イスラエルと全世界に新しい律法を与える方であり、その新しい律法を通して神は、人間としての新しいあり方を世界に明らかにされました。しかしこれらすべてが真実だと言えるのは、従う者たちに神の祝福を宣言し、自分勝手な道を行く者たちに神の悲しみを知らせ、神の王国の訪れを譬え話で語った方が甦った主であるからに他なりません。

福音書全体を振り返ってみましょう。マタイの語ってきた人物が死そのものを打ち破った方として今立ち現れるからこそ、福音書の至るところに新しい命が吹き込まれるのだということに注目したいものです。

二八章一一―一五節　祭司たちと番兵たち

11彼女たちが向かっている頃、見張りをしていた何人かの兵士たちは都へ行き、出来事すべて
を祭司長たちに報告しました。12祭司長たちは、長老たちと緊急会議を行い、多額の金を充当し
て、それを番兵たちに与え、13次のように言いました。
「『夜中に弟子たちがやってきて、私たちが寝込んでいる間に、イエスを盗んで行った』と、そ
のように言いなさい。14もしこのことが総督の耳に入っても、私たちが総督に説明して、あなた
がたに迷惑がかからないようにするから」。
15彼らは金を受け取って、言われた通りにしました。そしてこの話が、今日に至るまで、ユダ
ヤ人の間に広まっています。

自然科学において、長く信奉されてきた学説が攻撃されると、ある独特な行動様式が現れます。その最も有名な例がコペルニクス（一四七三―一五四三年）です。彼は地球と他の惑星が太陽の周りを回っているのであって、それまでずっと誰もが考えてきたように、太陽とその他の惑星が地球の周りを回っているのではないと論じました。コペルニクスの考え方はまったく画期的でしたから、科学者たちに例外なく受け入れられるようになるまで、ケプラーやガリレオ、ニュートンのような人々の研究を経て、一〇〇年もの時間がかかりました。

その学説が受け入れられる以前には、当時浸透していた世界観を守ろうとして、多くの人々が新説を叩くことに全力を尽くしました。コペルニクスは太陽と数々の惑星の運動について多くの発見をしましたが、当然、それに反対する人々は、古い枠組みの中でそうした新しい発見を説明しようとしたのです。古い枠組みそれ自体が間違いで、抜本的な修正が必要であることを、彼らは決して認めようとはしませんでした。

紀元一世紀において、人々がイエスの復活に関する記事に接した時にも同様のことが起き、今日までそれは続いています。この箇所において、マタイは再びチェスの試合に戻って、敵の一手を徹頭徹尾かわそうとしています。敵の一手とはつまり、復活を実際の出来事として受け入れなくてもいいように説明する仕方で、当時、定石として使われた方法です。当時の非キリスト教徒ユダヤ人の間で頻繁に用いられた攻めの手の内をマタイは知り尽くしています。弟子たちが夜にやってきて遺体を盗んでいったという話にマタイは反論します。ああ、それは祭司長たちが番兵にお金を払って言わせたことですね。多額の賄賂を渡された人が話すのと同じ、馬鹿げてありえない話を繰り返しているに過ぎませんよ、と。

もちろん、マタイがそう思い込もうとしたのでは、と言う人がいるかもしれません。確かにそのようにも考えられますが、そんなことをして彼が何を得、何を失うかを考えてみてください。復活を否定しても、人々の世界観が損なわれることはありませんでした。ユダヤ人たちはこれまでと同じように暮らすことができましたし、ローマ人たちも自分たちのやり方で世界を動かし続けることができました。哲学者たちはこれまで通り崇高な学説について論じ合うことができましたし、誰一人、世界観の根本的な見直しをする必要はなかったのです。しかしイエスの復活が真実だとしたら、そして人々がそれによって自分たちの生活を見直し始めたとしたら、世界を敵に回して対立が生じることでしょう。そのことを私たちと同様、マタイもよく分かっていたのです。

実際、この箇所でユダヤ人指導者たちのしていることは、それ以降の懐疑主義者たちが何世代にもわたってしてきたこととほとんど変わりません。現代科学はイエスの復活が間違っていることを論証したなどという主張に騙されないでください。現代科学はそんなことをしてはいません。古代世界の人々は皆、現代の私たちと同じように、死人が甦ることなどありえないと、十分理解していたのです。それを証明するには、コペルニクスの助けもニュートンやアインシュタインの助けも必要ありません。普遍的な事実を普遍的に観察すれば分かることです。キリスト者は、人によっては時々死者の中から甦ることがあって、イエスはたまたまその中の一人だった、と信じているわけではありません。正確には、人は死者の中から甦ることはないけれども、イエスにおいて、そしてイエスを通して、これまでの常識に風穴を開けるような新しいことが始まったと信じているのです。そういう点で、キリスト者は古代や現代の科学者たちと同じ意見です。そう、死者は甦ることはありません。しかしキリスト者は次のように続けます。イエスの場合に限って、これまでとは違う新しいことが起きたのだ、と。それは宇宙に常軌を逸した急変が起きたからでも、イエスに生化学的な何か特別なことが起きたからでもありません。この世界を創造された神、イスラエルを召し出して世界の救済計画の担い手とした神が、イエスにおいて、イエスを通して、世界を作り変えるために働かれたからなのです。

ですからキリスト教は、初めから、世界が見ている前で自分の立場を釈明し、主張することに力を注いできました。皮肉なことに世界は、復活がありえないことを示す推定上の科学的証拠があるにもかかわらず、キリスト教がイエスの復活を信じる信仰に固執している、としばしば批判してきました。でもむしろ、復活がありえないことは最初から分かりきった事実だったわけですから、どうも話があべこべになっているように思えます。さまざまな行動指針をかき乱されたくなかった紀元一世紀のユダヤ人だけでなく、どんな時代の人々も、イエスの復活を脅威と感じるのです。復活に関する新しい証拠が見つかるかどうかは関係ありません。というか、そんな証拠は何一つ存在していません。しかし復活は、コペルニクスの驚くべき新発見と同様、私たちの世界の見方を永遠に変えてしまったのです。

空になった墓やイエスの顕現、イエスの甦りを信仰の核心とする初代教会の台頭――人々は必死になって、そうした聖書の記述に取って代わる説明を見つけようとします。さまざまなありえない説明を捻り出し、コペルニクスの敵対者たちのように、自分たちの古くて心地よい世界観の枠組みで、その証言を理解しようとするのです。でもそれはうまくいきません。復活の出来事をもはや打ち消すことはできないからです。

　とりわけ一八世紀の哲学や政治を席捲した啓蒙主義として知られる西欧文化の流れは、フランス革命、アメリカの政体、そしてその他多くの現象を生み出しましたが、啓蒙主義が申し立てようとしたのは常に、前時代的な迷信を始末して、それを合理的で「啓蒙的」な考え方に置き換えていくことでした。そうすれば人々は知的、政治的な抑圧から自由になれると啓蒙主義は主張したのです。でも実際は、逆のことが起きました。確かに、啓蒙主義運動は私たちに現代医学や情報通信という大きな恩恵をもたらしました。しかし大きな害悪ももたらしたのです。万人の自由と平等の名のもとに、何千という国民の命を犠牲にしたフランス革命がそうですし、二〇世紀の恐るべき全体主義もそうです。また、西欧の経済的繁栄を温存する一方で、世界の他の大部分は貧困のままという自己中心性は、「啓蒙主義」哲学の一部を形作るものです。

　ですから、そういう世界観が、祭司長たちと同様、イエスの復活の知らせをどうしても拒否したがるのは当然のことでしょう。ありとあらゆる巧みな方法で人々を買収し、本当は死者の中からイエスが甦ったのではないと語らせるのも不思議ではありません。キリスト教は、単に私腹を肥やそうとする狡猾な数人によりでっち上げられたのだと主張するのも当然でしょう（もちろんこの主張はまったく馬鹿げています。復活を信じると侮辱や危害、拷問、死が待っているという時代は三世紀まで続くのですから）。その一方で、「近代的」な世界観やその他の多くの世界観は、復活を否定することにより、それ自体の宗教・政治体制を維持しつつ、体制の革命的な崩壊を防いできました。

　実際、祭司長たちと番兵たちとの口裏合わせは、単なる紀元一世紀の出来事だったわけではありません。マタイはそれを、キリスト者の信仰生活に繰り返し起きる問題として、よく注意するよう私たちに促しています。すなわち私たちはイースターの真実を擁護し、その出来事を歪めようとする敵対者の試みを暴き、打ち砕く必要があるのです。復活を信じる者たちは、常に攻撃に備えておかなければなりません。そしてまた当然のことながら、復活という出来事が、新鮮な風のように、私たち一人一人の人生や考え方、想像力をいつも吹き抜けている状態にしておかねばなりません。たとえ神の新しい世界を擁護したり説明したりしても、もし自分がまだ古い世界に生きているのだとしたら、それは空しい話になってしまいますから。

二八章一六―二〇節　大宣教命令

[16]さて、一一人の弟子たちはガリラヤに行き、イエスが彼らに行くよう命じた山に登りました。
[17]そこで彼らはイエスに会い、イエスを礼拝しましたが、躊躇う者たちもいました。
[18]イエスは近づいてきて、彼らに向かって言いました。
「天においても地においても、すべての権威が私に与えられました！　[19]ですから、あなたがた
は行って、すべての国の人々を弟子にしなければなりません。父と子と聖霊の名において、彼ら
に洗礼を授け、[20]私があなたがたに命じたすべてのことを守るよう教えなさい。見なさい、私は
この世の終わりまで、来る日も来る日も、あなたがたと一緒にいます」。

偉大な古典作曲家たちの音楽を聴いていると時々、作品の終え方を本当に分かっているのか不思議に思うことがあります。

悪名高いのはベートーヴェンです。交響曲の最終部分になって、終わりだなと思ったけれど、和音がジャンジャン鳴り続き、「最後」の音がやっと鳴ったと思ったものの、間を置いてもう一つ、もうあと一つ、もう一つ、ようやく最後に鳴り響いた音が消えていって、交響曲が完全に終わる、ということがよくあります。きっとまじめな音楽研究家なら、そこに隠された意図を説明してくれるでしょうが、多くの聴衆にとっては、あたかも最終部分にたくさんの意味が詰め込まれていて、交響曲全体が最後数回の爆発的な和音に凝縮されているかのように思えます。

マタイ福音書もそれにとても似ています。私たちの想像以上に最終部が長引くということはありませんが、ぎゅっと凝縮されているのは事実です。ただ、とても多くのことが凝縮されているので、最後の箇所は読むスピードを緩めて一行一行、さらには一字一句熟考して、最後の箇所がどのように福音書全体を集約し、どのように福音書全体をイエスと弟子たちとの最後の出会いに詰め込んでいるか見ていくのがいいでしょう。

最終場面の場所は山です。これは驚くにはあたりません。マタイ福音書では多くの出来事が山で起きているからです。悪魔の誘惑や山上の説教、キリストの変容、オリーブ山での最後の説教、そしてこの箇所での別れの場面。モーセとエリヤは山で生ける神と会い、この福音書ではその二人が山に現れてイエスと話し合っています。そして今、イエスは弟子たちを山へと呼び集め、彼らに会って任務を与えることになるのです。

私たちを驚かせるのは、弟子たちの中に何人か躊躇う者もいたと書かれていることです。原語は「疑う」の意味ですが、マタイがここでどの程度の疑いを意味していたのか定かではありません。弟子たちは目の前にいるのが本当にイエスなのかどうか逡巡し、疑ったのでしょうか。あるいは、善良なユダヤ人の一神教信者として、ヤハウェを唯一真実の神と信じていた彼らは、イエスを本当に礼拝すべきかどうか逡巡し、疑ったのでしょうか。はっきりしません。

はっきりしているのは、弟子たちの大多数がイエスを礼拝したこと、そしてそれこそが正しい反応だったとマタイが堅く信じていることです。マタイはこの言葉（「礼拝」）をこれまで福音書のいくつかの箇所で使っていますが、それは敬虔な思いを抱いてイエスのもとにやってくる人々を記述する時です。この言葉が普通意味するのは単に、彼らがイエスの前にひれ伏し、恭しい態度を示したということで、必ずしもイエスを神と考えていたわけではないようにも思えます（八・二、九・一八、一四・三三、一五・二五、二〇・二〇、そして特に二八・九を参照）。しかしながら、ちょっと先回りして福音書の最後の一節を見てみると、明らかにマタイは、まさに第一章の約束がイエスにおいて成就したと考えるよう私たちに促しています。イエスは「インマヌエル」、つまりその方に在って「神が私たちと共におられる」（一・二三）のです。そして今や、そのイエス自身が「いつもあなたと共にいる」と宣言します。これに対する唯一の適切な応答はまさしく礼拝すること、イエス自身において、そしてイエス自身として顕現した驚くべき唯一真実の神を礼拝することなのです。

なによりイエスは「天においても地においても、すべての権威」を与えられている方です。悪魔がイエスを誘惑した時、この威光を彼に差し出したことを思い出しましょう。しかも悪魔は、イエスが十字架で支払った代価を、彼に求めようともしなかったのです（四・八―一〇）。もし悪魔の言う通りにしていたら、勝利は空虚なものになり、考えうる限りの最悪な圧政が実現してしまったことでしょう。しかし、甦った方としてのイエスの権威は、それとは対照的に、死という究極的な圧政それ自体を打ち破った方の権威であり、その権威のもとで命は、神の新しい命は、咲き誇ることができるのです。現代人の多くが思い込んでいることとは裏腹に、イエスがすでに全世界を支配しているということは、新約聖書における信仰の基本的了解事項です。それこそが、イエスの復活によって生じた最も重要な結果の一つであり、十字架後の新しい命が明らかにしたメシアの使命の一つなのです。

　イエスがすでに全世界を支配しているなどと言うと、とても困惑するでしょうが、実際に何を言おうとしているかが分かれば、それも払拭されるはずです。その主張は、世界がすでに申し分なくイエスの目指す世界になっているということではありません。むしろイエスは今も働いており、世界を、これまで置かれていたところ――死だけでなく腐敗や貪欲、ありとあらゆる悪の圧制――から引き出し、ゆっくりかつ速やかな方法で、命を与えるイエスの愛の支配下へと移しているということです。どうやってイエスはその計画を実行するのでしょうか？　それは、イエスに従う私たちを通して、という驚くべき方法です。イエスの代理人が、彼によって任務を託された人々が、その計画を押し進めるからこそ、それは前進するのです。

　現代人の多くが復活それ自体を嘲笑うのと同様、こうした主張を嘲笑います。教会はさまざまな形で多くの誤解をし、たくさんの過ちを犯し、教会の頭である主の期待を裏切ることも頻繁にありました。そのため多くの人々が、イエスを進んで愛する人々すらも、教会に絶望し、イエス自身が戻ってきて、すべてを正さなければ、何も変わらないと考えています。しかしマタイはそのように考えてはいませんし、そのような考え方は、イエスによる弟子たちの任命について私たちがルカ福音書や使徒行伝、そしてヨハネ福音書から理解していることと合致しません。また自らの使命に関するパウロの理解とも合致しません。彼らは皆マタイと同じ理解です。つまりイエスを信じる人々、イエスの復活の証人は、出て行って、イエスがすでに持っている権威を世界で現実のものとする責任を与えられているのだ、と彼らは言うのです。**神の王国**が天と同様、地にも来ますように、という祈りは、結局、部分的に応えられているのです。もし私たちがそういう祈りを献げるのであれば、それに対する神の応答を実現するために、私たちは召されているのだということを知っておくべきです。

　イエスが弟子たちに委ねた仕事、つまりイエスの王としての権威を世界で実現させる仕事は、実行するにはとても厄介で骨が折れるものですが、その概要を紹介するのであればとても簡単です。その仕事とは第一に弟子を作ることです。イエスはガリラヤ湖畔で漁師たちを召し、彼らをイエスの生き方にならいながら少しずつ神の王国の福音を理解する「見習い」として訓練しました。それと同じように、イエスに従う者たちは、男性にも女性にも、子供に対しても、イエスに従うように呼びかけ、彼らがイエスの主張や行動を理解し、それにならうよう訓練する、そのような責任を負い続けているのです。福音伝道――イエスを中心に据えた神の**福音**を人々に告げ知らせ、彼らを信仰と従順へ導くこと――こそ、依然としてイエスの権威が世界にもたらされるための主要な方法なのです。

　第二の仕事は彼らに洗礼を授けることです。**洗礼**は、イエスに従う者たちにとって、おまけ程度のものではありません。イエス自身、洗礼を自分の死と関連づけました。洗礼の意味の一つは、私たちが水の中に沈むことでイエスと共に死に、彼の新しい命を分かち合う立場に置かれるということです（パウロはこのことをロマ六章で明確に述べていますが、この箇所を含めて他の多くの箇所でも、そのことが示唆されています）。洗礼は、公に、かつ身体的に見える形で、聖なる「名前」の印（焼き印と言ったほうがよいかもしれませんが）を身に帯びるための手段なのです。天使によって命名された「イエス」という名前は、彼の本質と彼のなすべき任務を表すものでしたが、それと同じように、イエスの任務が完了した今、私たちがこれから皆で分かち合うべき生ける神の新しい「名前」は「父、子、聖霊」であると、ここで私たちは初めて知らされるのです。

マタイは何食わぬ顔で「父、子、聖霊」という決まり文句をイエスに語らせていますが、それがやがて数百年後に、神学教理の一つを見事に表現した言葉として、よく知られることになるとは思ってもいなかったでしょう。この時のマタイはまるで、後の時代に偉大な作曲家が素晴らしいオラトリオの主題として用いることになるメロディーを、無邪気に口笛で吹いているようなものです。福音書を通してマタイが示してきたのは、イエスは自分自身を神の――イエス（とイスラエル全体）が「父」と認識していた神の――独り子として、特別な意味で、認識していた、ということです。だからこそイエスは、任務遂行のため特別に「聖霊」を受けることになりました。その「聖霊」とは、イエスになすべきことを実行するための力と、神によって「油注がれた者」（例えば三・一六、一二・二八）としての威信を与えた霊のことです。ですから、イエスに従い、真の弟子となった者たち自身も、その神の命と目的にかかわる者とされることは明らかです。この類い稀な福音書の中で、イエスに、そしてイエスを通して起きたことは、福音が異邦人世界へと伝えられる時、再び繰り返されることになるのです。

弟子たちの第三の任務は教えることです。イエスの福音は、この世の生き方とはまったく違うライフスタイルを生み出します。そのことをイエスは、山上の説教に記された個人にかかわる道徳的規範に始まり、一八章で説かれる赦しの絶対的必要性、さらには為政者たちの常習的な行動パターンの破棄(二〇・二五—二七)に至るまで、さまざまなレベルで明確に示してきました。マタイはとりわけ、福音書を構成しているイエスの教えの大きな五つのかたまりに、私たちの関心を引こうとしています。その五つのかたまりこそ、教会が新しい弟子たちに教えるべき基本となるものです。

この任務は、今日もまだ達成されてはいません。世界中のキリスト者は、確かにそれ自体に価値はあるものの、この任務ほど重要ではない多くの学びに大きなエネルギーを注いでいます。しかし、もしそれと同じくらいのエネルギーをこの任務に注いだとしたら、福音はこれまで以上にもっと前進することでしょう。

しかしながらイエスは、遵守すべき命令の一覧表を人々に残しただけではありません。彼が与えた三つの任務は、その箇所の始めと終わりが、イエスの約束で挟まれた形になっていることに注目してください。私たちがこれらのことを行うわけは、イエスがすでにすべての権威を持っているからであり、イエスがいつまでも永遠に私たちと共にいるという約束が、私たちをその任務に向かわせ続けるからなのです。イエスは、私たちが告白してきたように、インマヌエルです。私たちと共におられる神は、私たちと共にあるイエスとなりました。これほど重要な個々人に対する約束は他にありません。

私たちは、この最後の山の高みに立って、神の未来図をイエスの視点から眺めています。そこに見えるのは何でしょう。

最初に見えるのは、初代教会時代に福音がもたらした驚くべき成果です。紀元二五年、ガリラヤの小さな村に住んでいた人々の他は誰も、イエスについて聞いたことがありませんでした。しかし五〇年までには、イエスをめぐるいくつかの暴動がローマで起き、六五年までにはイエスの弟子たちがローマ皇帝自身により迫害されるようになりました。すべての道はローマに通じていましたから、いったんローマで何かが起こると、ほどなく、他のありとあらゆるところで、それが知られることとなります。君主や皇帝より大きな権威を主張するイエスの正当性は、繰り返し、弟子たちの人生において、そしてしばしば彼らの死においても十分に、証明されました。

次に見えるのは、紀元七〇年におけるエルサレムの陥落です。イエスはエルサレムと神殿に何が起こるか、自分の主張が受け入れられなくとも、警告を発してきましたが、恐るべきことに、それが現実のものとなりました。二四章で見たように、それは「終末」の意味の一部をなすものです。旧イスラエルにとって、祭司長たちやファリサイ派にとって、神殿を生活の中心に置いているすべての人々にとって、それは、あらゆる意味で、世界の終焉でした。

しかしながら、これらの出来事のはるか向こうに見えるのは、もっと壮大な未来図です。「来たるべき時代」はすでに「現代」へと差しかかっています。しかし、パウロが明らかにしているように、死それ自体が滅ぼされて初めて、そして全世界がイエスの統治下に入れられて初めて、神の計画は完成するのです。どのように私たちはその計画を思い描けばよいのでしょうか。

その問いに答えるために、もう一度、主の祈りに戻りましょう。マタイがイエスの説教（六・九—一三）の中核として記したこの祈りは、福音書の最後を飾るにふさわしいものです。日々の糧と罪の赦し、悪からの救いは、言うまでもなく、この世の中が続く限り、いつも必要とされるものでしょう。しかしそのような必要が、新しい時代の完全な命により、すっかり取り去られる時がやってきます。その時には神の御心が、天で行われるように地でも行われることになります。なぜなら、新しい創造によって天と地がしっかりと結び合わされるからです。その時、イエスの死と復活によって建てられた神の王国は、神の愛の力により、ついにすべての敵を打ち負かします。その時、イスラエルが昔から待ち望んできたように、そして今イエス自身が主体的に目指すように、神の名はすべての被造物の間で敬われ、崇められ、言祝がれることになります。私たちは「天にまします我らの父よ」という言葉を口にするたび、その日が速やかに来るよう願い、その日が一日も早くなるよう努めることを誓約しているのです。

訳者あとがき

本書はTom Wright, *Matthew for Everyone, Part 2: Chapters 16–28* (London: SPCK, 2002) の邦訳です。翻訳にあたっては再版された二〇一四年版を用いました。第一部（一章から一五章まで）はすでに大宮謙氏により翻訳・出版されており、本書はそれに続く第二部（一六章から二八章）、完結編です。

N・T・ライト氏は本書で「聖書の記者たちを理解しようと思うのであれば、もう一度彼らのやり方で、彼らの言葉を読み解く学びが必要なのです」（一九一ページ）と述べていますが、これこそ本書を裏打ちする基本的なスタンスだと言えるでしょう。自由主義神学やポスト構造主義、ナラティヴ分析など、新しい知見や方法論が学問研究のあり方を大きく変えた現在、新約学者としてライト氏が、こうした姿勢を貫くのはごく自然な流れであるように思えます。人と文字表現との関わり方を研究する（少なくともポスト構造主義以降の）人文学研究では、相手にするテクストが新約聖書であれ、シェイクスピアの戯曲であれ、それがいつ、誰によって、どのような文化的・政治的状況の中で、いかなる過程や表現方法を通して成立したのかに細心の注意を払い、伝統的な方法論に新しい方法論を組み込みながら、テクストを深くかつ正確に読み解こうとするからです。（例えば第一部、三一四頁なども参照してください。）新約学者としてのライト氏が目指しているのは、新しい方法論を注意深く批判的に受容しつつ、現代に生きるキリスト者がどのように聖書を神の言葉として読みなおし、そこに時代を超えた真実を再発見できるか真摯に追い求めること、そして場合によっては、宗教改革運動の中で形作られた組織神学の定石的読みにこだわらず聖書の原典へと立ち戻り、そこから神学を立ち上げていくことであるように思えます。

しかし本書は神学注解書ではなく講解説教集成とでも言うべきものであり、そこに牧会者としてのライト氏が垣間見えます。英国国教会はこの数十年来、若者たちからビジネスマン、お年寄りまで、幅広い世代を教会に呼び戻すことに成功してきました。噺のまくらのように（と言っては不適切かも知れませんが）親しみやすい導入が来て、聖書の講解、そして信仰生活への適用と展開する単元のひとつひとつは、ロンドンのオール・ソウルズ教会やセント・ヘレンズ教会、オックスフォードのセント・オールデイツ教会など、多くの聴衆であふれる国教会での説教者たちの礼拝説教を彷彿とさせます。現代社会に生きるさまざまな世代や人種の聴衆や読者が抱える問題に対して、あるいは彼らが無意識に曝されている無神論的な、あるいは世俗的な考え方に対して、新約聖書の正確で新しい理解から信仰生活への重要な指針を引き出し、聴衆を御言葉の実践へと励ますのは、そうした聴衆・読者に対する国教会聖職者としての牧会的配慮によるものなのでしょう。

例えば本書で繰り返し強調される「天の王国」の捉え方は、聖書の言葉に対する深い洞察と信仰生活への示唆に富んでいます。ライト氏によれば、天の御国とは信じる者が死んだ後に行く場所ではなく、同様に、福音はそこに入るための手段ではありません。もちろん彼は「この世を去って、キリストと共に」いる「パラダイス」（フィリ一・二三、ルカ二三・四三）を否定してはいません。（例えば刊行予定の『エフェソ書、フィリピ書、コロサイ書、フィレモン書』を参照してください。）強調点はむしろ、聖書の語る「天の王国」とは神の王国が地上に到来し、被造物が新しい状態へと移行される救いの支配であり（本書八六ページ）、その支配を完成させるのはイエスとイエスにより福音を託された地上の私たち自身である、ということにあります。天の王国でキリスト者が受ける大きな恵みや慰めとともに、一人一人が主の前に負っている責任の重さと実践の必要性に重点が置かれるのは、本書が、新しい学問的成果のみならず国教会牧会者としてのライト氏の信仰によって織り上げられているからに他なりません。

そのような本書の翻訳の機会を与えてくださったN・T・ライト新約聖書講解の日本語版監修者であり、同じ信仰を共に生きてきた畏友・遠藤勝信氏に心から感謝します。また訳文の読みやすさを丹念にチェックして下さった森藤明子氏、遅々として仕事が進まない訳者を辛抱強く耐え忍び、驚くべきスピードで編集作業をこなしてくださった教文館の豊田祈美子氏、髙木誠一氏に、この場をお借りして深く御礼を申し上げます。そして最後に、これまで私の信仰・健康・親孝行を支えてくれた妻・圭子に、この訳書を献げます。

二〇二三年二月

井出　新

用語解説

安息日（sabbath）

ユダヤ教の安息日，つまり週の 7 日目は万物創造（創 2.3，出 20.8–11）と**出エジプト**（申 5.15）とを記念する日である。安息日は，**割礼**や食事規定と共に，古典後期の異邦人世界にあってユダヤ人のアイデンティティを象徴する重要な事柄であり，この遵守にまつわる細則がユダヤ**律法**において大切な位置を占める。

命，魂，霊（life, soul, spirit）

古代人は，人が他の生き物と比べて特別である理由をさまざまな仕方で説明した。ユダヤ人を含む多くの人々は，人が完全であるために，身体だけでなく内的自己を有している必要があると考えた。プラトン（前 4 世紀）の影響を受けた人を含む多くの人々は，人が「魂（プシュケー）」という重要な要素を有し，これが死によって肉体という牢獄から解放されると考えた。ユダヤ教の思想を継承する新約聖書においては，「プシュケー」が「命」あるいは「真の自己」を意味し，霊魂／肉体という二元論的な理解をしないので，これが現代人読者を混乱させてきた。体験や理解など人の内的存在が「霊」と表現される場合もある。**聖霊**，**復活**をも参照。

異邦人（Gentiles）

ユダヤ人は，世界をユダヤ人と非ユダヤ人とに分けて考えた。非ユダヤ人を表すヘブライ語「ゴイーム」は，民族アイデンティティ（ユダヤ人の祖先を持たない）と宗教的アイデンティティ（唯一真なる神**ヤハウェ**に属さない）という両面の意味を持つ。ユダヤ人——特にディアスポラのユダヤ人（パレスチナ以外に住むユダヤ人）——の多くは，異邦人と良好な関係を保っていたが，公には異民族間婚姻の禁止などのしきたりを守っていた。新約聖書で用いられる「エスネー（諸国）」という語は「ゴイーム」と同様の意味を持ち，これが「異邦人」と訳されている。イエスを信じる異邦人が**割礼**を受けることなく，キリスト者の共同体においてユダヤ人と同様に完全な立場を有するということ，それがパウロの絶えず強調した点である。

永遠の命（この世を参照）（eternal life, cf. present age）

エッセネ派（死海文書を参照）（Essenes, cf. Dead Sea Scrolls）

割礼（circumcision）
包皮の切除を意味する。男性の割礼はユダヤ人としてのアイデンティティを明示するしるしで，アブラハムへの命令（創 17 章）に始まりヨシュアによって再確認された（ヨシュ 5.2–9）。エジプト人など他の民族のあいだでもある種の割礼の伝統は見られた。もっとも，申命記（30.6 参照）に始まり，エレミヤ書（31.33 参照），**死海文書**，そして新約聖書（ロマ 2.29）が共通して「心の割礼」という表現を用いることから分かるように，この儀礼は神の民が聖別されるための内面的な姿勢を象徴的に表した外見的な儀礼である。近隣の民族やその文化に同化する目的で，ユダヤ人の中には割礼のしるしを外科手術によって取り除く者もあった（Ｉマカ 1.11–15）。

神の王国，天の王国（kingdom of God, kingdom of heaven）
いくつかの詩編（99.1 参照）や預言書（ダニ 6.26 参照）によると，イスラエルの神**ヤハウェ**の王権，主権，あるいは救済的支配を指す。ヤハウェは創造神なので，この神が自らの意図する王となるとき，それは被造物に正しい秩序をもたらし，その民イスラエルを敵から救出する。イエスの時代には，「神の王国」やそれに準ずる表現が，革命と抵抗のスローガンとして広く用いられていた。イエスによる神の王国の宣告は，これらのスローガンを再定義し，イエス独自の理解を表明することであった。王国へ「入れ」というイエスの呼びかけは，待ち望まれた神の救済的支配の始まりであるイエスの活動とイエス自身へ所属することを促す。イエスにとって王国の到来は一度で完成するものではない。それはイエスの公的活動，イエスの死と**復活**，また終末の完成という各段階を経て到来する。マタイは「**天**の王国」という表現を用いるが，これは「神」に対して「天」という婉曲表現を用いるユダヤ教一般の感性に倣っている。これは「天国」という場所を指しているのでなく，イエスとその業をとおして神が王となることを意味する。パウロはイエスを**メシア**と呼ぶが，これはメシアがすでに王国を支配しており，やがて父にその支配を明け渡すことを意識している（Ｉコリ 15.23–28。エフェ 5.5 参照）。

神の子（son of God）
「神の子」は本来，イスラエル（出 4.22），ダビデ王とその継承者（詩 2.7），また古の天使的な生き物（創 6.2）を指した。新約聖書の時代までに

は，この語がメシアを示す語として用いられるようになっていた（例えば死海文書）。福音書においてイエスが「神の子」と呼ばれる場合，それは「メシア」を意味しており，イエスを神として捉えているわけではない。もっともパウロ書簡においては，この意味への移行が見て取られ，「神の子」は，神と等しい存在でありながら，神によって人またメシアとして遣わされた者である（ガラ 4.4 参照）。

犠牲（sacrifice）

古代人の多くがそうするように，イスラエルはその神に対して動物や穀物を犠牲として献げた。他の民族との違いは，何をどのように献げるかに関して非常に詳細な規則が記述されたことである（その大部分はレビ記に見られる）。そしてこれは，200 年頃執筆されたミシュナにおいて確立される。旧約聖書は，犠牲がエルサレム神殿でのみ献げられることを明示している。70 年に神殿が崩壊すると犠牲はなくなり，ユダヤ教は以前から実施していた祈り，断食，施しをその代用として確立させた。初期のキリスト教は犠牲にまつわる表現を，聖め，宣教，聖餐等との関連でメタファとして用いた。

奇跡（miracles）

特にエリヤやエリシャら古の預言者のように，イエスは多くの著しい力ある業――特に治癒――を行った。福音書はこれらを「業」「しるし」「不思議」などと表現する。「奇跡」という語は，閉じられた宇宙の「外」にいる神が「介入する」ことを意味するが，これは一般に閉じられた宇宙観を前提とする原理に基づいて否定される。しかし聖書においては，「力ある業」は不在者の侵入ではなく，臨在する神のしるしと見なされる。特にイエスの預言に続く「力ある業」は，彼がメシアであることを証明する（マタ 11.2–6）。

来たるべき世（この世を参照）（age to come, cf. present age）

義認（justification, justified）

神が，全世界の審判者として，普遍的な罪にもかかわらず人を正しいと宣告すること。最後の審判は各人の全生涯に基づいて将来なされるが（ロマ 2.1–16），義認という宣告はイエスのなした業――十字架において罪がすでに取り扱われたこと――をとおして，今の時代においてなされる（ロマ 3.21–4.25）。義認を享受する手段は信仰である。これは，ユダヤ人と異邦人とが共に，神がアブラハムへ約束した家族の構成員となることを意味

する。

キリスト（メシアを参照）（Christ, cf. Messiah）

悔い改め（repentance）

文字どおりには「引き返すこと」を意味する。旧約聖書とそれに続くユダヤ教資料においては，個人的に罪から離れること，またイスラエル全体が偶像崇拝から離れて**ヤハウェ**への誠実さを取り戻すことを意味する。いずれの場合も，「**捕囚**からの帰還」というユダヤ人の体験と結び付いている。イスラエルが引き返すべき場所はヤハウェである。これが**洗礼者ヨハネ**とイエスとの説教が命じるところである。一般にパウロ書簡においては，**異邦人**が偶像から離れて真の神に仕えることを指し，また罪を犯し続けるキリスト者がイエスに立ち返ることをも表す。

クムラン（死海文書を参照）（Qumran, cf. Dead Sea Scrolls）

契約（covenant）

ユダヤ教信仰の中心には，唯一神であるヤハウェが全世界を創造し，アブラハムとその一族とを選んで特別な関係を結んだ，という確信がある。神がアブラハムとその一族とに対して告げた約束と，その結果として彼らに与えられた条件は，王とその臣民，あるいは夫婦のあいだの合意になぞらえられた。この合意に基づく関係性が「契約」という語で表現され，それには約束と**律法**が含まれる。この契約は，シナイ山において**トーラー**の授与というかたちで，申命記では約束の地に入る前に，またダビデ王とのあいだで（詩 89 編参照）再確認された。エレミヤ書 31 章では，**捕囚**という罰のあと神がその民と「新たな契約」を結び，彼らを赦してより親しい関係性を築く，という約束がもたらされた。イエスは，自分による**王国**到来の宣言と死と**復活**とによってこの約束が成就すると考えた。初期のキリスト者たちはこの考えにさまざまな解釈を行い，イエスのうちにこれらの約束が成就するという理解を共有した。

ゲヘナ，地獄（Gehenna, hell）

ゲヘナとは文字どおりには，エルサレム南西の傾斜にあるヒノムの谷のことである。古の時代から，ここはごみ捨て場であり，燻る火が絶えなかった。すでにイエスの時代には，死後の罰を受ける場所を人々に想像させるためゲヘナが譬えとして用いられた。イエスがこの語を用いるとき，2 つの意味が込められていた。1 つはエルサレム自体への警告であり，エル

サレムが悔い改めなければ街全体が燻るごみの山と化すということである。もう1つは，より一般的な神の最後の審判への警告である。

言葉（良き知らせを参照）（word, cf. good news）

この世（時代），来たるべき世（時代），永遠の命（present age, age to come, eternal life）

イエスの時代のユダヤ人思想家たちは，歴史を2つの時代へと分けていた。すなわち「この世（時代）」と「来たるべき世（時代）」である。後者は**ヤハウェ**が悪に対して決定的な審判を下し，イスラエルを救い，正義と平和とを保証する新たな時代である。初期のキリスト者たちは，来たるべき世の完全なる祝福はまだ将来にあるが，イエスの死と**復活**をとおしてそれはすでに開始しており，すでにキリスト者は**信仰**とその象徴である**洗礼**をとおしてその中に入れられると考えた。「永遠の命」とはたんに終わりのない存在が続くことではなく，来たるべき世における命を指す。

祭司，大祭司（priests, high priest）

モーセの兄アロンがイスラエル最初の祭司に任命されると（出28–29章），彼の子孫がイスラエルの祭司職を務めるという理解が定着した。同じ部族（レビ族）の他の構成員は「レビ人」と呼ばれ，犠牲以外の祭儀を執り行った。祭司たちはイスラエルの民のあいだに住んで，それぞれの地で教師としての役割を果たし（レビ10.11，マラ2.7），当番の年にエルサレムに移り**神殿**での義務を果たした（ルカ2.8参照）。**ダビデ**王がツァドクを大祭司として任命してから（彼がアロンの血筋を受け継ぐか疑われる場合がある），その一族が上級祭司職を受け持つことになる。おそらくこれが**サドカイ派**の起源であろう。クムランの**エッセネ派**に関しては，正統な祭司長職を主張する反体制的な集団であると説明される。

再臨（パルーシア）（parousia）

文字どおりの意味は「不在」の反語としての「臨場，参席，列席」であり，パウロはときとしてこの意味で用いる（フィリ2.12）。ローマ世界においては，例えば皇帝が支配地や植民地を訪れる際の訪問儀式を指して用いられた。天の主は教会に対して「不在」ではないが，再臨における主の訪問（コロ3.4，Ⅰヨハ3.2）は，皇帝の訪問のようであり，パウロはこの意味でパルーシアを用いる（Ⅰコリ15.23，Ⅰテサ2.19等）。**福音書**では，マタイのみがこの語が用いる（24.3，27，39）。

サタン，告発する者，悪魔，悪霊（Satan, 'the accuser,' demons）

聖書は「サタン」として知られる存在に関して詳細を語らない。ヘブライ語の意味は「告発する者」である。ときとしてサタンは，いわば**ヤハウェ**の天における評議会構成員として，罪人の訴追という役割を負っているようにも見受けられる（代上 21.1，ヨブ 1–2 章，ゼカ 3.1–3）。一方でサタンは，エデンの園のヘビと見なされたり（創 3.1–5），**天**から閉め出される明けの明星と表現される（イザ 14.12–15）。多くのユダヤ人は，人の悪行や社会悪の背後にある人格化された悪の源としてサタンを理解し，その力がある程度自立した存在である「悪霊」をとおして影響を及ぼしていると考えた。イエスの時代には，「ベルゼブル（ハエの主）」あるいは「邪悪な者」などの名がサタンに付された。イエスはその弟子たちに，サタンの欺きに対して注意喚起している。イエスの反対者たちは，イエスをサタンの仲間として非難した。しかし初代のキリスト者たちは，誘惑への抵抗（マタ 4 章，ルカ 4 章），悪霊追放，そして死（Ｉコリ 2.8，コロ 2.15）をとおして，イエスがサタンを敗走させたと考えた。黙示録 20 章はこの究極の敵に対する決定的な勝利を約束するが，キリスト者にとってはいまだサタンの誘惑は現実のものであり，それに対する抵抗が続いている（エフェ 6.10–20）。

サドカイ派（Sadducees）

イエスの時代までには，ダビデ王の時代に**大祭司**を務めたツァドクの一族に起源がさかのぼると言われるサドカイ派が，ユダヤ社会において貴族階層を形成していた。指導的な立場にある祭司を輩出する諸家を構成員とするサドカイ派は，エルサレムを拠点として独自の伝統を守りつつ，**ファリサイ派**の圧力に対して抵抗していた。彼らは権威の根拠としてモーセ五書のみを認め，死後の生や**復活**，またそれらと関連する思想を否定した。おそらくそれは，これらの思想が革命的運動につながりかねないことを恐れたからだろう。サドカイ派の資料は――シラ書（集会の書）と呼ばれる黙示書がサドカイ派の資料でないかぎり――現存しない。サドカイ派は 70 年のエルサレムと**神殿**の崩壊とともに消滅した。

死海文書（Dead Sea Scrolls）

1940 年代にクムラン（死海の北東部）周辺で発見された文書資料群で，非常に良い状態で保存されているものもあれば，著しく断片的なものもある。これらは現在ほぼすべて編集され翻訳されて公開されている。これらの資料は，前 2 世紀中頃に成立し 66-70 年のユダヤ戦争に至るまで続いた厳格な隠遁者集団（おそらく**エッセネ派**）の図書館に所蔵されていたと考

えられている。これらの文書（巻物）は，現存する最古のヘブライ語とアラム語の聖典テクスト，共同体の規則，聖典の注解，賛歌，知恵書等からなる。これらの資料は，イエスの時代に存在した一ユダヤ教宗派に光を照らし，当時のユダヤ人の少なくとも一部がいかに考え，いかに祈り，いかに聖典を読んだか，われわれが知る手がかりを与えている。さまざまな解釈は試みられているが，これらのテクストが洗礼者ヨハネ，イエス，パウロ，ヤコブ，あるいは初期キリスト教一般に言及しているとは考えられない。

地獄（ゲヘナを参照）（hell, cf. Gehenna）

使信（良き知らせを参照）（message, cf. good news）

使徒，弟子，12 弟子（apostle, disciple, the Twelve）
「使徒」は「遣わされた者」を意味する。大使や使節を意味することもある。新約聖書では，ときとしてイエスに近い内部集団を指す場合もある。使徒の条件としては，復活したイエスに個人的に出会ったことが挙げられるが，パウロは自分自身をも含めて 12 弟子以外の同労者を指して「使徒」と呼ぶ場合がある。イエスが 12 人の側近を選んだことは，神の民であるイスラエル（の 12 部族）を再興する計画を象徴している。イスカリオテのユダが死んだ後に（マタ 27.5，使 1.18），その欠員を埋めるべくマティアがくじによって選出され，その象徴的意義が保たれた。イエスの公的活動期には，彼らを含めた多くの追従者が「弟子」とみなされたが，これは「徒弟」や「門人」ほどの意味である。

出エジプト（Exodus）
出エジプト記によると，イスラエルの民はモーセの導きによってエジプトでの長い隷属状態から解かれた。創世記 15 章 13 節以下によると，これは神がアブラハムに与えた契約における約束内容の一部だった。出エジプトという出来事は，イスラエルが神にとって特別な子であることを，イスラエルの民とエジプト王ファラオに対して明らかに示した（出 4.22）。イスラエルの民は 40 年にわたって，雲と火との柱をとおして神に導かれつつシナイ半島の荒野を放浪した。この長旅の初期には，シナイ山において**トーラー**が与えられた。モーセが没してヨシュアが指導者となると，民はヨルダン川を渡り，約束の地カナンに進行し，ここを征服した。この一連の出来事は，過越祭やその他の祭儀によって毎年記念され，イスラエルが一つの民として確立されたという鮮明な記憶を刻むのみならず，**ヤハウェ**が創

造神であり解放者であるというヤハウェへの信仰を形成した。そしてその後の歴史においてイスラエルが再び隷属状態——特にバビロン捕囚——に置かれると，彼らは新たな出エジプト，すなわち新たな解放の訪れを期待した。おそらく，これほどに後 1 世紀のユダヤ人の想像を刺激する過去の出来事は他になかっただろう。初期のキリスト者たちもこれに倣い，イエス自身の教えに従いつつ，彼らが経験するさまざまな危機的あるいは重要な局面において，出エジプトの記憶から意義と希望を見出そうとした。彼らは出エジプトをとおして，イエスの死と復活に関する信仰を形成することとなる。

信仰（faith）

新約聖書における信仰は，人の信頼と信頼性という広い領域を指す語であり，一方では愛，他方では忠誠と深く関わる。ユダヤ教とキリスト教の思想において，神信仰は神に関する真理や神の行為——イスラエルをエジプトから連れ出したこと，イエスを死から甦らせたこと等——の意義に同意することを含んでいる。イエスにとっての信仰とは，イエスをとおして王国をもたらすという決定的な行為に神が着手していることを確信することである。パウロにとっての信仰とは，イエスが主であり神がイエスを甦らせたことを確信すること（ロマ 10.9），また神の愛に対する感謝と大いなる愛に溢れた応答を指す（ガラ 2.20）。パウロにとってはこの信仰こそが，キリストにある神の民を他と分かつしるしであり，それはトーラーとその諸規定がなしえないことである。

神殿（Temple）

エルサレム神殿は，全イスラエルのための中心となる聖域としてダビデ王によって計画され（前 1000 年頃），その子ソロモンによって建設された。この神殿は，ヒゼキヤとヨシヤとによる前 7 世紀の改革の後，前 587 年にバビロニアによって破壊された。神殿の再建は前 538 年バビロン捕囚からの帰還者たちによって開始され，前 516 年に完成した。これが「第二神殿期」の始まりとなる。前 167 年にアンティオコス・エピファネスが偶像を持ち込んで神殿を汚したが，ユダ・マカバイが前 164 年にこれを浄めた。前 19 年，ヘロデ大王が壮麗な神殿の建設を始めたが，これが完成したのは後 63 年のことである。しかし後 70 年，ユダヤ戦争の結果として神殿はローマ軍によって破壊された。多くのユダヤ人が神殿の再建を望んだが，その望みを今でも持ち続ける者もいる。神殿は犠牲を献げる場所というだけでなく，地上においてヤハウェの臨在が現れる場であり，ここで天と地が結ばれる。

聖餐（eucharist）
最後の晩餐における「私を覚えるためにこれを行え」（ルカ 22.19，Ｉコリ 11.23–26）というイエスの教えに従ってキリスト者たちのあいだで行われる食事。「聖餐」とは「感謝」を意味するギリシア語に由来し，イエスがパンを取り，神に感謝を献げてそれを裂き，人々に与えたことに思いを馳せる記念の食事である（ルカ 24.30，ヨハ 6.11）。この食事は「主の晩餐」（Ｉコリ 11.20）あるいは「パンを裂く」（使 2.42）とも表現された。これはのちに「ミサ」（礼拝の最後に告げられるラテン語で「解散（派遣）」を意味する），「聖なる交わり」（パウロは，キリストの体と血とにおける信徒の交わりについて語る）と呼ばれるようになる。この食事に関わるさまざまな行為と要素との厳密な意義に関するのちの神学的論争が，初期キリスト者の生き様と今日の信仰におけるこの儀礼の重要性からわれわれの目を逸らすことがあってはならない。

聖霊（holy spirit）
創世記 1 章 2 節において，霊は神の臨在であり被造物のうちにある力である。この霊が特に預言者に降るとき，彼らは神のために語り行動する。**洗礼者ヨハネ**の**洗礼**において，イエスはその公的活動のために霊による特別な備えを受けた（使 10.38）。イエスの**復活**以降，彼の追従者たちも同じ霊によって満たされたが（使 2 章），この霊はイエスの霊と見なされるようになった。創造神がその活動を新たにし，この世界とキリスト者とに新たな創造を始めた。霊は彼らが聖い生き方を送ることができるようにしたが，これは**トーラー**がなしえなかったことである。霊は彼らのうちに「実」を結び，神と世と教会に仕えるための「賜物」を与え，将来の**復活**を確証した（ロマ 8 章，ガラ 4–5 章，Ｉコリ 12–14 章）。教会の非常に早い段階から（ガラ 4.1–7），霊は神理解に重要な役割を持つようになった。例えば，「御子と御子の霊を遣わす神」という神理解がされた。

洗礼（baptism）
文字どおりには，「（水中に人を）突っ込む，浸す」ことを意味する。**洗礼者ヨハネ**は，儀礼的な洗い浄めというユダヤ教の伝統を引き継ぐかたちでヨルダン川において人々に洗礼を授けたが，これはたんに彼が行った数あるユダヤ儀礼の 1 つというのでなく，**神の王国**の到来に備えるため人々を**悔い改め**に導くという彼の中心的で独自の活動だった。イエス自身もヨハネの洗礼を受けてその刷新運動に賛同しつつ，イエス独自の意義を確立していった。イエスの弟子は他の追従者たちに洗礼を授けた。イエスの**復活**と**聖霊**授与のあと，洗礼はイエス共同体へ属する一般的な通過儀礼とな

った。すでにパウロの時代には，洗礼が，**出エジプト**（Ⅰコリ 10.2）またイエスの死と復活（ロマ 6.2–11）と結び付けられるようになっていた。

譬え（parables）

旧約聖書以来，預言者や他の教師たちはイスラエルの民を教えるためにさまざまな仕掛けを用いてきた（Ⅱサム 12.1–7）。あるときは幻とその解釈という設定で語った（ダニ 7 章参照）。同様の話法は**ラビ**たちによっても用いられた。イエスもこれらの伝統に独自の特徴を加えつつ，同時代に横行した世界観を切り崩して，自らが抱く神の**王国**への確信へと聴衆を誘った。イエスの語る譬えは，神の王国がたんなる普遍的原理でなく，今まさに起こりつつある現実であることを読者に印象づけた。譬えのうちには，旧約聖書の教えに独自の解釈を加えて，イスラエルの預言者の預言を語り直すものがある（マコ 4 章：「種蒔く者」の譬え，マコ 12 章：「ぶどう園の農夫」の譬え）。

ダビデ（ダビデの子を参照）（David, cf. son of David）

ダビデの子（son of David）

「ダビデの子」は，**メシア**という称号の代用として用いられる場合もある。旧約聖書におけるメシアに関する約束は，しばしばダビデ王の子孫において成就する（サム下 7.12–16，詩 89.19–37）。マリアの夫ヨセフは，天使によって「ダビデの子」と呼ばれる（マタ 1.20）。

魂（命を参照）（soul, cf. life）

弟子（使徒を参照）（disciple, cf. apostle）

天（国）（heaven）

天（国）とは，創造秩序における神の領域を指す（創 1.1，詩 115.16，マタ 6.9）。これに対して，われわれが知る空間，時間，物質の世界は「地」である。したがって天（国）はしばしば神を示す語として代用され，マタイ福音書では「天の**王国**」という表現が見られる。普段は人の目から隠れている天（国）が啓示されるとき，それは神のあるべき秩序が示されることである（王下 6.17，黙 1.4–5）。新約聖書において天（国）は，神を信ずる者が死後に移行すべき非物質的で非身体的な領域を意味しない。終わりの時に，新たなエルサレムが天から地へと降り，こうして 2 つの領域が永遠に 1 つとなる。「天の王国に入る」とは死後に天国に行くことでなく，こ

の時代における地上の生活を天（国）の目的と基準とに照準を合わせて舵取りする共同体に属する，すなわち来たるべき世に属することである。主の祈りが「天になるごとく地にも」という所以である。

トーラー，ユダヤ律法（Torah, Jewish law）

「トーラー」は，狭義には旧約聖書の最初の五書を指すので，「モーセ五書」と呼ばれる。これらの書の多くの部分は律法の記述に割かれているが，また多くの部分が物語からなっている。広義には旧約聖書全体をも指すが，旧約聖書全体は厳密には「律法，預言書，諸書」に分類される。より広義には，記述律法と口伝律法からなるユダヤ教の律法伝承全体を指す。口伝律法が最初に成文化されたのは，後200年頃に編纂されたミシュナにおいてである。これは400年頃に補足・編集されて，バビロニア・タルムードとエルサレム・タルムードとして集成された。イエスやパウロの時代のユダヤ人の多くは，トーラーを神の明確な意思表示とみなし，ほとんど神格視していた。ある者はこれを人格化した「知恵」と同一視した（シラ24章を参照）。トーラーに命じられていることの遵守は，神の好意を得る行為としてではなく，むしろ神への感謝を表明する行為と考えられた。トーラーはユダヤ人アイデンティティを象徴するものであった。

筆記者，律法学者（scribes）

識字率が低い社会においては，商売や結婚の契約等を代行者として書き記す専門の「筆記者」が必要とされた。したがって，多くの「筆記者」は律法の専門家であり，ファリサイ派に属することもあった。もっとも律法学者は，政治的あるいは宗教的に他の宗派に属することもあっただろう。初期の教会においては，「筆記者」がイエスに関する物語等を写本しつつ伝承するという重要な役割を果たした。

人の子（son of man）

この句は、ヘブライ語あるいはアラム語でたんに「必滅の（者）」あるいは「人」を意味したが、古代後期のユダヤ教においてはときとして「私」あるいは「私のような者」を意味した。新約聖書においてこの句はしばしばダニエル書7章13節と関連づけられた。すなわちそれは、しばらくの苦しみののちに報いを受け、天の雲に乗って「日の老いたる者」の前に出、王権を授与される「人のこのような者」を指した。ダニエル書7章自体はこれを「いと高き方の聖者ら」を指すと解釈するが、後1世紀のユダヤ人のあいだではこれがメシア待望の根拠と見なされた。イエスはこの句を重要な講話の中で用いた。これらの講話は、イエスがしばらくの苦しみのの

ちに神から報いを与えられ、彼に抵抗する者らが裁かれることを示唆している（例えばマコ 14.62)。つまりイエスは自らを指す暗号のようにこの句を用いつつ、苦難、報い、そして神からの権威を受ける日が近いことを仄めかした。

ファリサイ派，律法学者，ラビ（Pharisees, legal experts, lawyers, rabbis）

ファリサイ派は，前 1 世紀から後 1 世紀にかけて，非公式ながら大きな影響力を持つユダヤ社会の圧力集団だった。少数の**祭司**階級を含みつつも大半が一般階級から構成されるこの宗派は，ユダヤ律法（**トーラー**）の厳格な遵守を呼びかけるとともに，聖書に関する独自の解釈と適用とを確立し，民族独立の希望に関する独自の視点を展開した。ファリサイ派の多くが律法の専門家であった。

彼らはトーラーの学びと実践とが神殿礼拝と同等であると教えたので，その意味においてイスラエルの民の民主化に寄与したことになる。もっとも，**神殿**における独特の典礼規則遵守に消極的な祭司たち（サドカイ派）に対して，これを要求するという面もあった。神殿に頼らないユダヤ人のあり方を提供したファリサイ派は，ユダヤ戦争（66–70 年）における神殿崩壊後においてもその存在意義を維持し，初期のラビ・ユダヤ教の形成につながった。彼らは父祖の伝承に堅く立ち，政治的には異邦人とユダヤ人指導階層とによる搾取に対して，抵抗運動の前線に自らを置いた。イエスの時代には，ファリサイ派に 2 つの学派が存在していた。より厳格なシャンマイ派は武装抵抗運動も厭わなかったが，もう 1 つのヒレル派はより穏健な立場をとった。

ユダヤ戦争による壊滅的な敗北のあとも，ヒレル派とシャンマイ派とは激しい政治的論争を続けた。バル・コクバの戦いによってローマに対してさらなる敗北を喫したあと（135 年），ラビたちがこの伝統を継承した。彼らは初期ファリサイ派の意志を継ぎつつも，政治的な野望から距離を置き，個人的な聖さを求めるトーラーへの敬虔を主眼とした。

福音（良き知らせを参照）（gospel, cf. good news）

復活（resurrection）

一般に聖書的には，人の身体には肯定的な意味があり，たんに**魂**を閉じ込めるだけのやがて朽ちゆく牢獄というニュアンスではない。古代イスラエル人が創造神**ヤハウェ**の正義と善という問題を深く考えた結果として，神は死者を甦らせるという理解に達したが（イザ 26.19，ダニ 12.2–3），これは古代の異教世界の思想と相容れない。待ち望まれる**捕囚**からの帰還

も，ヤハウェが乾いた骨に新たな命を吹き込んで呼び起こすと言い表される（エゼ 37.1–14）。この思想は，特に殉教体験をとおして，第二神殿期に発展した（Ⅱマカ 7 章）。復活はたんなる「死後の生」ではなく，「死後の生」のあとに来る新たな身体を伴う命である。現在死んでいる者は，「眠っている者」「魂」「天使」「霊」などと表現されるが，これは新たな身体を待ち望む過程である。初期のキリスト者がイエスの復活を語るとき，それはイエスが「天に行った」とか「高挙した」とか「神となった」ということでない。彼らがこれらのことを信じたとしても，それは復活に言及せずとも表現できる。身体を伴うイエスの復活のみが，初代教会の誕生，特にイエスがメシアであるという確信を説明しうる。復活のない十字架刑は，イエスがメシアであるという主張を即座にかき消してしまう。初期のキリスト者は，彼ら自身も主の再臨（パルーシア）の時に新たな身体へと甦らされると信じた（フィリ 3.20 参照）。

捕囚（exile）

申命記（29–30 章）は，イスラエルの民がヤハウェに従わなければ捕囚へと追いやられ，民がのちに悔い改めるならば呼び戻される，という忠告を与える。バビロニアがエルサレムを滅ぼしてその民を連れ去ったとき，エレミヤなどの預言者はこの出来事を申命記の忠告の成就と解釈し，さらに捕囚の期間（エレ 25.12, 29.10 によると 70 年）について預言した。たしかに捕囚の民は前 6 世紀の後半に帰還し始めた（エズ 1.1）。しかし，帰還後の時代，民はいまだ外国人への隷属状態にあった（ネヘ 9.36）。そしてシリアによる迫害が頂点に達したとき，ダニエル書 9 章 2，24 節が，70 年ではなく 70 週の年（つまり 70 × 7=490 年）のあいだ続く「真の」捕囚に言及した。イザヤやエレミヤなどの預言が成就して，異教徒の圧政から解放される意味での解放に対する切望は，多くあるユダヤ人（メシア）運動を特徴付け続けた。これはまた，イエスの宣言と悔い改めの要請においても重要な主題であった。

ミシュナ（Mishnah）

200 年頃にラビたちによって成文化された文書を指し，イエスの時代にすでに成文化されていたトーラーと共存した口伝律法を文書化したものである。ミシュナは，より多くの伝承を集めた 2 つのタルムード（400 年頃）の基礎となっている。

メシア，キリスト（Messiah, messianic, Christ）

ヘブライ語の文字どおりの意味は「油注がれた者」で，それは基本的に

預言者，**祭司**，王を指す。これをギリシア語に訳すとクリストス（キリスト）となる。初代教会において「キリスト」はある種の称号であったが，徐々にイエスの別名となった。実際には，「メシア」はユダヤ教においてより厳密な意味で用いられ，来たるべき**ダビデ**王の正統な継承者を指す。この王をとおして**ヤハウェ**は世に審判を下し，イスラエルを敵から救う。メシア到来に関する理解はさまざまであった。聖書中の物語や約束が多様に解釈され，さまざまな理想や待望運動を生じさせた。とりわけ，(1) イスラエルの敵に対する決定的な軍事的勝利，(2) **神殿**の再建と浄め，とに焦点が置かれた。**死海文書**は2人のメシアに言及するが，1人は祭司で，もう1人は王である。ローマ人によるイエスの十字架刑は，イエスがメシアでありえないことを示すしるしと見なされた。しかし初代教会はイエスの復活によって，神がイエスのメシア性を認めたと認識し，イエスがメシアだという確信に至った。

ヤハウェ（YHWH）

「YHWH」は，遅くとも出エジプトの時期（出 6.2–3）以降，古代イスラエルにとっての神を表す語であった。これは本来「ヤハウェ」と発音されたのではないかと考えられる。イエスの時代までには，この名は口にするにあまりにも聖いと考えられ，**大祭司**だけが年に1度，**神殿**内の至聖所において発するようになった。敬虔なユダヤ人が聖書を読む場合は，この神名の代わりに「アドナイ（主）」という呼び名を用いた。これを記すために，子音のみからなるYHWHに「アドナイ（Adonai）」の母音が挿入され，「エホバ（Jehovah）」という混合名詞が作られた。YHWHは「ある」という動詞からなり，「私はある者」，「私はある者となろう」，そしておそらく「私はある，それゆえ私はある」という意味を含有し，YHWHの創造的力と権威とを強調している。

良き知らせ，福音（書），使信，言葉（good news, gospel, message, word）

「良き知らせ」とそれを表す古英語「ゴスペル（福音）」が示す概念は，1世紀のユダヤ人にとって特に2つの重要な意味があった。第1にそれは，イザヤの預言をもとにしており，**ヤハウェ**が悪に勝利し人々を救出するという期待を成就したことの報告である。第2にそれは，ローマ世界において，皇帝の誕生日や即位の知らせを意味する。イエスとパウロとにとって，神の**王国**到来の知らせは預言成就であると同時に当時の支配者への挑戦を意味しており，この意味で「福音」は，イエス自身の教えとイエスに関する使徒の説教を指す。パウロは福音自体が神の救済の力を体験する手段だと考えた（ロマ 1.16，Ⅰテサ 2.13）。新約聖書の四福音書は，イエスの物

語を記すにあたってこれらの2点を明確に示している。2世紀以降に出回った他の「福音書」には，イエスの功績からユダヤ教的なルーツを排除し，この世の支配者に対する抵抗というよりも，個人的な信仰を強調する傾向が見られる。イザヤ書はこの創造的で命を与える良き知らせを神の力強い言葉と見なしたので（イザ40.8，55.11），初期のキリスト者はキリスト教の根幹をなす宣言を「言葉」や「使信」などとも言い表した。

ヨハネ（洗礼者）（John [the Baptist]）

ルカ福音書によると，ヨハネは**祭司**の家庭に生まれ，イエスより数か月前に生まれた，イエスの母方の従兄弟である。彼は預言者としてふるまい，ヨルダン川で洗礼を授けたが，これは**出エジプト**の象徴的なやり直しである。これによって民を**悔い改め**へと導き，神の来たるべき審判に備えさせようとした。彼は**エッセネ派**と何らかの接触を持っていたかもしれないが，そのメッセージはこの宗派の思想と異なる。イエスの公的生涯の開始は，ヨハネによる**洗礼**をとおして承認された。ヨハネはその**王国**に関する説教の一部として，兄弟の妻を娶ったヘロデ・アンティパスを公に批判した。その結果ヘロデはヨハネを投獄し，妻の要望に応えて打ち首にした（マコ6.14–19）。ヨハネの弟子たちは，その後しばらくのあいだ，キリスト者共同体とは距離を取り，独自の道を歩んだ（使19.1–7）。

ラビ（ファリサイ派を参照）（rabbi, cf. Pharisees）

律法（トーラーを参照）（law, cf. Torah）

律法学者（ファリサイ派を参照）（legal experts, lawyers, cf. Pharisees）

霊（命，聖霊を参照）（spirit, cf. life, holy spirit）

レプラ，重い皮膚病（leper, leprosy）

現代のような医療技術がない社会において、伝染性の病が流行ることを防ぐために医療行為としての厳格な規制が必要とされた。重篤な皮膚病に代表されるそのような症状は「レプラ」と称された。レビ記13–14章はレプラの診断と予防について詳しく述べている。患者は居住区から隔離され、「不浄」と叫んで人々が近寄らないよう警告を発することが求められた（13.45）。症状が治癒した場合、**祭司**がこれを認定する必要があった（14.2–32）。

《訳者紹介》
井出 新（いで・あらた）
1960年京都生まれ。慶應義塾大学文学部教授。専門は初期近代イギリスの文学と宗教。
著書 『大修館シェイクスピア双書・冬物語』（大修館書店、近刊）、*The Cambridge Guide to the Worlds of Shakespeare*（共著、Cambridge Univ. Press, 2016）、『シェイクスピア大全』（共編著、新潮社、2003年）他。
訳書 ベン・ジョンソン『浮かれ縁日・ジョンソン戯曲選集5』（共訳、国書刊行会、1992年）、フランセス・A・イエイツ『記憶術』（共訳、水声社、1993年）。

N. T. ライト新約聖書講解 2
すべての人のためのマタイ福音書 2 ―― 16-28章

2023年3月30日　初版発行

訳　者　井出　新
発行者　渡部　満
発行所　株式会社　教文館
〒104-0061 東京都中央区銀座4-5-1 電話 03(3561)5549 FAX 03(5250)5107
URL　http://www.kyobunkwan.co.jp/publishing/
印刷所　モリモト印刷株式会社

配給元　日キ販　〒162-0814　東京都新宿区新小川町9-1
電話 03(3260)5670　FAX 03(3260)5637

ISBN978-4-7642-2082-9　Printed in Japan

N.T.ライト新約聖書講解　全18巻

【日本語版監修】浅野淳博・遠藤勝信・中野 実

1	マタイ福音書 1　1−15 章（大宮 謙訳）	338 頁・本体 2,800 円
2	マタイ福音書 2　16−28 章（井出 新訳）	330 頁・本体 2,800 円
3	マルコ福音書（飯田 仰訳）	
4	ルカ福音書（津村春英訳）	
5	ヨハネ福音書 1　1−10 章（武田なほみ訳）	
6	ヨハネ福音書 2　11−21 章（小林高徳ほか訳）	
7	使徒行伝 1　1−12 章（大宮有博訳）	
8	使徒行伝 2　13−28 章（松永美穂訳）	
9	ローマ書 1　1−8 章（浅野淳博訳）	216 頁・本体 2,300 円
10	ローマ書 2　9−16 章（岩上敬人訳）	196 頁・本体 2,100 円
11	第 1 コリント書（村山盛葦訳）	
12	第 2 コリント書（蔦田崇志訳）	
13	ガラテヤ書、第 1・第 2 テサロニケ書（伊藤明生訳）	
14	エフェソ書、フィリピ書、コロサイ書、フィレモン書（平野克己・中村保夫訳）	
15	第 1・第 2 テモテ書、テトス書（山口希生訳）	
16	ヘブライ書（中野 実訳）	
17	ヤコブ書、第 1・第 2 ペトロ書、第1・第2・第3ヨハネ書、ユダ書（三浦 望訳）	
18	ヨハネ黙示録（遠藤勝信訳）	

＊各巻の冒頭に「すべての人のための」が付きます。　上記価格は税抜きです。